职业教育·道路运输类专业教材

Lumian Shigong Jishu
路面施工技术

张军艳　主编

张　鹏　主审

人民交通出版社股份有限公司
China Communications Press Co.,Ltd.

内 容 提 要

本书为职业教育·道路运输类专业教材。本书基于公路路面施工过程,共设置了公路路面结构图设计与识读、路面施工准备、路面基层(底基层)施工、沥青路面面层施工、水泥混凝土路面面层施工、路面工程质量检验与评定6个学习情境,每个学习情境包含若干个工作任务。在内容编排上,本书以路面结构层施工过程为主线,根据路面施工员的岗位需求及可持续发展的需要,讲解了必要的专业理论知识。本书内容翔实,可操作性强,满足"理实一体化"的教学要求与自主学习的需求。

本书主要供高等职业教育道路与桥梁工程技术专业教学使用,也可作为路桥类工程技术人员的培训教材或自学用书。

本书配视频和动画,读者可扫码免费观看。本书配有教学课件,教师可通过加入"职教路桥教学研讨群"(QQ:561416324)获取。

图书在版编目(CIP)数据

路面施工技术 / 张军艳主编. — 北京：人民交通出版社股份有限公司, 2019.8 (2024.12重印)
新时期交通土建类高职高专规划教材
ISBN 978-7-114-15576-5

Ⅰ. ①路… Ⅱ. ①张… Ⅲ. ①路面施工—高等职业教育—教材 Ⅳ. ①U416.2

中国版本图书馆 CIP 数据核字(2019)第 101317 号

职业教育·道路运输类专业教材

书　　名：	路面施工技术
著 作 者：	张军艳
责任编辑：	任雪莲　卢　珊
责任校对：	张　贺
责任印制：	刘高彤
出版发行：	人民交通出版社股份有限公司
地　　址：	(100011)北京市朝阳区安定门外外馆斜街3号
网　　址：	http://www.ccpcl.com.cn
销售电话：	(010)85285911
总 经 销：	人民交通出版社股份有限公司发行部
经　　销：	各地新华书店
印　　刷：	北京建宏印刷有限公司
开　　本：	787×1092　1/16
印　　张：	14.25
字　　数：	331 千
版　　次：	2019年8月　第1版
印　　次：	2024年12月　第4次印刷
书　　号：	ISBN 978-7-114-15576-5
定　　价：	42.00元

(有印刷、装订质量问题的图书由本公司负责调换)

编审委员会

主　　　任：杨云峰

副　主　任：王天哲　薛安顺

委　　　员：张　鹏　魏　锋　王愉龙　田建辉
　　　　　　邹艳琴　焦　莉　殷青英　周庆华
　　　　　　王少宏　王学礼　张　建　米国兴
　　　　　　尚同羊　石雄伟　李芳霞　赵仙茹
　　　　　　赵国刚　李彩霞　赵亚兰　柴彩萍
　　　　　　王亚利　李青芳　黄　娟　李　艳
　　　　　　张军艳　李婷婷　张丽萍　王万平
　　　　　　张松雷　李晶晶

序
PREFACE

  建设教育强国是中华民族伟大复兴的基础工程。交通运输是国民经济基础性、先导性、战略性产业。交通高等职业教育鼎力支持交通运输事业,弘扬劳模精神和工匠精神,营造"劳动光荣、技能宝贵、创造伟大"的社会风尚和精益求精的敬业风气,建设知识型、技能型、创新型劳动者大军,培养德智体美全面发展的社会主义建设者和接班人。

  习近平总书记明确指出,"十三五"是交通运输基础设施发展、服务水平提高和转型发展的黄金时期,要抓住这一时期,加快发展,不辱使命,为实现中华民族伟大复兴的中国梦发挥更大的作用。当前,在我国经济发展进入新常态后,交通运输作为国民经济重要的基础性、先导性、服务性行业的基础地位没有改变,在经济社会发展中先行官的职责和使命没有改变,在稳增长、促投资、促消费中的重要作用没有改变,由基本适应向适度超前发展的阶段性特征和态势没有改变。我国正由"交通大国"向"交通强国"迈进。交通高等职业教育肩负着交通运输人才培养、科学研究、社会服务、文化传承创新的神圣使命,在实现"两个一百年"奋斗目标的伟大进程中必须有担当、有作为。

  陕西交通职业技术学院是国家优质高职院校立项建设单位、陕西省优秀示范性高职院校,被誉为中国西部"交通建设管理人才的摇篮"。学校以全国交通运输示范专业——道路桥梁工程技术专业为核心,构建公路工程专业集群,弘扬"吃苦实干,爱岗敬业,默默奉献,图强创新"的"铺路石"精神,秉持"立足交通,服务交通,引领交通"的发展理念,坚持"校企合作实践育人,提升能力内涵发展"的建设思想,锻造"公在心中,路在脚下,铁肩担当,道存目击"的精神文化,开展"大专业小方向"的专业改革,实施"岗位导向,学训交替,能力递进,分组顶岗"的人才培养模式,紧密对接交通运输行业转型升级,紧紧围绕交通基础设施建设与管理的产业需求,培养热爱交通、扎根基层、吃苦实干的公路交通技术技能人才。

  近年来,陕西交通职业技术学院不忘初心、拼搏奋斗,深化教育教学改革,优化专业体系结构,加强师资队伍建设,完善质量保证体系,始终致力于提升内涵建设品质,提高人才培养质量,增强社会服务能力。公路工程专业集群以道路桥梁工程技术专业为引领,先后获得国家级教学团队、全国职业院校交通运输类示范专业、高等职业教育创新发展行动计划骨干专业、陕西高职院校"一流专业"、陕西省重点专业、陕西省示范院校建设重点专业、陕西高职院校综合改革试点专业等重大荣誉和政策支持。"十三五"是交通运输基础设施加速成网的黄金时期,也是我国交通运输基础设施集中建设、扩大规模的重要时期,更是交通运输优化结构、提升服务水平的关键时期。在这样的背景下,陕西交通职业技术学院成立"新时期交通土建类高职高专规划教材"编审委员会,以长期教育教学改革实践为基础,系统总结教学内涵建设经验,编写系列教材,期望以此形式固化、展示、应用、分享改革建设的成果,培养符合新时期交通运输发展需求的高质量技术技能人才。

"新时期交通土建类高职高专规划教材"以提高人才培养质量为根本目标,贯彻高等职业教育教学改革发展新理念,对接交通运输行业最新颁布标准、规范、规程,努力从内容到形式上都有所创新。教材丛书依据专业集群的核心课程而规划,体现产教融合特色。教材突出工匠精神、职业道德、职业技能和就业创业能力教育的完美融合,注重学生全面培养。教材功能基于服务课程教学的基本载体和直观媒介而定位,凸显学生主体地位;教材内容按照职业岗位知识和能力需求而取舍,突出实践能力培养;教学方法遵循高职学生学习特点和认知规律而设计,强调理实一体教学。我们期待这套教材能在新时期交通土建类高职人才培养中起到积极的作用。

向支持交通高职教育教材建设的人民交通出版社表示衷心感谢。向关心、支持、帮助教材编审的合作企业、专家学者、校友致以崇高敬意和诚挚谢意。

2017 年 12 月

前 言
―― FOREWORD ――

本书结合高等职业技术教育特点,基于路面施工技术课程思政教学改革研究成果,根据路面施工技术课程定位和人才培养目标,本着工学结合、任务驱动、"教学做"一体化的设计思想,融入"育人为本、德育为先"的育人理念。以职业岗位、工作目标为切入点,紧密围绕职业岗位技能要求,深度融合社会主义核心价值观,构建课程内容,将家国情怀、科学观、个人品格的培养深植于课程内容。

本书在内容编排上紧密结合路面施工员岗位职责,以工作过程为导向,以项目任务为课程内容的主要载体,将知识项目化。根据路面施工员典型工作任务、职业道德素养以及公路行业发展需求,以路面施工过程为主线,将"工匠精神""敬业精神""铺路石精神"等元素融入课程内容中,全书设置了六个学习情境,每个学习情境根据其工作过程划分为若干具体工作任务,让学生在完成工作任务的过程中逐渐获取专业技能、职业能力。

本书基于道路与桥梁工程技术专业资源库建设项目,依托智慧职教平台构建数字化课程资源,实施线上线下混合式教学,通过基于任务引领的线上自主学习、基于翻转课堂的线下合作学习、基于实践项目的线下体验学习,实现价值塑造、知识传授、能力培养"三位一体"的课程教学目标。

本书由陕西交通职业技术学院张军艳、赵亚兰、殷青英、隋园园共同编写,由张军艳担任主编,并负责全书统稿。具体编写分工如下:学习情境一任务一、任务二、任务三、任务五、任务六,学习情境三,学习情境四,学习情境五由张军艳编写;学习情境一任务四由隋园园编写;学习情境二由赵亚兰编写;学习情境六由殷青英编写。

本书在编写过程中参考了相关标准、规范、教材和有关论著,并引用了大量网络图片,在此一并向有关作者表示诚挚的谢意。

由于编者水平有限,书中难免存在错误和疏漏之处,敬请读者批评指正,以便进一步修改和完善。

编 者
2019 年 3 月

本书配套资源索引

资源编号及名称	资源类型	对应教材页码
1-路面结构组成	视频	4
2-透层、封层、黏层	视频	5
3-中央分隔带排水施工	视频	8
4-路面施工准备	视频	53
5-砂砾垫层施工	视频	65
6-水泥稳定碎石底基层厂拌法施工工艺	视频	74
7-水泥稳定碎石基层厂拌法施工工艺	视频	74
8-水泥稳定砂砾基层施工	视频	80
9-石灰土基层厂拌法施工	视频	86
10-二灰碎石混合料厂拌设备的布置	动画	91
11-沥青混合料的结构类型	动画	120
12-透层、黏层施工	视频	127,130
13-沥青路面抗滑雾封层技术	视频	132
14-沥青表面处治施工	视频	136
15-沥青路面厂拌法施工	视频	145
16-间歇式拌和楼虚拟动画	动画	149
17-沥青混合料的拌制和运输模拟	动画	153
18-沥青混合料摊铺操作模拟	动画	157
19-滑模摊铺机施工流程	动画	185
20-水泥混凝土路面施工-滑模摊铺机摊铺	视频	190
21-水泥混凝土路面施工-三辊轴施工工艺流程	动画	196
22-水泥混凝土路面施工-小型机具施工	视频	201
23-小型机具水泥混凝土路面面层铺筑	视频	201

资源使用说明：

1. 扫描封面二维码（注意此码只可激活一次）；
2. 关注"交通教育"微信公众号；
3. 公众号弹出"购买成功"通知，点击"查看详情"，进入后即可查看资源；
4. 也可进入"交通教育"微信公众号，点击下方菜单"用户服务-开始学习"，选择已绑定的教材进行观看。

目录
CONTENTS

学习情境一　公路路面结构图设计与识读 ………………………………… 1
　工作任务一　认知公路路面 ……………………………………………… 1
　工作任务二　认知路面结构 ……………………………………………… 3
　工作任务三　认知路面排水 ……………………………………………… 7
　工作任务四　公路沥青路面结构图设计 ………………………………… 10
　工作任务五　公路水泥混凝土路面结构图设计 ………………………… 22
　工作任务六　识读公路路面结构图 ……………………………………… 40
　学习情境小结 ……………………………………………………………… 44
　学习效果反馈 ……………………………………………………………… 45

学习情境二　路面施工准备 ……………………………………………… 49
　工作任务一　路面施工开工条件 ………………………………………… 49
　工作任务二　路面施工准备 ……………………………………………… 52
　学习情境小结 ……………………………………………………………… 64
　学习效果反馈 ……………………………………………………………… 64

学习情境三　路面基层(底基层)施工 …………………………………… 65
　工作任务一　认识路面基(垫)层 ………………………………………… 65
　工作任务二　无机结合料稳定类基层(底基层)施工 …………………… 69
　工作任务三　粒料类基层(底基层)施工 ………………………………… 97
　学习情境小结 ……………………………………………………………… 110
　学习效果反馈 ……………………………………………………………… 111

学习情境四　沥青路面面层施工 ………………………………………… 119
　工作任务一　认知沥青路面 ……………………………………………… 119
　工作任务二　透层、黏层、封层路面施工 ……………………………… 126
　工作任务三　层铺法施工 ………………………………………………… 135
　工作任务四　热拌沥青混合料厂拌法施工 ……………………………… 143
　学习情境小结 ……………………………………………………………… 166
　学习效果反馈 ……………………………………………………………… 167

学习情境五　水泥混凝土路面面层施工 ………………………………… 171
　工作任务一　认知水泥混凝土路面 ……………………………………… 171
　工作任务二　水泥混凝土路面施工 ……………………………………… 173

学习情境小结……………………………………………………………………… 207
　　学习效果反馈……………………………………………………………………… 207
学习情境六　路面工程质量检验与评定……………………………………………… 209
　　工作任务一　工程质量检验与评定……………………………………………… 209
　　工作任务二　路面工程质量检验与评定………………………………………… 211
　　学习情境小结……………………………………………………………………… 213
　　学习效果反馈……………………………………………………………………… 214
参考文献………………………………………………………………………………… 215

学习情境一　公路路面结构图设计与识读

工作任务一　认知公路路面

学习目标

（1）了解路面的功能及对路面的要求。
（2）熟悉路面类型及适用范围。

任务描述

本任务要求学生在认知路面基本类型的基础上，能够根据公路等级、自然环境等具体情况选择路面类型。

相关知识

一、对路面的基本要求

路面的功能是保证行车运输的安全性和舒适性，降低运输成本和延长道路寿命，承受汽车荷载和自然环境的反复作用而不致破坏，保证汽车能以一定的行驶速度在道路上全天候通行。

一般来说，对路面的基本要求有以下几个方面：

1. 具有足够的强度和刚度

路面结构应具有足够的强度，以抵抗车轮荷载引起的各个部位的各种应力，如压应力、拉应力、剪应力等，保证不发生压碎、拉断、剪切等各种破坏。

这里所说的强度，应包括修建路面的原材料如砂石、水泥等的强度，以及复合材料如水泥混凝土、沥青混凝土和路面结构的强度。

路面各结构层应具有足够的刚度，使得在车轮荷载作用下不发生过大的变形和位移，保证路面不出现车辙、沉陷或波浪等各种病害。

2. 具有足够的稳定性

路面结构长期暴露在大自然环境中，直接受到高温、低温、水、阳光、空气和风等作用和影响，致使路面材料的力学性能和技术指标发生变化。因此，为满足一定时期内的正常使用，路面必须具有足够的稳定性。路面稳定性是指路面在外界各种影响因素下保持其本身强度的性能，包括高温稳定性、低温抗裂性、水稳性、基层抗冻性，以及水泥混凝土路面抵抗拱胀与翘曲的能力等。

为了设计出适合公路所在地区气候条件、稳定性良好的路面结构，应充分调查和分析当地温度、湿度状况，在此基础上选择具有足够稳定性的路面材料及路面结构。

3.具有足够的平整度

不平整的道路表面会增大行车阻力,并增加对车辆的振动作用和冲击作用,造成行车颠簸,影响行车速度、行车安全和舒适性,加剧路面和汽车机件的损坏与轮胎磨耗,增大汽车的油耗。因此,要求路面具有与公路等级相应的足够的平整度。

平整的路面,要依靠优良的施工设备、精细的施工工艺、严格的施工质量控制,同时还应采取必要的养护措施。

4.具有足够的抗滑性能

路面表面需要具备足够的平整度,但不宜光滑。光滑的表面,会使车轮与路面之间的附着力和摩擦力减小,当雨天高速行车、紧急制动、突然起动或爬坡、转弯时,车轮易产生空转或打滑,致使行车速度降低、油耗增加,甚至引起交通事故。因此,路面应具有足够的抗滑能力,即有足够的粗糙度,以确保行车安全。

5.具有足够的耐久性

路面长期承受行车荷载和自然因素的重复作用,路面使用性能将逐年下降,强度和刚度也将逐年衰减,路面材料逐渐老化,从而导致路面结构损坏。通常所说的耐久性,主要是指路面在设计规定的使用年限内满足各级公路相应的承载能力、行车速度、舒适性、安全性等要求的能力。

6.具有环保性

公路修建在自然环境中,应与周围环境相协调。路面环保性是指路面应具有低噪声、少尘和一定亮度等特点。降低路面行车时的噪声和扬尘,应从公路设计、施工、养护和管理等方面综合考虑。

二、路面面层类型及适用范围

根据公路等级、材料组成及类型,以及路面结构强度和稳定性,路面可大致分为铺装路面、简易铺装路面和未铺装路面等。面层类型与适用范围见表1-1-1。

面层类型及适用范围　　　　　　　　　表1-1-1

面层类型	适用范围
沥青混凝土	高速公路,一级、二级、三级、四级公路
水泥混凝土	高速公路,一级、二级、三级、四级公路
沥青贯入、沥青碎石、沥青表面处治	三级、四级公路
砂石路面	四级公路

根据路面材料的类型,考虑车辆荷载和环境因素等综合作用下的路面材料力学特性,路面可分为柔性路面、刚性路面和半刚性路面三类。

1.柔性路面

柔性路面是指主要由各种未经处治的粒料基层、各类沥青面层、碎(砾)石面层和块石面层组成的路面结构。与刚性路面相比,柔性路面总体刚度较小,抗弯拉强度低,在车辆荷载的作用下,会产生较大的弯沉变形,沥青层底的弯拉应变和路基顶部的压应变均较大。

2.刚性路面

刚性路面是指主要以水泥混凝土做面层的路面结构。其主要特点是路面强度高、板体性强,具有较好的扩散荷载的能力。与其他路面材料相比,水泥混凝土具有较高的弹性模量和抗弯拉强度。在车辆荷载的作用下,水泥混凝土路面竖向弯沉较小,主要靠水泥混凝土板的抗弯拉强度承受车辆荷载。

3. 半刚性路面

半刚性基层是指主要用水泥、石灰等无机结合料稳定土或碎(砾)石而修筑的基层。半刚性基层初期强度和刚度较小,具有柔性路面的力学性质,后期强度和刚度增长幅度较大,具有刚性路面的力学性质,但是最终的强度和刚度仍远小于水泥混凝土路面。由半刚性基层和铺筑在它上面的沥青面层所组成的路面结构称为半刚性路面。

刚性路面、柔性路面和半刚性路面,是从其力学特性的角度来划分的,它们之间并无很明确的定量界限。随着材料科学的发展,路面面层有向刚、柔结合的方向发展的趋势,如对于水泥类材料的增塑研究,可使其在保留高强度的同时降低刚度;对于沥青类材料的改性研究,可使其增加刚度,提高材料适应环境变化的能力。半刚性沥青面层的研究可以看作材料刚性与柔性从物理和力学角度的有机结合,从工艺上可划分为拌和法半刚性面层和灌浆法半刚性沥青面层两类。前者是在沥青混凝土拌和物母体中加入适量的水泥砂浆,凝结硬化后具有白色路面的刚性与黑色路面的柔性的特点;后者是以空隙率较大的压实沥青混合料路面为母体,灌入掺加添加剂的水泥浆,凝结硬化后兼有刚性路面与柔性路面特点的路面。

工作任务二　认知路面结构

(1)掌握路面的结构组成和路拱形式。
(2)掌握路面的功能层次。
(3)能够识读和核对公路路面结构图。

某公路沥青路面结构图如图1-2-1所示。本任务要求学生能够识读路面结构图和施工图文件中的路面说明。

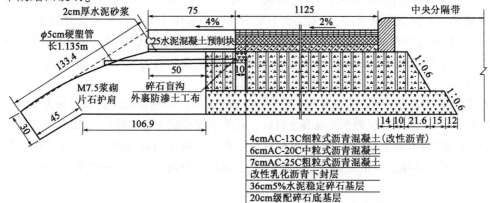

图1-2-1　某四车道高速公路沥青路面结构(尺寸单位:cm)

一、路面的结构及组成

由于行车荷载和自然因素对路面的影响是随深度的增加而逐渐减弱的,因此,对路面材料的强度、抗变形能力和稳定性的要求也随深度的增加而逐渐降低。为了适应这一特点,路面结构通常是分层铺筑的,即按照使用的要求、受力状况、土基支撑条件和自然因素影响程度的不同分成若干层次。

按照各个层位功能的不同,沥青路面结构一般由面层、基层和垫层组成(资源1),如图1-2-2所示。

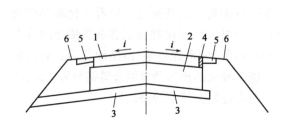 

图1-2-2 路面结构组成示意图
1-面层;2-基层;3-垫层;4-路缘石;5-加固路肩;6-土路肩;i-路拱横坡度

1. 面层

面层是路面结构中最上面的一个层次,它直接承受行车荷载的垂直力、水平力和冲击力的作用,并受到外界环境如温度和湿度的影响。因此,面层应具有较高的强度、较好的温度稳定性、水稳定性和耐久性。为了给车辆提供安全和舒适的行车环境,面层还必须具有良好的平整度和抗滑性等表面使用特性。

铺筑面层的材料主要有水泥混凝土、沥青混凝土、沥青碎(砾)石混合料、碎(砾)石掺灰及块石材料等。其中沥青混凝土所占的比重最大。

目前我国高速公路典型沥青面层总厚度一般为18~20cm,可分为上面层、中面层和下面层三层铺筑。上面层为抗滑层,其他层次中至少有一层采用Ⅰ型密级配沥青混凝土,以防止雨水下渗,影响基层和路基,有时根据实际情况也可在层次之间修筑封水层,可起到同样的效果。用作防止雨水渗入的封层和厚度不超过3cm的磨耗层,在路面力学计算中不作为一个独立的层次来看,但它所起到的功能性作用是不可轻视的。

水泥混凝土路面一层的铺筑厚度一般为24~26cm,有的水泥混凝土路面可分为上下两层铺筑,分别采用不同强度等级的水泥混凝土材料。有的水泥混凝土路面铺筑2~2.5cm厚的应力吸收层,再加铺沥青混凝土结构层(厚5cm左右),是水泥混凝土路面改建工程中采用的一种路面结构形式。厚度不超过3cm的沥青表面处治层,在结构计算时不能作为一个独立的层次。

2. 基层

基层是面层的下卧层,主要承受由面层传递的垂直行车荷载,并将它扩散和分布到垫层或土基上。基层是路面结构中的主要承重层,应具有足够的强度和刚度,并具有良好的扩散应力的能力。如面层的封水效果不好,半刚性基层受水浸泡后强度下降很快,将严重地影响基层的使用状况,因此,基层也应具有足够的水稳定性。同时为保证面层厚度的均匀性,还要求基层表面应平整。

修筑基层的主要材料有各种结合料(如石灰、水泥、沥青等)稳定土或碎(砾)石,或各种工业废渣(如煤渣、粉煤灰、矿渣、石灰渣等)稳定土或碎(砾)石,贫水泥混凝土,各种碎(砾)石混合料,天然砂砾及片石、块石或圆石等。

高等级公路的基层通常采用两层或三层铺筑,位于下层的称底基层。对底基层材料质量和强度的要求相对较低,应尽量选用当地材料修筑。

3. 垫层

垫层是位于基层和土基之间的结构层。其主要作用是隔水、排水、防冻,以改善基层和土基的工作条件。因此,对于地下水位高,排水不良,路基经常处于潮湿、过湿状态的路段,以及排水不良的土质路堑,有裂隙水、泉眼等水文不良的岩石挖方路段,应修筑垫层。季节性冰冻地区的中湿、潮湿路段,可能产生冻胀,需设置防冻垫层。

垫层材料强度要求不一定高,但要求稳定性和隔温性能好。可选用砂、砾石、煤渣、矿渣等粒料,以及水泥或石灰煤渣稳定粗粒土,石灰粉煤灰稳定粗粒土等。

以上只是典型路面结构的划分,实际上,路面不一定具有所有结构层次。此外,路面各结构层次的划分也不是一成不变的。

4. 功能层

在路面设计和施工中,为了加强沥青路面各结构层的层间接触,避免层间产生滑动位移,保持路面结构的整体性,在基层表面以及面层间设置的沥青或沥青混合料联结层,和为了防止水分侵入而在沥青面层或基层上铺筑的有一定厚度的沥青混合料薄层统称为路面功能层。这些功能层不作为路面力学计算模型中的结构层,在路面厚度计算中不计其厚度。

路面功能层包括透层、黏层和封层(资源2)。

为使沥青面层与非沥青材料基层结合良好,在基层上喷洒液体石油沥青或乳化沥青或煤沥青而形成的透入基层表面一定深度的薄层,称为透层,也称为透层沥青或透层油。

为加强路面沥青层与沥青层之间、沥青层与水泥混凝土路面之间的黏结而洒布的沥青材料薄层,称为黏层,也称为黏层沥青或黏层油。

为封闭路面表面空隙、防止水分侵入而在沥青面层或基层上铺筑的有一定厚度的沥青混合料薄层,称为封层。其中铺筑在沥青面层表面的封层称为上封层,铺筑在沥青面层下面、基层表面的封层称为下封层。

二、路拱及路拱横坡度

为了保证路面上的雨水能够被及时排出,减少雨水对路面的浸润和渗透,从而保证路面的结构强度,路面表面应做成中间高、两侧低的形状,称为路拱,如图 1-2-2 所示。在横断面上,路拱常采用直线形(直线—直线)和直线抛物线组合线形(直线—抛物线—直线)两种形式。

路面表面的高差与水平距离的百分比称为路拱横坡度。高质量的路面其平整度、水稳定性较好,透水性也较小,通常采用直线形路拱和较小的路拱横坡度。低质量的路面,为了有利于迅速排除路表积水,一般采用直线抛物线组合线形路拱和较大的路拱横坡度。路拱横坡度见表1-2-1。

路 拱 横 坡 度　　　　　　　　　　表1-2-1

路 面 类 型	路拱平均横坡度(%)
沥青混凝土、水泥混凝土	1~2
沥青碎石、沥青贯入式、沥青表面处治	1.5~2.5
砂石路面	3~4

　　选择路拱横坡度时,应充分考虑有利于行车平稳和有利于横向排水两方面的要求。在干旱和有积雪、浮冰的地区,应采用低值;在多雨地区,应采用高值。当道路纵坡较大,或路面较宽,或行车速度较高,或交通量和车辆载重较大,或常有拖挂汽车行驶时,应采用平均坡度的低值;反之,则应采用平均坡度的高值。

　　高速公路和一级公路设有中央分隔带,通常采用两种方式布置路拱横断面。若分隔带上未设置排水设施,则路面表面应做成中间高、两侧低,由单向横坡向路肩方向排水的形式;若分隔带上设置有排水设施,则两侧路面分别做成中间高、两侧低的路拱,向中间排水设施和路肩两个方向排水。

　　路肩横坡度一般较路面横坡度大1%~2%,当高速公路和一级公路的硬路肩采用与路面行车道相同的结构时,应采用与路面行车道相同的路面横坡度。

任务实施

　　图1-2-1是某四车道高速公路的路面结构图,设计速度为100km/h,则路面的结构层次有哪些?各结构层次使用的是什么材料?按《公路工程技术标准》(JTG B01—2014)校核该路面结构图中土路肩、行车道、硬路肩及路缘带宽度,并计算图1-2-1中路面各结构层的宽度。

　　在图1-2-1中,路面的结构层次有面层、基层、底基层。面层是沥青混凝土,分上、中、下三层铺筑,上面层是AC-13C,厚4cm,中面层是AC-20、厚6cm,下面层是AC-25、厚7cm;基层材料是水泥稳定碎石,厚36cm;底基层材料是级配碎石,厚20cm。

　　根据《公路工程技术标准》(JTG B01—2014)可以确定图1-2-1中的土路肩、行车道、硬路肩及路缘带的宽度分别为:土路肩0.75m(图1-2-1中的土路肩采用水泥混凝土预制块加固),硬路肩3m,行车道3.75m×2,左侧路缘带0.75m,即行车道、硬路肩及路缘带的总宽度为11.25m。

　　在图1-2-1中,路面边缘构造为外侧设50cm宽的浆砌片石护肩,内侧面层外设14cm宽的路缘石,路缘石外侧设10cm宽的平台,基层与底基层间设15cm宽的平台,基层、底基层放坡坡度为1∶0.6,基层的厚度为36cm,底基层的厚度为20cm,故基层底面比顶面宽36×0.6 = 21.6(cm),底基层底面比顶面宽20×0.6 = 12(cm)。路面各结构层的宽度计算如下:AC-13C沥青混凝土表面层、AC-20沥青混凝土中面层、AC-25沥青混凝土下面层的宽度均为1125cm;水泥稳定碎石基层的顶面宽度为1125 + (75 − 50) + 14 + 10 = 1174(cm),底面宽度为1174 + 21.6 = 1195.6(cm);级配碎石顶面宽度为1195.6 + 15 = 1210.6(cm),底面宽度为1210.6 + 12 = 1222.6(cm)。

工作任务三 认知路面排水

**学习目标**

(1)掌握路面的排水系统。
(2)能够识读公路路面排水结构。

**任务描述**

本任务要求学生在认知路面排水结构的基础上,能够识读公路路面排水系统图。

**相关知识**

路面要有完善的排水设施,否则路面会发生水损害。水损害是指沥青路面在有水的条件下,经受交通荷载和温度胀缩的反复作用,沥青膜在动水压力的作用下逐渐从集料表面剥离,沥青路面逐步出现麻面、松散、掉粒乃至坑槽的损坏现象,如图1-3-1所示。

图1-3-1 路面水损害

路面排水的目的是迅速排除路面表面的大气降水和渗入路面结构中的水,防止水对路面结构层造成损害(水损害),确保路面结构的强度和稳定性。

路面排水设计应根据公路等级、降水量、路线纵坡等因素,结合路基、桥涵结构物的排水设计,合理选择排水方案,布置排水设施,形成完整、畅通的排水体系,保证路基和路面的稳定。路面排水包括路面表面排水、中央分隔带排水及路面内部排水。

一、路面表面排水

路面表面排水常采用分散排水和集中排水两种形式。分散排水由路面横坡、路肩和边坡防护组成,适用于路线纵坡平缓、汇水量较小、路堤高度较低的路段。集中排水由路面横坡、拦水缘石或矩形槽、泄水口和急流槽组成,适用于路堤高度较高或路堤边坡易受冲刷的粉性土、砂性土路段及凹形曲线的底部等。

一般情况下,分散排水的路段土路肩常采用生态防护,种植适合当地气候、土质条件的草皮,并在底基层顶面外侧设置横向排水管,将滞留在填土绿化层底面的渗水通过横向排水管排到路基外。对于低填方路段,可将垫层铺至路基边缘。

对于新建高速公路超高段的集中排水,宜采用在左侧路缘带的左侧设置带有钢筋混凝土盖板的预制整体式 U 形混凝土沟或缝隙式排水沟,每 25~50m 设一处集水井,并通过横向排水管引至边坡的急流槽或暗管中,如图 1-3-2 所示。

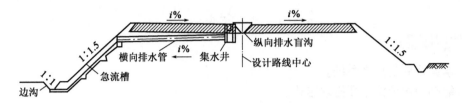

图 1-3-2　超高路段集中排水

二、中央分隔带排水(资源 3)

中央分隔带的排水设施由排水沟(明沟、暗沟)、渗沟、雨水井、集水井、横向排水管等组成。中央分隔带可采用凸式(图 1-3-3)、平式或凹式,一般不封闭,但也可封闭。

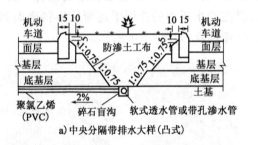 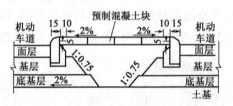

a)中央分隔带排水大样(凸式)　　　　b)封闭式中央分隔带排水大样(凸式)

图 1-3-3　中央分隔带排水(尺寸单位:cm)

为排除渗入分隔带内的表面水,中央分隔带内可设置纵向排水渗沟,并间隔 40~80m 设一条横向排水管将渗沟内的水排出,渗沟周围应包裹反滤织物(土工布),以免被渗入水携带的细粒堵塞,并在渗沟上的回填料与路面结构的交界处铺设防水土工布。

中央分隔带封闭后可不设内部排水系统,封闭可用 40~80mm 厚预制混凝土或现浇混凝土,其下设砂砾垫层。

三、路面内部排水

为排除通过路面接缝、裂缝、空隙或由路基、路肩渗入并滞留在路面结构内的自由水,可沿路面边缘设置边缘排水系统,或者在路面结构层内设置排水基层或排水垫层。

1. 路面边缘排水系统

路面边缘排水系统由纵向排水管、横向出水管、集水沟和反滤织物(土工布)等组成,如图 1-3-4 所示。

纵向排水管通常选用聚氯乙烯(PVC)或聚乙烯(PE)塑料管。排水管设三排槽口或孔口,排水管的埋设深度应保证不被车辆或施工机械压裂,并应低于当地的冰冻深度。在非冰冻地区新建路面时,排水管管底通常与基层底面齐平;改建路面时,管中心应低于基层顶面。排水管的纵向坡度宜与路线纵坡相同,但不得小于 0.25%。

横向出水管选用不带槽或孔的聚氯乙烯或聚乙烯塑料管,管径与排水管相同。出水管的横向坡度不宜小于5%。为埋设出水管所开挖的沟需用透水材料回填,透水性填料由水泥处治开级配粗集料组成,其空隙率为15%~20%。出水管的外露端头用镀锌铁丝网或格栅罩住。出水口的下方应铺设水泥混凝土防冲刷垫板或者对泄水道的坡面进行浆砌片石防护,以防止水流冲刷路基边坡和影响植物生长。出水水流应尽可能排引至排水沟或涵洞内。

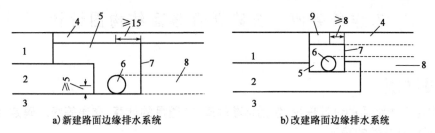

图1-3-4 边缘排水系统(尺寸单位:cm)

1-面层;2-基层;3-垫层;4-路肩面层;5-集水沟;6-排水管;7-反滤织物;8-出水管;9-回填路肩面层

集水沟底面的最小宽度:对新建路面,不应小于30cm;对改建路面,应能保证排水管两侧各有至少5cm宽的透水填料。透水填料底面和外侧围以反滤织物(土工布),以防垫层、基层路肩内的细集料侵入而堵塞填料空隙或管孔。反滤织物可选用由聚酯类、丙烯材料制成的无纺织物,能透水,但细粒土不会随水一起透过。

2. 排水基层的排水系统

当路面内部可能出现自由水滞留时,可采用沥青碎石或骨架空隙型水泥稳定碎石或级配碎石做排水基层。

纵向集水沟可设在面层边缘外侧、路肩下或路肩边缘外侧,如图1-3-5所示。集水沟中的填料应采用与排水基层相同的透水性材料。水沟的下部设置带槽口或圆孔的纵向排水管,并间隔适当距离设置不带槽孔的横向出水管。

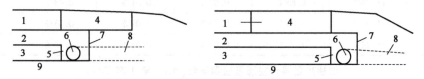

图1-3-5 排水基层的排水系统

1-面层;2-排水基层;3-不透水垫层;4-路肩面层或水泥混凝土路肩面层;5-集水沟;6-排水管;7-反滤织物;8-出水管;9-路基

3. 排水垫层的排水系统

为拦截地下水、滞水或泉水进入路面结构,或排出因负温差作用而积聚在路基上层的自由水,可直接在路基顶面设置透水性排水垫层,并适当配置纵向集水沟、排水管或出水管等,如图1-3-6所示。排水垫层宜选用开级配集料(砂或砂砾石),其级配应满足排水和反滤的要求。

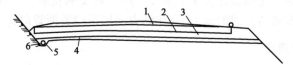

图1-3-6 排水垫层的排水系统

1-面层;2-基层;3-垫层;4-排水垫层;5-排水管;6-集水沟

路面表面水由路拱横坡通过两侧路肩分散排除。路面内部水采用路面边缘排水系统排除，即采用小截面（10cm×10cm，菱形）纵向碎石盲沟，将其置于基层顶面末端，并设置相应的横向硬塑排水管。

工作任务四　公路沥青路面结构图设计

学习目标

（1）掌握沥青路面的设计理论，包括标准轴载、交通量的计算，交通等级的确定，结构组合设计及材料设计参数的确定。

（2）掌握设计弯沉值的计算、容许拉应力的计算、沥青路面的厚度设计。

任务描述

某新建一级公路地处Ⅲ$_2$区，为双向四车道，拟采用沥青路面。沿线土质为粉质黏土，填方路基高1.8m，地下水位距路床2.4m，属中湿状态；沿线有水泥及碎石供应。交通资料见表1-4-1、表1-4-2，路面设计交通荷载等级为重交通荷载等级，目标可靠指标为1.28，初始年大型客车和货车双向年平均日交通量为6553辆/d，交通量年平均增长率为5.5%，设计年限为15年。路基类型参数$BL_J=2$。试确定该沥青路面结构。

拟建项目未来车型比例预测结果（绝对数）　　　　　　表1-4-1

车型	小客车	大客车	小货车	中货车	大货车	特大车及拖挂车
2020年	9.97%	6.41%	0.05%	0.01%	0.42%	83.14%
2025年	11.93%	7.67%	0.06%	0.01%	0.42%	79.91%
2030年	13.74%	8.83%	0.07%	0.01%	0.43%	76.92%
2035年	15.37%	9.88%	0.08%	0.01%	0.43%	74.23%
2040年	16.24%	10.44%	0.08%	0.01%	0.43%	72.80%

拟建项目混合交通量预测结果（单位：辆小客车/d）　　　　　表1-4-2

年份	2020年	2025年	2030年	2035年	2040年
交通量	24497	26071	27529	28743	29886

相关知识

沥青路面是用沥青材料作结合料黏结矿料修筑的面层与各类基层和垫层组成的路面结构。沥青路面属柔性路面，其强度和稳定性在很大程度上取决于土基和基层的特性，因此对土基和基层的要求较高。在低温时，沥青路面易受土基不均匀冻胀而开裂，因此，在寒冷地区，需设置防冻层。沥青路面的基层最好使用半刚性基层。对交通量较大的路段，为了使沥青路面具有一定的抗弯拉和抗疲劳开裂的能力，宜在沥青面层下设置沥青混合料基层。

一、沥青路面设计理论

1. 沥青路面结构的破损模式

沥青路面的状况和使用品质会由于环境干、湿、冷、热等交替循环的影响和行车荷载的反复作用而逐渐变差,或完全丧失工作能力。分析沥青路面结构破损的模式和产生原因,是为了制定出相应的设计指标用来指导路面设计,保证沥青路面在规定的使用年限内能够正常使用。

沥青路面的破损形态各异,破损的原因错综复杂,根据破损现象的成因及路面使用性能的影响,路面的破损模式可分为沉陷、车辙、疲劳开裂、推移、低温缩裂等。

(1) 沉陷

沉陷是指路面在车轮荷载作用下,其表面产生较大的凹陷变形。当沉陷严重超过了结构的变形能力时,在结构层受拉区产生开裂而形成纵裂,并有可能逐渐发展成网裂。引起路面沉陷的主要原因是路基土的压缩。当路基土的承载能力较低,从路面传递到路床顶面的车轮荷载压力超过其抗压强度时,就会产生沉陷并导致路面开裂、变形和破坏。

(2) 车辙

车辙是指路面结构层及土基在行车荷载重复作用下的补充压实,以及结构层材料的侧向位移产生的累计永久变形。这种变形出现在行车轮迹带处,特别是渠化交通的情况下容易形成路面的纵向带状凹陷。车辙是沥青路面的主要破坏形式。对于沥青路面,即使每一次行车荷载作用下产生的残余变形量很小,多次重复作用累积起来的残余变形总和也会较大,足以影响车辆的正常行驶。

沥青路面的车辙与荷载应力大小、重复作用次数以及路面结构层和土基的性质有关。

(3) 疲劳开裂

疲劳开裂是指由于车轮荷载的反复作用,路面材料在低于极限抗拉强度的情况下,结构层经受重复拉应力或拉应变而最终导致结构层开裂。疲劳开裂的特点表现为:路表无显著的永久变形,开始阶段多数是细而短的横向开裂,并逐渐发展为网状开裂,开裂的宽度和范围不断扩大。

结构层达到临界疲劳状态时所承受的车轮荷载重复作用次数称为疲劳寿命。

产生疲劳开裂的主要原因是:结构整体强度不足或在车轮荷载反复作用下,沥青结构层底面或半刚性基层底面产生的拉应力(或拉应变)超过材料的疲劳强度,底面便产生开裂,并逐渐扩展延伸到表面。

(4) 推移

推移是沥青路面材料沿行车方向发生剪切或拉裂破损而出现推挤或拥起现象。其产生的主要原因是:沥青路面受到较大的水平荷载作用,在车辆荷载的垂直力和水平力的综合作用下,使结构层内产生的剪应力超过材料的抗剪强度。同时也与行驶车轮的冲击、振动有关。

(5) 低温缩裂

沥青路面结构中的一些半刚性结构层在低温(负温度)时由于材料收缩受限制而产生较大的拉应力,当其超过材料相应条件下的抗拉强度时便产生横向间隔性的(间距为5~8m)裂缝,严重时发展为纵向裂缝(因为路面的纵向约束远大于横向约束)。在冰冻地区,沥青面层及半刚性基层,冬季都可能出现这种裂缝。此类裂缝的产生与荷载无关。

2. 沥青路面设计理论

沥青路面结构设计的力学模型为双圆均布垂直荷载作用下的弹性层状连续体系,如图1-4-1所示。

由不同材料的结构层和土基组成的沥青路面结构整体,在车辆荷载作用下产生的应力、应变关系一般表现为非线性特性,理论上,沥青路面在力学性质上属于非线性的弹-黏-塑性体。

考虑到行驶的车辆荷载具有瞬时性,在沥青路面结构中产生的黏-塑性变形数量很小。对于厚度较大、强度较高的沥青路面,将其简化成线性弹性体,实践证明是可行的。可用弹性层状体系理论分析计算应力、应变等分量。

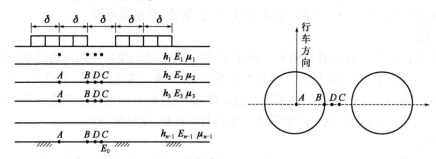

图 1-4-1　路面荷载及计算点图示

弹性层状体系理论由若干个弹性层组成,上面各层具有一定的厚度,最下面为弹性半空间体。弹性层状体系理论的基本假设为:

(1)各层是连续的、完全弹性的、均匀的、各向同性的,且各层的位移和变形是微小的;

(2)土基在水平方向和垂直向下方向为无限大,其上各层厚度有限,但水平方向为无穷大;

(3)各层在水平方向无限远处、土基在垂直向下方向无限远处,其应力、应变均为零;

(4)层间接触情况为连续体系(位移完全连续或者层间仅竖向应力和位移连续而无摩擦力);

(5)不计各层材料自重作用。

《公路沥青路面设计规范》(JTG D50—2017)规定,沥青路面设计采用双圆垂直均布荷载作用下的多层弹性连续体系理论,并以累计当量轴次来反映路面结构和材料的疲劳特征。

二、沥青路面设计标准

1. 目标可靠度

路面结构的目标可靠度和目标可靠指标不应低于表 1-4-3 的规定。

目标可靠度和目标可靠指标　　　　　　　　　表 1-4-3

公路等级	高速公路	一级公路	二级公路	三级公路	四级公路
目标可靠度(%)	95	90	85	80	70
目标可靠指标 β	1.65	1.28	1.04	0.84	0.52

2. 设计年限

新建沥青路面结构设计使用年限不应低于表 1-4-4 的规定,应根据公路等级、经济、交通荷载等级等因素综合确定。改建路面结构设计可根据工程实际情况选取适宜的设计使用年限。

路面结构设计使用年限　　　　　　　　　表 1-4-4

公 路 等 级	设计使用年限(年)	公 路 等 级	设计使用年限(年)
高速公路、一级公路	15	三级公路	10
二级公路	12	四级公路	8

3. 设计轴载

路面设计应采用轴重为100kN的单轴—双轮组轴载作为设计轴载,计算参数按表1-4-5确定。应根据路面结构设计使用年限,按规范规定确定当量设计轴载累计作用次数。

设计轴载的参数 表1-4-5

设计轴载(kN)	轮胎接地压强(MPa)	单轮接地当量圆直径(mm)	两轮中心距(mm)
100	0.70	213.0	319.5

4. 设计指标及要求

（1）设计指标

沥青路面设计应控制沥青混合料层疲劳开裂损坏、无机结合料稳定层疲劳开裂损坏、沥青混合料层永久变形量、路基顶面竖向压应变,以及季节性冻土地区的路面低温开裂。具体见表1-4-6。

不同结构组合路面的设计指标 表1-4-6

基层类型	底基层类型	设计指标
无机结合料稳定类	粒料类	无机结合料稳定层层底拉应力、沥青混合料层永久变形量
	无机结合料稳定类	
沥青结合料类	粒料类	沥青混合料层层底拉应变、沥青混合料层永久变形量、路基顶面竖向压应变
	无机结合料稳定类	沥青混合料层永久变形量、无机结合料稳定层层底拉应力
粒料类	粒料类	沥青混合料层层底拉应变、沥青混合料层永久变形量、路基顶面竖向压应变
	无机结合料稳定类	沥青混合料层层底拉应变、沥青混合料层永久变形量、无机结合料稳定层层底拉应力
水泥混凝土	—	沥青混合料层永久变形量

（2）设计指标应满足的要求

路面使用性能设计指标应满足下列要求：

①沥青混合料层和无机结合料稳定层的疲劳开裂寿命,均不应小于设计使用年限内当量设计轴载累计作用次数。

②沥青混合料层永久变形量不应大于表1-4-7所列容许永久变形量。

沥青混合料层容许永久变形量 表1-4-7

基层类型	沥青混合料层容许永久变形量	
	高速公路、一级公路	二级、三级公路
无机结合料稳定类基层,水泥混凝土基层和底基层为无机结合料稳定类的沥青混合料基层	15	20
其他基层	10	15

③路基顶面竖向压应变不应大于按规范规定方法确定的容许值。

④季节性冻土地区沥青面层低温开裂指数应满足表1-4-8的规定。

低温开裂指数要求   表1-4-8

公路等级	高速公路、一级公路	二级公路	三级公路
低温开裂指数 CI	≤3	≤5	≤7

三、沥青路面结构组合设计要求

路基路面是一个整体结构,各结构层有各自的特性和作用,并相互制约和影响,结构组合不合理所用材料再好、厚度再大也无济于事。路面结构层的组合设计,就是按行车和环境因素对不同层位的要求,结合各类结构层本身的性能进行合理的组合,最大限度地发挥各结构层的效能,使整个路面结构经济合理。

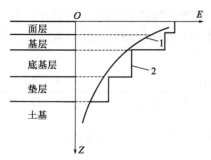

图1-4-2 路面结构层应力分布图
1-荷载应力分布曲线;2-材料强度 E 布置曲线

(1)各结构层的强度组合设计要求

车轮荷载作用于路面表面,路面结构内部产生的竖向应力和应变随深度而递减;车轮荷载的水平力作用产生的应力和应变随深度而递减得更快。因而对各层材料强度(模量)的要求,也可随深度的增加而相应减小,如图1-4-2所示。路面表面还同时承受车轮的磨耗作用,因此,要求路面面层具有足够的强度和抗变形能力,在其下各层一般按强度自上而下递减的方式组合。这样,既能充分发挥各结构层材料的效能,又能充分利用当地材料做底基层和基层,以降低造价。

采用强度(模量)按深度递减的规律组合路面时,还应注意各相邻结构层之间的模量不宜相差过大。上下两层模量相差过大时,上层底面将会因下层变形过大而产生较大的拉应变,导致上层被拉裂。根据分析和经验,路面结构层厚度与层间模量比有密切关系。

对于半刚性基层沥青路面,沥青面层的回弹模量一般小于半刚性基层的回弹模量,基层与沥青面层之间的模量比宜为 1.5~3.0;基层与底基层之间的模量比不宜大于 3.0;底基层与土基之间的模量比宜为 2.5~12.5。

对于柔性基层沥青路面结构,沥青层与沥青层之间的回弹模量相差较小,而沥青层与级配碎石层之间的模量比相差较大,此时,沥青层底的拉应力较大。选用结构层间模量逐渐递减的组合可使结构受力更合理。

(2)结构层数和厚度设计要求

沥青路面通常为多层结构,结构层的层数愈多愈能体现强度和荷载应力随深度变化的规律,而且能降低工程造价。但就施工工艺、材料规格和强度形成原理而言,层数又不宜过多,即不能使结构层的厚度过小。《公路沥青路面设计规范》(JTG D50—2017)规定,沥青面层集料的最大粒径从上至下逐渐增大,并应与压实层厚度相匹配。根据组成材料的公称最大粒径,考虑有利于结构层应力分布、有利于压实成稳定的结构层次等因素,结合施工经验,《公路沥青路面设计规范》(JTG D50—2017)给出了各类结构层的厚度。

①沥青混合料层厚。

不同粒径沥青混合料的层厚应符合表1-4-9的规定,连续级配沥青混合料和沥青玛蹄脂碎石混合料的结构层厚度不宜小于集料公称最大粒径的 2.5 倍。开级配沥青混合料的结构层厚度不宜小于集料公称最大粒径的 2.0 倍。

不同粒径沥青混合料层厚　　　　表1-4-9

沥青混合料类型	集料公称最大粒径(mm)					
	4.75	9.5	13.2	16.0	19.0	26.5
连续级配沥青混合料	≥15	≥25	≥35	≥40	≥50	≥75
沥青玛蹄脂碎石	—	≥30	≥40	≥50	≥60	—
开级配沥青混合料	—	≥20	≥25	≥30	—	—

沥青贯入碎石层的厚度宜为40～80mm,乳化沥青贯入式路面的厚度不宜超过50mm。上拌下贯式路面的拌和层厚度不宜小于25mm。

沥青表面处治可分为单层、双层和三层。单层表面处治厚度宜为10～15mm,双层表面处治厚度宜为15～25mm,三层表面处治厚度宜为25～30mm。

②基层和底基层厚度。

不同材料基层和底基层厚度宜符合表1-4-10的规定。

基层和底基层厚度　　　　表1-4-10

材料种类	集料公称最大粒径(mm)	厚度(mm)
密级配沥青碎石、 半开级配沥青碎石、 开级配沥青碎石	19.0	≥50
	26.5	≥80
	31.5	≥100
	37.5	≥120
沥青贯入碎石	—	≥40
贫混凝土	31.5	≥120
无机结合料稳定类	19.0、26.5、31.5、37.5	≥150
	53.0	≥180
级配砾石、级配碎石、 未筛分碎石、天然砂砾	26.5、31.5、37.5	≥100
	53	≥120
填隙碎石	37.5	≥75
	53.0	≥100
	63.0	≥120

沥青路面的水泥混凝土基层应符合《公路水泥混凝土路面设计规范》(JTG D40—2011)的有关规定。

(3)各结构层的层间结合设计要求

在进行结构组合设计时,应注意相邻层次的相互影响,应采取相应的技术措施限制或消除所产生的不利影响。

在半刚性结构层上修筑沥青面层时,由于半刚性结构层材料的干缩和温缩开裂会导致面层相应地出现反射裂缝,应采取相应的技术措施防止反射裂缝。从理论上分析,若沥青层与半刚性基层之间是连续体系,沥青层多数处于受压状态或出现较小拉应力,半刚性基层主要承受拉应力;若沥青层与下承层接触面之间处于浸水状态,可能导致界面产生滑移,上层底面会出现比连续状态大 1~2 倍的拉应力。对于半刚性基层沥青路面,应采取层间结合的可靠技术措施,防止层间滑移,并提高沥青混合料的抗剪强度。

①当采用无机结合料稳定类基层时,可采取下列一种或多种措施减少基层收缩开裂和路面反射裂缝。

a. 选用抗裂性好的无机结合料稳定类基层。

b. 增加沥青混合料层厚度,或在无机结合料稳定类基层上设置沥青碎石层或级配碎石层。

c. 在无机结合料稳定类基层上设置改性沥青应力吸收层或敷设土工合成材料。

②加强路面结构各层之间的紧密结合、提高路面结构整体性,避免产生层间滑移,设计时应采取如下技术措施:

a. 沥青层之间设置黏层沥青,黏层沥青可用乳化沥青或改性沥青或热沥青。

b. 在基层上设置透层沥青。透层沥青应具有良好的渗透性能,可用液体沥青、稀释沥青、乳化沥青等。

c. 在半刚性基层上设置下封层。

d. 新、旧沥青层之间,沥青层与旧水泥混凝土板之间洒布的黏层沥青宜用热沥青或改性乳化沥青或乳化沥青。

e. 拓宽路面时,在新旧路面接茬处喷涂黏结沥青,并在接茬顶面各 1m 宽度范围内设置防裂土工织物。

f. 双层式半刚性基层宜采用连续摊铺、碾压工艺。

g. 沥青面层与水泥混凝土桥面之间宜设置防水黏结层。

(4)垫层设计要求

在季节性冰冻地区,当冻深较大,路基土为易冻胀土时,常常产生冻胀和翻浆。路面总厚度的确定,除应满足强度要求外,还应满足防冻厚度的要求,路面结构中应设置防冻垫层,以避免在路基内出现较厚的聚冰带,导致路面开裂和不均匀冻胀。防冻垫层应采用粗砂、砂砾和碎石等粒料类材料。防冻层的厚度与路基潮湿类型、路基土类、道路冻深及路面结构层材料热物理性有关。根据经验及试验观测,结构层总厚度不应小于表 1-4-11 给出的最小防冻厚度推荐值。如按强度计算的路面总厚度小于表 1-4-11 所列厚度规定,应增设或加厚垫层使路面总厚度达到表列要求。

路面最小防冻厚度(单位:cm) 表 1-4-11

路基干湿类型	道路冻深	黏性土、亚砂土			粉 性 土		
		砂石类	稳定土类	工业废渣类	砂石类	稳定土类	工业废渣类
中湿	50~00	40~45	35~40	30~35	45~50	40~45	30~40
	100~150	45~50	40~45	35~40	50~60	45~50	40~45
	150~200	50~60	45~55	40~50	60~70	50~60	45~55
	>200	60~70	55~65	50~55	70~75	60~70	50~65
潮湿	60~100	45~55	40~50	35~45	50~60	45~55	40~50
	100~150	55~60	50~55	45~50	60~65	55~65	50~60
	150~200	60~70	55~65	50~55	70~80	65~70	60~65
	>200	70~80	65~75	55~70	80~100	70~90	65~80

任务实施

(一)沥青混凝土路面的设计内容

沥青混凝土路面设计应包括以下内容:

(1)根据使用任务、道路等级与交通情况确定路面交通荷载等级,充分考虑车型类别、材料、施工等因素,选定路面类型。

(2)根据面层对基层的要求和当地材料、地质、水文等特点选择基层、底基层类型,并考虑各层次的合理组合,若道路通过排水不良或冰冻地区,基层、底基层的选择应满足有关规定。

(3)根据路面结构厚度计算方法,计算确定结构层厚度。

(二)交通荷载分析

1. 设计交通量

沥青路面的设计交通量,应在实测各类相关车型轴载谱(各种车型不同轴重的概率分布)的基础上,参照项目可行性研究报告等有关交通量预测资料或现有交通量观测站实测十年以上的交通量资料,考虑各种车型的交通组成(或比例),并实测或收集大客车、小货车、中货车、大货车、拖挂车等的交通参数,包括交通量、方向系数、车道系数、横向分布系数、车辆分类、车辆类型分布、轴载谱分布等,论证并确定各种车型(代表轴重)在路面交工后第一年的双向年平均日交通量(作用次数)。

对于设计年限内交通量的平均增长率 γ,应在项目可行性研究报告等资料的基础上,经研究分析确定。

2. 交通荷载分级

《公路沥青路面设计规范》(JTG D50—2017)根据设计使用年限内设计车道累计大型客车和货车交通量,将路面设计交通荷载等级划分为五级,具体见表1-4-12。

设计交通荷载等级　　　　　　　　　　　　　　　　表1-4-12

设计交通荷载等级	极重	特重	重	中等	轻
设计使用年限内设计车道累计大型客车和货车交通量($\times 10^6$辆)	≥50.0	50.0~19.0	19.0~8.0	8.0~4.0	<4.0

3. 累计当量轴次的确定

将不同车型、不同轴载的作用次数换算为与标准轴载 BZZ-100 相当的作用次数称为当量轴次。在进行沥青路面设计时,各种车型的不同轴载作用次数应换算成 BZZ-100 标准轴载的当量轴次。

在设计年限内,考虑车道数量影响后,一个车道上标准轴载的当量轴次总和称为累计当量轴次。其计算公式为:

$$N_e = \frac{[(1+\gamma)^t - 1] \times 365}{\gamma} N_1 \eta \qquad (1\text{-}4\text{-}1)$$

式中：N_e——设计年限内一个车道上的累计当量轴次(次/车道)；
t——设计年限(年)；
N_1——路面营运第一年双向日平均当量轴次(次/d)；
γ——设计年限内交通量的平均年增长率(%)；
η——车道系数，可按表1-4-13确定。

车道系数　　　　　　　　　　　　表1-4-13

车道特征	双向单车道	双向两车道	双向四车道	双向六车道	双向八车道
车道系数 η	1.0	0.6~0.7	0.4~0.5	0.3~0.4	0.25~0.35

(三)沥青路面结构组合设计

1．路面结构组合设计一般规定

路面结构组合设计应针对各种路面结构组合的力学特性、功能特性及其长期性能衰变规律和损坏特点，遵循路基路面综合设计的理念，保证路面结构安全、耐久和全寿命周期经济合理。

(1)路面结构可由面层、基层、底基层和必要的功能层组合而成。面层采用不同材料分层铺筑时，可分为表面层、中面层和下面层。

(2)在设计使用年限内，路面不应发生由于疲劳导致的结构破坏，对面层可进行表面功能修复。

(3)沥青结合料类材料层间应设置黏层；在沥青结合料类材料层与其他材料层间应设置封层，宜设置透层。

(4)应采取路面结构的防水、排水措施，阻止降水渗入路面结构层。

2．路面结构类型选用

应根据交通荷载等级和路基状况等因素，结合路面材料特性和结构特性，选择路面结构类型。路面结构类型可按基层材料性质分为无机结合料稳定类基层沥青路面、粒料类基层沥青路面、沥青结合料类基层沥青路面和水泥混凝土基层沥青路面4类。

(1)无机结合料稳定类基层沥青路面适用于各种交通荷载等级。

(2)粒料类基层沥青路面适用于重及以下交通荷载等级。

(3)沥青结合料类基层沥青路面适用于各种交通荷载等级。

(4)水泥混凝土基层沥青路面适用于重及以上交通荷载等级。

(5)路基湿度状态为中湿或潮湿时，宜采用粒料类底基层或设置粒料类路基改善层。

(6)多雨地区，对无机结合料稳定类基层和水泥混凝土基层沥青路面应采取措施控制唧泥、脱空等水损坏。

选定结构组合后，可根据交通荷载等级，参考规范，初选各结构层厚度。

3．面层类型选择

面层应具有平整、抗车辙、抗疲劳开裂、抗低温开裂和抗水损坏等性能，表面层混合料尚应具有抗滑和耐磨性能，密级配沥青混合料表面层应具有低透水性能。面层材料类型宜按表1-4-14确定。

面层材料的交通荷载等级和层位 表1-4-14

材料类型	适用交通荷载等级和层位
连续级配沥青混合料	各交通荷载等级的表面层、中面层、下面层
沥青玛蹄脂碎石混合料	极重、特重和重交通荷载等级的表面层,对抗滑有特殊要求的表面层
厂拌热再生沥青混合料	各交通荷载等级的表面层、中面层、下面层
上拌下贯沥青碎石	中等、轻交通荷载等级面层
沥青表面处治	中等、轻交通荷载等级表面层

对抗滑、排水或降噪有特殊要求的表面层可采用开级配沥青混合料,表面层下应设置防水层,防水层可采用改性乳化沥青或改性沥青等。

4. 基层和底基层类型选择

基层和底基层应具有足够的承载能力、抗疲劳开裂性能、足够的耐久性和水稳性。沥青结合料类和粒料类基层尚应具有足够的抗永久变形能力。基层和底基层的材料类型可参考表1-4-15选择。

基层和底基层材料的适用交通荷载等级和层位 表1-4-15

类型	材料类型	适用交通荷载等级和层位
无机结合料稳定类	水泥稳定级配碎石或砾石、水泥粉煤灰稳定级配碎石或砾石、石灰粉煤灰稳定级配碎石或砾石	各交通荷载等级的基层和底基层
	水泥稳定未筛分碎石或砾石、石灰粉煤灰稳定未筛分碎石或砾石、石灰稳定未筛分碎石或砾石	轻交通荷载等级的基层、各交通荷载等级的底基层
	水泥稳定土、石灰稳定土、石灰粉煤灰稳定土	轻交通荷载等级的基层、各交通荷载等级的底基层
粒料类	级配碎石	重及以下交通荷载等级的基层、各交通荷载等级的底基层
	级配砾石、未筛分碎石、天然砂砾、填隙碎石	中等和轻交通荷载等级的基层、各交通荷载等级的底基层
沥青结合料类	密级配沥青碎石、半开级配沥青碎石、开级配沥青碎石	极重、特重和重交通荷载等级的基层
	沥青贯入碎石	重及以下交通荷载等级的基层
水泥混凝土	水泥混凝土或贫混凝土	极重、特重交通荷载等级的基层

再生沥青混合料和再生无机结合料稳定材料可用于各交通荷载等级的基层和底基层,厂拌热再生沥青混合料宜用于极重、特重和重交通荷载等级的基层。

无机结合料稳定层与沥青结合料类材料层间可设置级配碎石、半开级配或开级配沥青碎石层。

5. 路面结构层的适宜厚度

不同交通荷载等级下,沥青路面结构层厚度组合可参照表1-4-16~表1-4-20选用,也可根据工程经验确定。

无机结合料稳定类基层（粒料类底基层）路面厚度范围（单位：mm） 表1-4-16

交通荷载等级	极重、特重	重	中等	轻
面层	250～150	250～150	200～100	150～20
基层（无机结合料稳定类）	600～350	550～300	500～250	450～150
底基层（粒料类）	200～150			

无机结合料稳定类基层（无机结合料稳定类底基层）路面厚度范围（单位：mm） 表1-4-17

交通荷载等级	极重、特重	重	中等	轻
面层	250～120	250～100	200～100	150～20
基层（无机结合料稳定类）	500～250	450～200	400～150	500～200
底基层（无机结合料稳定类）	200～150			—

粒料类基层（粒料类底基层）路面厚度范围（单位：mm） 表1-4-18

交通荷载等级	重	中等	轻
面层	350～200	300～150	200～100
基层（粒料类）	450～350	400～300	350～250
底基层（粒料类）	200～150		

沥青结合料类基层（粒料类底基层）路面厚度范围（单位：mm） 表1-4-19

交通荷载等级	重	中等	轻
面层	150～120	120～100	80～40
基层（沥青结合料类）	250～200	220～180	200～120
底基层（粒料类）	400～300	400～300	300～250

沥青结合料类基层（无机结合料稳定类底基层）路面厚度范围（单位：mm） 表1-4-20

交通荷载等级	极重、特重	重	中等	轻
面层	120～100	120～100	100～80	80～40
基层（沥青结合料类）	180～120	150～100	150～100	100～80
底基层（无机结合料稳定类）	600～300	600～300	550～250	450～200

（四）材料设计参数

1. 确定材料设计参数的一般规定

（1）路面材料应根据公路等级、交通荷载等级、气候条件、各结构层功能要求和当地材料特性等，在技术经济论证的基础上进行设计并确定材料设计参数。

（2）根据设计要求，搜集所在地区的常用路面结构组合和材料性质要求，分析影响路面结构设计的其他因素，确定材料性质要求和设计参数及设计指标。

路面结构层材料参数的确定可分为下列水平：

水平一，通过室内试验实测确定。

水平二，利用已有经验公式确定。

水平三，参照典型数值确定。

高速公路与一级公路的施工图设计阶段宜采用水平一，其他设计阶段可采用水平二或水平三;二级及二级以下公路可采用水平二或水平三。

2. 面层材料和环境参数

(1)路面结构验算时结构层模量取值如下：

①沥青面层采用200℃、10Hz条件下的动态压缩模量,沥青类基层采用20℃、5Hz条件下的动态压缩模量。

②无机结合料稳定层采用经调整系数修正后的弹性模量。

修正后的弹性模量 = 无机结合料稳定类材料弹性模量 × 结构层模量调整系数0.5

③粒料层采用经湿度调整的回弹模量,湿度调整系数可在1.6~2.0范围内选取。路基采用平衡湿度状态下、考虑干湿与冻融循环作用后的顶面当量回弹模量。

(2)在进行沥青混合料层疲劳开裂寿命、无机结合料稳定层疲劳开裂寿命和路基顶面竖向压应变验算时,应根据所在地区的气候条件、路面结构类型和结构层厚度,按规范确定温度调整系数。在进行沥青混合料层永久变形量验算时,应根据所在地区的气候条件,按规范选用相应的等效温度。

3. 路基顶面回弹模量

路基顶面回弹模量的确定应符合《公路路基设计规范》(JTG D30—2015)的有关规定。

路基顶面回弹模量应符合表1-4-21的规定。不满足要求时,应采取改变填料、设置粒料类或无机结合料稳定类路基改善层,或采用石灰或水泥处理等措施提高路基顶面回弹模量。

路基顶面回弹模量(单位:MPa)　　　　表1-4-21

交通荷载等级	极重	特重	重	中等、轻
回弹模量	70	60	50	40

4. 泊松比

各类材料的泊松比应按表1-4-22确定。

泊松比取值　　　　表1-4-22

材料类型	路基	粒料	无机结合料	密级配沥青混合料	开级配沥青混合料、半开级配沥青混合料
泊松比	0.40	0.35	0.25	0.25	0.40

(五)新建沥青路面结构验算

路面结构验算应按图1-4-3的流程进行。

(1)按规范规定的方法分析交通参数、确定交通等级。

(2)根据路基土类型、地下水位高度确定路基干湿类型和湿度状况,从而确定路基顶面回弹模量及必要的路基改善措施。

(3)初拟路面结构组合及各结构层厚度方案,并进行路面结构验算,再结合工程经验和经济分析选定路面结构方案。对于二级及二级以下公路,当交通荷载等级为中等、轻水平时,可依据所在地区经验合理选择路面结构设计方案。

(4)根据设计要求,搜集所在地区的常用路面结构组合和材料性质要求,分析影响路面结构设计的其他因素,确定材料性质要求和设计参数及设计指标。

(5)确定各结构层模量等设计参数,并按规范规定检验粒料的CBR值,无机结合料稳定类材料的无侧限抗压强度,沥青低温性能要求,沥青混合料的低温破坏应变、动稳定度、贯入强度和水稳定性等。

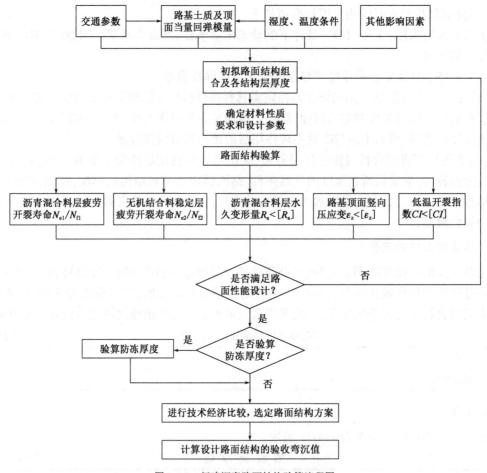

图1-4-3　新建沥青路面结构验算流程图

(6)收集工程所在地区气候资料,确定各设计指标对应的调整系数或等效温度。

(7)采用多层弹性体系理论程序计算各设计指标的力学响应量。

(8)进行路面结构验算,验算结果应符合表1-4-19、表1-4-20的规定。不符合时,调整路面结构方案后重新验算,直至符合为止。

(9)对通过结构验算的路面结构进行技术经济分析,选定路面结构方案。

(10)按规范规定计算设计路面的路基顶面验收弯沉值和路表验收弯沉值,要求实测弯沉值满足有关规定。

工作任务五　公路水泥混凝土路面结构图设计

学习目标

(1)熟悉水泥混凝土路面设计内容及各项参数。

(2) 掌握水泥混凝土路面结构层组合设计,以及板厚的确定方法。

(3) 会按《公路水泥混凝土路面设计规范》(JTG D40—2011)的要求,用 HPDS 2011、Excel 等软件进行水泥混凝土路面设计,培养学生理解工程图纸设计意图的能力。

某新建二级公路,路线总长为 10km,设计车速为 60km/h,路基填料为低液限黏土,路床顶面距地下水位 1.4m。沿线有水泥及碎石供应。拟采用普通水泥混凝土路面,但考虑到排水及施工的方便,将硬路肩铺装成与行车道相同的路面结构层,采用小型机具施工。经交通调查分析得知,设计轴载为 100kN,最重轴载为 150kN,设计车道使用初期标准轴载日作用次数 N_s = 1324 次,交通量年增长率 g_r = 5%。试确定混凝土面板厚度。

一、水泥混凝土路面分类

水泥混凝土路面是以水泥混凝土做面层的路面,也称刚性路面,一般由混凝土面板和基层、垫层组成。根据材料的要求、组成及施工工艺的不同,水泥混凝土路面包括普通混凝土、钢筋混凝土、连续配筋混凝土、预应力混凝土、装配式混凝土和钢纤维混凝土等。目前工程上使用最广泛的是就地浇筑的普通水泥混凝土路面,简称混凝土路面。本任务着重介绍普通水泥混凝土路面结构设计。

二、水泥混凝土路面构造

1. 路基

路基是路面的基础。没有坚固、密实、均匀、稳定的路基,就没有稳固的路面。路基质量的好坏,直接关系到路面的使用品质。如果土基的稳定性不足,在自然因素如水温变化的影响下,路基出现较大的变形,造成土基不均匀沉陷,导致对面层板的不均匀支承,会使面层板在荷载作用下底部产生过大的弯拉应力而破坏。

因此,首先要保证路基有足够的稳定性和强度,与路面紧密接触,不致因承受荷载、气候及其他因素的影响而改变形状、降低强度等;同时应使路基平整,有一定的路拱横坡度。

2. 基层

水泥混凝土面板下的基层要能提供均匀的支承,并且具有一定的刚度和耐冲刷能力。

混凝土面层下设置基层的目的有以下几点:

(1) 防唧泥。如混凝土面层直接铺在路基上,会由于路基土塑性变形大、细料含量多和抗冲刷能力低而极易产生唧泥现象。铺设基层后,可减轻甚至避免唧泥的产生。但未经处治的砂砾基层,其细料含量和塑性指数不能太高,否则仍会产生唧泥。

(2) 防冰冻。在季节性冰冻地区,用对冰冻不敏感的粒状多孔材料铺筑基层,可以减小路基的冰冻深度,从而减轻冰冻的危害作用。

(3) 减小路基顶面的压应力,缓和路基不均匀变形对面层的影响。

(4) 防水。在湿软土基上,铺筑开级配粒料基层,可以排除从路表面渗入面层板下的水分,隔断地下毛细水上升。

(5)为面层施工(立侧模、运送混凝土混合料等)提供方便。

(6)提高路面结构承载能力,延长路面的使用寿命。

因此,除非土基本身就是具有良好级配的砂砾类土,并且道路是良好排水条件的轻交通公路,否则都应设置基层。同时,基层应具有足够的强度和稳定性,且断面正确,表面平整。

3. 垫层

垫层的主要作用是隔水、排水、防冻,以改善基层和土基的工作条件。在冰冻深度大于0.5m的季节性冰冻地区,为防止路基可能产生的不均匀冻胀对混凝土面层的不利影响,路面结构应有足够的总厚度,以便将路基的冰冻深度约束在有限的范围内。路面结构的最小总厚度随冰冻线深度、路基的潮湿状态和土质而异,其数值可参照表1-5-1选定。超出面层和基层厚度的总厚度部分可用基层下的垫层(防冻层)来补足。

水泥混凝土路面最小防冻层厚度　　　　　　表1-5-1

路基干湿类型	路基土质	当地最大冰冻深度(cm)			
		50～100	100～150	150～200	>200
中湿路段	黏性土、细亚砂土	30～50	40～60	50～70	60～95
	粉性土	40～60	50～70	60～85	70～110
潮湿路段	黏性土、细亚砂土	40～60	50～70	60～90	75～120
	粉性土	45～70	55～80	70～100	80～130

注:1.冻深小或填方路段,或者基层、垫层为隔温性能良好的材料,可采用低值;冻深大或挖方或地下水位高的路段,或者基层、垫层为隔温性能稍差的材料,应采用高值。

2.对于冻深小于50cm的地区,一般不考虑结构层防冻厚度。

4. 水泥混凝土面板

(1)面板的要求

水泥混凝土面板直接承受车辆荷载的作用和自然因素的影响,应具有较高的抗弯拉强度、耐久性、耐磨、抗滑、平整及低噪声等特性。

水泥混凝土路面一般为单层式,面层宜采用设置纵向、横向接缝的普通混凝土。普通混凝土面层板的平面形状通常采用纵向接缝与横向接缝垂直相交的矩形。纵向接缝的间距即板宽,横向接缝的间距即板长。

(2)面板断面形式

理论分析表明,轮载作用于板中部时,所产生的最大应力约为轮载作用于板边部时的2/3,因此,面层板的断面应采用中间薄、两边厚的形式,以适应荷载应力的变化。但是采用厚边式路面对土基和基层的施工会带来不便,而且使用经验也表明,在厚度变化转折处,易引起板的折裂。因此,目前国内外常采用等厚式断面,或在等厚式断面板的最外两侧板边部分配置钢筋予以加固。

(3)面板的表面构造

为防止车轮打滑,保证行车安全,在水泥混凝土面板表面应采用刻槽、拉毛等方法制作纹理,增强表面粗糙程度。

5. 水泥混凝土路面接缝

(1)接缝设置原因

混凝土面层是由一定厚度的混凝土板所组成,具有热胀冷缩的性质。由于一年四季气温的变化,混凝土板会产生不同程度的膨胀和收缩。而在一昼夜中,白天气温升高,混凝土板顶面温度较底面高,这种温度坡差会形成板的中部隆起的趋势;夜间气温降低,板顶面温度较底面低,会使板的周边和角隅发生翘起的趋势。这些变形会受到板与基础之间的摩阻力和黏结力,以及板的自重、车轮荷载等的约束,致使板内产生过大的应力,造成板的断裂或拱胀等破坏。

从图1-5-1可见,若由于翘曲而引起裂缝,则在裂缝发生后被分割的两块板体尚不致完全分离,倘若板体因温度均匀下降引起收缩,则将使两块板体被拉开,从而失去荷载传递作用。

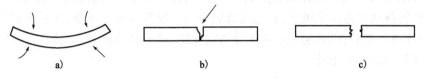

图1-5-1　温度坡差引起的翘曲变形和开裂示意图

为避免这些缺陷,混凝土路面不得不在纵横两个方向设置许多接缝,把整个路面分割成许多板块,如图1-5-2所示,以消除温度内应力,并保持路面整齐的外观。

(2)接缝类型

水泥混凝土面层的接缝可分为横向接缝和纵向接缝。纵缝应与路线中线平行,纵缝两侧的横缝应对接

图1-5-2　路面接缝设置
1-横缝;2-纵缝

上,不得相互错位,以避免纵缝处两侧板块粘连时由于纵向相对位移受阻而使横缝两侧的板块出现横向感应裂缝。纵缝两旁的横缝一般呈一条直线。纵缝与横缝一般垂直正交,使混凝土板成90°的角隅。在横缝不设传力杆的中等和轻交通路面上,横缝也可设置成与纵缝斜交,使车轴两侧的车轮不同时作用在横缝的一侧,从而减少轴载对横缝的影响,但横缝的斜率不应使板的锐角小于75°。实践证明,若横缝在纵缝两旁错开,易导致面板产生从横缝延伸出来的裂缝。

横向接缝是垂直于行车方向的接缝,共有三种形式:横向缩缝、横向胀缝和横向施工缝。缩缝可保证板因温度和湿度的降低而收缩时沿该薄弱断面缩裂,从而避免产生不规则的裂缝。胀缝可保证板在温度升高时能部分伸张,从而避免路面板在热天的拱胀和折断破坏,同时胀缝也能起到缩缝的作用。另外,水泥混凝土路面每天完工以及因雨天或其他原因不能继续施工时,应尽量做到胀缝处。如不可能,也应做至缩缝处,并做成施工缝的构造形式。

纵向接缝是平行于水泥混凝土路面中心线的接缝。纵缝分为纵向施工缝和纵向缩缝,间距一般按3~4.5m设置,这对行车和施工都较方便。

任务实施

(一)水泥混凝土路面的设计内容

水泥混凝土路面设计应包括以下内容:
(1)路基和基(垫)层的结构组合设计;

(2)混凝土面板的平面尺寸确定和板厚计算;
(3)接缝设计;
(4)配筋设计;
(5)混凝土的材料组成设计。

(二)交通荷载分析

1. 标准轴载

《公路水泥混凝土路面设计规范》(JTG D40—2011)规定:水泥混凝土路面设计以100kN的单轴-双轮组荷载作为标准轴载,其他各级轴载均应换算成标准轴载,然后再进行混凝土路面设计。对于单轴荷载,以其实际作用次数和轴重计;对于双轴荷载,后轴经过一次可视为作用一次,轴重以双轴的总重计。

2. 轴载换算

轴载换算依据等效疲劳损坏的原则进行。所谓等效,是指同一路面结构在不同轴载作用下达到相同的疲劳程度。《公路水泥混凝土路面设计规范》(JTG D40—2011)规定:以疲劳断裂作为混凝土路面的损坏标准。如果对某一种路面结构,轴载 P_1 作用 N_1 次以后,混凝土面板处于疲劳断裂状态;轴载 P_2 作用 N_2 次以后,混凝土面板处于同样的破坏状态,则二者是等效的。由此,采用疲劳断裂为标准建立的疲劳方程,可以推导产生等效疲劳损坏时的轴载换算公式和换算系数:

$$N_s = \sum_{i=1}^{n} a_i N_i (P_i/100)^{16} \tag{1-5-1}$$

式中:N_s——标准轴载作用次数(次/d);

P_i——单轴-单轮、单轴-双轮组、双轴-双轮组或三轴-双轮组轴载的总重(kN),当单轴载小于或等于40kN和双轴载小于或等于80kN时,可不考虑其影响;

a_i——轴-轮型系数,单轴-双轮组时,$a_i = 1$;单轴-单轮时,$a_i = 2.22 \times 10^3 P_i^{-0.43}$;双轴-双轮组时,$a_i = 1.07 \times 10^{-5} P_i^{-0.22}$;三轴-双轮组时,$a_i = 2.24 \times 10^{-8} P_i^{-0.22}$;

N_i——各级轴载的作用次数(次/d)。

3. 设计轴载累计作用次数

设计基准期内水泥混凝土路面设计车道临界荷位处所承受的设计轴载累计作用次数 N_e,应按式(1-5-2)计算确定。

$$N_e = \frac{365 N_s [(1+g_r)^t - 1]}{g_r} \eta \tag{1-5-2}$$

式中:N_e——设计基准期内设计车道所承受的设计轴载累计次数(轴次/车道);

N_s——设计车道使用初期的设计轴载日作用次数(次/d);

t——设计基准期(年),查表1-5-2取得;

g_r——基准期内货车交通量的年平均增长率(%);

η——临界荷位处的车辆轮迹横向分布系数,按表1-5-3确定。

可靠度设计标准 表1-5-2

公路等级	高速	一级	二级	三级	四级
安全等级	一级		二级	三级	
设计基准期(年)	30		20	15	10
目标可靠度(%)	95	90	85	80	70
目标可靠指标	1.64	1.28	1.04	0.84	0.52

车辆轮迹横向分布系数 η 表1-5-3

公 路 等 级		纵缝边缘处
高速公路、一级公路、收费站		0.17 ~ 0.22
二级及二级以下公路	行车道宽 >7m	0.34 ~ 0.39
	行车道宽 ≤7m	0.54 ~ 0.62

4. 交通荷载分级

按使用初期设计车道每日通过的标准轴载作用次数,将水泥混凝土路面承受的交通划分为极重交通、特重交通、重交通、中等交通和轻交通 5 个等级,具体分级见表1-5-4。

交通荷载分级 表1-5-4

交通荷载等级	极重	特重	重	中等	轻
设计基准期内设计车道承受设计轴载(100kN)累计作用次数 N_e ($\times 10^4$)	$>1 \times 10^6$	$2000 \sim 1 \times 10^6$	$100 \sim 2000$	$3 \sim 100$	<3

(三)水泥混凝土路面结构组合设计

水泥混凝土路面结构组合设计应将路基和路面各结构层作为一个整体综合考虑。

1. 路基

(1)路基回弹模量经验参考值应符合《公路水泥混凝土路面设计规范》(JTG D40—2011)的规定,见表1-5-5。

路基回弹模量经验参考值(单位:MPa) 表1-5-5

土 组	取值范围	代 表 值	土 组	取值范围	代 表 值
级配良好砾(GW)	240 ~ 2290	250	含细粒土砂(SF)	80 ~ 2160	120
级配不良砾(GP)	170 ~ 2240	190	粉土质砂(SM)	120 ~ 2190	150
含细粒土砾(GF)	120 ~ 2240	180	黏土质砂(SC)	80 ~ 2120	100
粉土质砾(GM)	160 ~ 2270	220	低液限粉土(ML)	70 ~ 110	90
黏土质砾(GC)	120 ~ 2190	150	低液限黏土(CL)	50 ~ 100	70
级配良好砂(SW)	120 ~ 2190	150	高液限粉土(MH)	30 ~ 70	50
级配不良砂(SP)	100 ~ 2160	130	高液限黏土(CH)	20 ~ 50	30

注:1. 对于砾和砂,D_{60}(通过率为60%时的颗粒粒径)大时,模量取高值;D_{60}小时,模量取低值。
2. 对于其他含细粒的土组,粒径小于 0.075mm 颗粒含量大和塑性指数高时,模量取低值;反之,模量取高值。

(2)路基回弹模量湿度调整系数应符合《公路水泥混凝土路面设计规范》(JTG D40—2011)的规定,见表1-5-6。

路基回弹模量湿度调整系数 表1-5-6

土 组	路床顶距地下水位的距离(m)					
	1.0	1.5	2.0	2.5	3.0	4.0
细粒质砾(GF)、土质砾(GM,GC)	0.81~0.88	0.86~1.00	0.91~1.00	0.96~1.00	—	—
细粒质砂(SF)、土质砂(SM,SC)	0.80~0.86	0.83~0.97	0.87~1.00	0.90~1.00	0.94~1.00	—
低液限粉土(ML)	0.71~0.74	0.75~0.81	0.78~0.89	0.82~0.97	0.86~1.00	0.94~1.00
低液限黏土(CL)	0.70~0.73	0.72~0.80	0.74~0.88	0.75~0.95	0.77~1.00	0.81~1.00
高液限粉土(MH)、高液限黏土(CH)	0.70~0.71	0.71~0.75	0.72~0.78	0.73~0.82	0.73~0.86	0.74~0.94

注：1. 粒径小于0.075mm颗粒含量大和塑性指数高时，调整系数取低值；反之，调整系数取高值。
2. 当表中调整系数最大值为1.00时，调整系数取高值。

(3)路床顶面的综合回弹模量值，轻交通荷载等级时不得低于40MPa，中等或重交通荷载等级时不得低于60MPa，特重或极重交通荷载等级时不得低于80MPa。路床顶面综合回弹模量值不满足要求时，应选用粗粒土或低剂量无机结合料稳定土做路床或上路床填料。当路基工作区底面接近或低于地下水位时，可采取更换填料、设置排水渗沟等措施。

2. 垫层

(1)季节性冰冻地区，路面结构厚度小于最小防冻厚度要求时，应设置防冻垫层，使路面结构厚度符合要求；水文地质条件不良的土质路堑，路床土湿度较大时，宜设置排水垫层。

(2)垫层应与路基同宽，厚度不得小于150mm。

(3)防冻垫层和排水垫层宜采用碎石、砂砾等颗粒材料。

3. 基层(底基层)

(1)基层(底基层)类型

承受极重、特重或重交通荷载的路面，基层下应设置底基层；承受中等或轻交通荷载时，可不设底基层。当基层采用无机结合料稳定类材料，且上路床由细粒土组成时，应在基层下设置粒料类底基层。基层和底基层的材料可依据交通荷载等级、结构层组合要求和材料供应条件，分别按照表1-5-7、表1-5-8选用。

各级交通荷载等级的基层材料类型 表1-5-7

交通荷载等级	基层材料类型
极重、特重	贫混凝土、碾压混凝土
	沥青混凝土
重	密级配沥青稳定碎石
	水泥稳定碎石
中等、轻	级配碎石
	水泥稳定碎石，石灰、粉煤灰稳定碎石

各交通等级的底基层材料类型　　　　　　　　　　表1-5-8

交通荷载等级	底基层材料类型
极重、特重、重	级配碎石,水泥稳定碎石,石灰、粉煤灰稳定碎石
中等、轻	未筛分碎石、级配砾石,或不设

(2) 基层(底基层)厚度

基层厚度以20cm左右为宜。研究资料表明,用厚基层来提高土基的支承力,或者借以降低面层应力或减薄面层厚度一般是不经济的。但随着稳定类基层厚度的减小,基层底面的弯拉应力随之增大,因此基层厚度不宜太薄。

各种材料基层(底基层)的结构层适宜施工层厚度见表1-5-9。

各类材料基层(底基层)的结构层适宜施工层厚度　　　表1-5-9

材料种类		适宜施工层厚度(mm)
贫混凝土、碾压混凝土		120~200
无机结合料稳定粒料		150~200
沥青混凝土	集料公称最大粒径9.5mm	25~40
	集料公称最大粒径13.2mm	35~65
	集料公称最大粒径16mm	40~70
	集料公称最大粒径19mm	50~75
沥青稳定碎石	集料公称最大粒径19mm	50~75
	集料公称最大粒径26.5mm	
多孔隙水泥稳定碎石		100~150
级配碎石、未筛分碎石、级配砾石或碎砾石		100~200

(3) 基层(底基层)宽度

硬路肩采用混凝土面层时,基层的结构和厚度应与行车道相同。基层宽度应比混凝土路面面板每侧各宽出25~35cm(采用小型机具或轨道式摊铺机施工)或50~60cm(采用滑模摊铺机施工),或与路基同宽,以供施工时安装模板,并防止路面边缘渗水至土基而导致路面破坏。

(4) 基层和底基层材料弹性(回弹)模量

基层和底基层材料弹性(回弹)模量经验参考值见表1-5-10、表1-5-11。

粒料类基层和底基层材料(回弹)模量经验参考值(单位:MPa)　　　表1-5-10

材料类型	取值范围	代表值
级配碎石(基层)	200~400	300
级配碎石(底基层)	180~250	220
未筛分碎石	180~220	200
级配砾石(基层)	150~300	250
级配砾石(底基层)	150~220	190
天然砂砾	105~135	120

无机结合料类基层和底基层材料(回弹)模量经验参考值(单位:MPa)　　表1-5-11

材料类型	7d浸水抗压强度	试件模量	收缩开裂后模量	疲劳破坏后模量
水泥稳定类	3.0～6.0	3000～14000	2000～2500	300～500
	1.5～3.0	2000～10000	1000～2000	200～400
石灰、粉煤灰稳定类	≥0.8	3000～14000	2000～2500	300～500
	0.5～0.8	2000～10000	1000～2000	200～400
石灰稳定类	≥0.8	2000～4000	800～2000	100～300
	0.5～0.8	1000～2000	400～1000	50～200
开级配水泥稳定碎石(CTPB)	≥4.0	1300～1700	—	—

4. 混凝土面板

(1)面板厚度

水泥混凝土面板厚度须根据公路在使用期内的交通荷载等级、公路等级和变异水平等级通过计算确定。在进行结构组合设计时可参考表1-5-12初拟面板厚度,各种混凝土面层的设计厚度应依据计算厚度加6mm磨耗层厚度后,按10mm向上取整。

水泥混凝土面层厚度的参考范围　　表1-5-12

交通荷载等级	极重	特重			重		
公路等级	—	高速	一级	二级	高速	一级	二级
变异水平等级	低	低	中	低　　中	低	中	低　　中
面层厚度(mm)	≥320	280～320	260～300	240～280	230～270	220～260	

交通荷载等级	中等		轻	
公路等级	二级	三级、四级	三级、四级	
变异水平等级	高	中	高	中
面层厚度(mm)	220～250	210～240	200～230	190～220	180～210

(2)面板的平面尺寸

面层一般采用设置纵向、横向接缝的普通混凝土。普通混凝土面层板的平面形状通常采用纵向接缝与横向接缝垂直相交的矩形。板宽依据路面宽度和每个车道宽度确定在3.0～4.5m范围内。板长按面层类型确定:①普通混凝土面板长一般为4～6m,在昼夜温差较大的地区或地基水文条件不良路段,应取低值;反之则取高值。面板的长宽比不宜超过1.3,面积不宜大于25m²。②碾压混凝土或钢纤维混凝土面板长为6～10m。③钢筋混凝土面板长一般为6～15m。当面层板的平面尺寸较大或形状不规则,路面结构下埋有地下设施,位于高填方、软土地基、填挖交界段等有可能产生不均匀沉降的路基段时,应采用接缝设置传力杆的钢筋混凝土面层。

(3)水泥混凝土设计强度

水泥混凝土的设计强度应采用28d龄期的弯拉强度。各交通荷载等级要求的水泥混凝土弯拉强度标准值不得低于表1-5-13的规定。

水泥混凝土弯拉强度标准值 表1-5-13

交通荷载等级	极重、特重、重	中等	轻
水泥混凝土的弯拉强度标准值(MPa)	≥5.0	4.5	4.0
钢纤维混凝土的弯拉强度标准值(MPa)	≥6.0	5.5	5.0

(四)水泥混凝土面板厚度确定

1. 水泥混凝土路面厚度设计的力学模型

(1)弹性地基单层板模型

弹性地基单层板模型适用于粒料基层上混凝土面层、旧沥青路面加铺混凝土面层;面层板底面以下部分按弹性地基处理。

(2)弹性地基双层板模型

弹性地基双层板模型适用于无机结合料类基层或沥青类基层上混凝土面层、旧混凝土路面上加铺分离式混凝土面层;面层和基层或者新旧面层作为双层板,基层底面以下或者旧面层底面以下部分按弹性地基处理。

(3)复合板模型

复合板模型适用于两层不同性能材料组成的面层或基层复合板。旧混凝土路面上加铺结合式混凝土面层,两层不同性能材料组成的层间黏结的面层,作为弹性地基上的单层板或者弹性地基上双层板的上层板;无机结合料类基层或沥青类基层与无机结合料类底基层组成的基层,作为弹性地基上双层板的下层板。

面板不仅要承受荷载疲劳应力的作用,还要承受温度疲劳应力的作用。水泥混凝土路面板内不同深处的温度,随气温的变化而变化。这种变化使水泥混凝土板出现膨胀或收缩变形的趋势。当变形受阻时,板内便会产生胀缩应力或翘曲应力。板的平面尺寸越大,翘曲应力就越大,这种温度疲劳应力是导致混凝土板破坏的原因之一。当路面板被划分为有限尺寸板块后,因收缩而产生的应力很小,可不予考虑。由于水泥混凝土板、基层和土基的导热性能较差,因此,当气温变化较快时,板顶面与底面会产生温度差,从而造成板顶与板底的胀缩变形大小不同。当气温升高时,板顶面温度较其底面高,板顶的膨胀变形较板底大,板的中部可能隆起;相反,当气温下降时,板顶面温度较其底面低,板顶的收缩变形较板底大,板的边缘和角隅可能翘起,如图1-5-3所示。由于板的自重、地基反力和相邻板的钳制作用,使得部分翘曲变形受阻,而使板内产生翘曲应力。当由于气温升高而使板中部隆起受到限制时,板底面会出现拉应力;而当由于气温降低而使板四周翘起受阻时,板顶面会出现拉应力。

水泥混凝土路面的结构设计以轴重100kN的单轴-双轮组荷载作为标准轴载。临界荷位是指混凝土板内产生最大荷载和温度梯度综合疲劳损坏时标准轴载的作用位置。现行规范中选取水泥混凝土板的纵缝边缘中部作为产生最大荷载和温度梯度综合疲劳损坏的临界荷位,如图1-5-4所示。

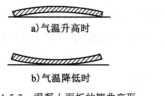

a)气温升高时

b)气温降低时

图1-5-3 混凝土面板的翘曲变形

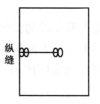

图1-5-4 临界荷位

水泥混凝土属脆性材料,抗弯拉强度比抗压强度低得多。当水泥混凝土面层在最重轴载作用下产生的弯拉应力超过其极限弯拉强度时,水泥混凝土板便会产生断裂破坏。在车轮荷载的重复作用下,水泥混凝土面层会在低于其极限抗弯拉强度时出现疲劳破坏。此外,由于面层顶面和底面的温差会产生温度翘曲应力,面层的平面尺寸越大,翘曲应力也越大。因此,为使水泥混凝土路面能够经受车轮荷载的多次重复作用和抵抗温度翘曲的反复作用,并对地基变形有较强的适应能力,水泥混凝土面层应有足够的弯拉强度和厚度。

面板的厚度既可按《公路水泥混凝土路面设计规范》(JTG D40—2011)规定的计算公式验算确定,也可用 HPDS 2011 软件计算确定。若承重层为水泥混凝土面板,当验算不满足要求时,常用的方法是先增加水泥混凝土面板的厚度,然后再进行验算。

在对水泥混凝土面层施工质量进行检验和对现有水泥混凝土面层进行评定时,直接进行弯拉强度试验会有一定的困难,通常采用钻芯方式取出圆柱体试件,进行劈裂试验确定其劈裂强度,根据所建立的劈裂强度与弯拉强度的经验关系式,由劈裂强度换算得到弯拉强度。劈裂强度试验采用圆柱体试件。试件直径按钻芯直径来定,一般为 100mm 或 150mm,试件高度为面层厚度。

2. 基层顶面当量回弹模量计算

按《公路水泥混凝土路面设计规范》(JTG D40—2011)的规定进行厚度设计。下面以弹性地基双层板模型为例。

(1)板底地基当量回弹模量 E_t

$$E_t = \left(\frac{E_x}{E_0}\right)^\alpha E_0 \quad (1\text{-}5\text{-}3)$$

$$\alpha = 0.86 + 0.26\ln h_x \quad (1\text{-}5\text{-}4)$$

$$E_x = \sum_{i=1}^{n}(h_i^2 E_i) \Big/ \sum_{i=1}^{n} h_i^2 \quad (1\text{-}5\text{-}5)$$

$$h_x = \sum_{i=1}^{n} h_i^2 \quad (1\text{-}5\text{-}6)$$

式中:E_t——板底地基当量回弹模量(MPa);

E_0——路床顶综合回弹模量(MPa);

E_x——粒料层的当量回弹模量(MPa),按式(1-5-5)计算;

α——与粒料层总厚度 h_x 有关的回归系数,按式(1-5-4)计算;

h_x——粒料层的总厚度(m),按式(1-5-6)计算;

n——粒料层的层数;

E_i、h_i——分别为第 i 层的回弹模量(MPa)与厚度(m)。

(2)混凝土面层板的截面弯曲刚度 D_c

$$D_c = \frac{E_c h_c^3}{12(1-v_c^3)} \quad (1\text{-}5\text{-}7)$$

式中:D_c——混凝土面层板的截面弯曲刚度(MN·m);

h_c、E_c、v_c——分别为混凝土面层板的厚度(m)、弯拉弹性模量(MPa)和泊松比。

(3)半刚性基层板弯曲刚度 D_b

$$D_b = \frac{E_b h_b^3}{12(1-v_b^3)} \quad (1\text{-}5\text{-}8)$$

式中： D_b ——下层板的截面弯曲刚度（MN·m）；
h_b、E_b、$υ_b$ ——分别为下层板的厚度（m）、弯拉弹性模量（MPa）和泊松比。

(4) 路面结构总相对刚度半径 r_g

$$r_g = 1.21\left(\frac{D_c + D_h}{E_t}\right)^{1/3} \tag{1-5-9}$$

式中：r_g ——双层板的总相对刚度半径（m）；
其他符号意义同前。

3. 荷载应力的分析

(1) 临界荷位处标准轴载荷载应力 $σ_{ps}$

$$σ_{ps} = \frac{1.45 \times 10^{-3}}{1 + D_b/D_c} r_g^{0.65} h_c^{-2} P_s^{0.94} \tag{1-5-10}$$

式中：$σ_{ps}$ ——临界荷位处标准轴载荷载应力（MPa）；
P_s ——标准轴载（kN），$P_s = 100$ kN；
其他符号意义同前。

(2) 临界荷位处极限轴载应力 $σ_{pm}$

$$σ_{pm} = \frac{1.45 \times 10^{-3}}{1 + D_b/D_c} r_g^{0.65} h_c^{-2} P_m^{0.94} \tag{1-5-11}$$

式中：$σ_{pm}$ ——临界荷位处标准轴载荷载应力（MPa）；
P_m ——极限轴载（kN）；
其他符号意义同前。

(3) 面层荷载疲劳应力 $σ_{pr}$

$$σ_{pr} = k_r k_f k_c σ_{ps} \tag{1-5-12}$$

$$k_f = N_e^λ \tag{1-5-13}$$

式中：$σ_{pr}$ ——设计轴载在面层板临界荷位处产生的荷载疲劳应力（MPa）；
$σ_{ps}$ ——设计轴载在四边自由板临界荷位处产生的荷载应力（MPa）；
k_r ——应力折减系数，采用混凝土路肩时，$k_r = 0.87 \sim 0.92$（路肩面层与路面面层等厚时取低值，减薄时取高值），采用柔性路肩或土路肩时，$k_r = 1$；
k_f ——考虑设计基准期内荷载应力累计疲劳作用的疲劳应力系数；
N_e ——设计基准期内设计轴载累计作用次数；
$λ$ ——材料疲劳指数，对于普通混凝土、钢筋混凝土、连续配筋混凝土，$λ = 0.065$；
k_c ——考虑计算理论与实际差异以及动载等因素影响的综合系数，按公路等级查表 1-5-14 确定。

综合系数 k_c 表 1-5-14

公路等级	高速公路	一级公路	二级公路	三级公路
综合系数 k_c	1.15	1.10	1.05	1.00

(4) 面层最大荷载应力 $σ_{p,max}$

$$σ_{p,max} = k_r k_c σ_{pm} \tag{1-5-14}$$

式中：$σ_{p,max}$ ——最重轴载 P_m 在面层板临界荷位处产生的最大荷载应力（MPa）；

σ_{pm}——最重轴载 P_m 在四边自由板临界荷位处产生的最大荷载应力(MPa);

其他符号意义同前。

4. 温度应力的计算

(1)面层与基层之间竖向接触刚度 k_n

上、下层之间不设沥青混凝土夹层或隔离层时,k_n 按式(1-5-15)计算,设沥青混凝土夹层或隔离层时,k_n 取 3000MPa/m。

$$k_n = \frac{1}{2}\left(\frac{h_c}{E_c} + \frac{h_b}{E_b}\right)^{-1} \tag{1-5-15}$$

(2)层间接触状况参数 r_β

$$r_\beta = \left[\frac{D_c D_b}{(D_c + D_b)k_n}\right]^{1/4} \tag{1-5-16}$$

(3)与双层板结构有关的参数 ξ

$$\xi = -\frac{(k_n r_g - D_c) r_\beta^3}{(k_n r_\beta^4 - D_c) r_g^3} \tag{1-5-17}$$

(4)参数 t

$$t = \frac{L}{3r_g} \tag{1-5-18}$$

式中:L——面层板的横缝间距,即板长(m);

其他符号意义同前。

(5)混凝土面层板温度翘曲应力系数 C_L

$$C_L = 1 - \frac{1}{1+\xi} \frac{\sinh t \cos t + \cosh t \sin t}{\cos t \sin t + \sinh t \cosh t} \tag{1-5-19}$$

(6)综合温度翘曲应力和内应力的温度应力系数 B_L

$$B_L = 1.77 e^{-4.48 h_c} C_L - 0.131 \times (1 - C_L) \tag{1-5-20}$$

(7)面层最大温度应力 $\sigma_{t,max}$

$$\sigma_{t,max} = \frac{\alpha_c E_c h_c T_g}{2} B_L \tag{1-5-21}$$

式中:$\sigma_{t,max}$——所在地区最大温度梯度在临界荷位处产生的最大温度翘曲应力(MPa);

α_c——混凝土的线膨胀系数,根据粗集料的岩性按表 1-5-15 取用;

T_g——公路所在地 50 年一遇的最大温度梯度,查表 1-5-16 取用;

其他符号意义同前。

水泥混凝土线膨胀系数 α_c 经验参考值　　　　表 1-5-15

粗集料类型	石英岩	砂岩	砾石	花岗岩	玄武岩	石灰岩
水泥混凝土线膨胀系数(10^{-6}/℃)	12	12	11	10	9	7

最大温度梯度标准值 T_g　　　　表 1-5-16

公路自然区划	Ⅱ、Ⅴ	Ⅲ	Ⅳ、Ⅵ	Ⅶ
最大温度梯度(℃/m)	83~88	90~95	86~92	93~98

注:海拔高时,取高值;湿度大时,取低值。

(8)面层温度疲劳应力 σ_{tr}

$$\sigma_{tr} = k_t \sigma_{t,max} \quad (1\text{-}5\text{-}22)$$

$$k_t = \frac{f_r}{\sigma_{t,max}} \left[a_t \left(\frac{\sigma_{t,max}}{f_r} \right)^{b_t} - c_t \right] \quad (1\text{-}5\text{-}23)$$

式中:σ_{tr}——面层板临界荷位处的温度疲劳应力(MPa);
  k_t——考虑温度应力累计疲劳作用的温度疲劳应力系数;
  f_r——水泥混凝土弯拉强度标准值,查表1-5-13确定;
a_t、b_t、c_t——回归系数,按所在地区的公路自然区划查表1-5-17确定;
  其他符号意义同前。

回归系数 a_t、b_t 和 c_t 表1-5-17

系 数	公路自然区划					
	II	III	IV	V	VI	VII
a_t	0.828	0.855	0.841	0.871	0.837	0.834
b_t	1.323	1.355	1.323	1.287	1.382	1.270
c_t	0.041	0.041	0.058	0.071	0.038	0.052

5. 极限状态的校核

$$\gamma_r (\sigma_{pr} + \sigma_{tr}) \leq f_r \quad (1\text{-}5\text{-}24)$$

$$\gamma_r (\sigma_{p,max} + \sigma_{t,max}) \leq f_r \quad (1\text{-}5\text{-}25)$$

式中:γ_r——可靠度系数,依据所选目标可靠度、变异水平等级及变异系数通过计算确定,可查表1-5-18确定,变异水平等级可查表1-5-19确定;
  其他符号意义同前。

可靠度系数 γ_r 表1-5-18

变异水平等级	目标可靠度(%)			
	95	90	85	70~80
低	1.20~1.33	1.09~1.16	1.04~1.08	—
中	1.33~1.50	1.16~1.23	1.08~1.13	1.04~1.07
高	—	1.23~1.33	1.13~1.18	1.07~1.11

注:变异系数接近表1-5-19下限时,可靠度系数取低值;接近上限时,取高值。

变异系数 C_v 的变化范围   表1-5-19

变异水平等级	低	中	高
水泥混凝土弯拉强度	$0.05 < C_v < 0.10$	$0.10 < C_v < 0.15$	$0.15 < C_v < 0.20$
基层顶面当量回弹模量	$0.15 < C_v < 0.25$	$0.25 < C_v < 0.35$	$0.35 < C_v < 0.55$
水泥混凝土面层厚度	$0.02 < C_v < 0.04$	$0.04 < C_v < 0.06$	$0.06 < C_v < 0.08$

6. 水泥混凝土板厚度计算流程

水泥混凝土板厚度的计算流程如下:

(1)进行路面结构组合设计,初拟路面结构,包括路床、垫层、基层和面层的材料类型与厚度。

(2)按照初拟路面结构的组合情况,选择相应的结构分析模型。

(3)分别计算混凝土面层板(单层板或双层板的面层板)的最重轴载产生的最大荷载应力、设计轴载产生的荷载疲劳应力、最大温度梯度产生的最大温度应力及温度疲劳应力。

(4)当荷载疲劳应力与温度疲劳应力之和同可靠度系数的乘积,小于且接近混凝土弯拉强度标准值,同时,最大荷载应力与最大温度应力之和同可靠度系数的乘积,小于混凝土弯拉强度标准值,即满足式(1-5-24)和式(1-5-25)时,初选混凝土板的厚度可作为混凝土板的计算厚度。

(5)对贫混凝土或碾压混凝土基层或者双层板的下面层板,需计算其荷载疲劳应力,并验算荷载疲劳应力与可靠度系数的乘积是否小于其材料的弯拉强度标准值。

(6)若不能同时满足式(1-5-24)和式(1-5-24),则应增加混凝土面层板厚度或调整基层类型或厚度,重新计算,直到同时满足式(1-5-24)和式(1-5-25)时为止。

(7)混凝土板的计算厚度加6mm磨损厚度后,应按10mm向上取整,作为混凝土面层的设计厚度。

(五)水泥混凝土路面的接缝设计

水泥混凝土面层的接缝分为横向接缝和纵向接缝。任何形式的接缝处的板体都不可能是连续的,其传递荷载的能力均不如非接缝处,而且任何形式的接缝都难免会漏水。因此,对各种形式的接缝,都必须为其提供相应的传荷与防水设施,并进行接缝设计。

图1-5-5 缩缝

1. 横向接缝

横向接缝是垂直于行车方向的缝,共有三种形式:缩缝、胀缝和施工缝。

(1)横向缩缝

横向缩缝可等间距或变间距布置,可采用假缝形式,如图1-5-5所示。

对极重、特重和重交通荷载公路的横向缩缝,中等和轻交通荷载公路邻近胀缝或自由端部的三条横向缩缝,收费广场的横向缩缝,都应采用设传力杆假缝形式,其构造如图1-5-6a)所示。其他情况可采用不设传力杆假缝形式,如图1-5-6b)所示,即只在板的上部设置缝隙,当板收缩时将沿此最薄弱断面有规则地自行断裂。缩缝缝隙宽3~8mm,深度为板厚的1/5~1/4,一般为5~6cm。假缝缝隙内亦浇灌填缝料,以防地面水下渗及砂石等杂物进入缝内。

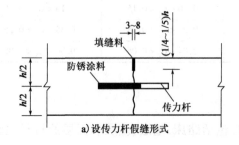
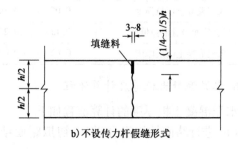

a) 设传力杆假缝形式　　b) 不设传力杆假缝形式

图1-5-6 缩缝的构造形式(尺寸单位:cm)

（2）横向胀缝

在邻近桥梁或其他固定构筑物处，或者与其他道路相交处，应设置横向胀缝。

胀缝的条数应根据膨胀量的大小来确定。胀缝间距一般为100～200m，胀缝的宽度宜为20～25mm，如果施工时气温较高，或胀缝间距较短，应采用低限；反之，采用高限。缝隙上部3～4cm深度内浇灌填缝料，下部则设置富有弹性的嵌缝板，它可由油浸或沥青浸制的软木板制成。

为保证混凝土板之间能有效地传递荷载，防止形成错台，应在胀缝处板厚中央设置可滑动传力杆。传力杆一般为长40～60cm、直径20～25mm的光圆钢筋，每隔30～50cm设一根。杆的半段固定在混凝土内，另半段涂以沥青、套上长8～10cm的铁皮或塑料套筒，筒底与杆端之间留出宽3～4cm的空隙，并用木屑与弹性材料填充，以利板的自由伸缩，如图1-5-7所示。在同一条胀缝上的传力杆，设有套筒的活动端最好在缝的两边交错布置。

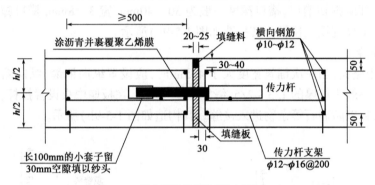

图1-5-7　横向胀缝的构造（尺寸单位：cm）

（3）横向施工缝

每日施工结束或因临时原因中断施工时，必须设置横向施工缝，其位置宜尽可能选在缩缝或胀缝处。设在缩缝处的施工缝，应采用平缝加传力杆的形式，其构造如图1-5-8a)所示，横向缩缝传力杆的尺寸、间距和要求与横向胀缝相同；设在胀缝处的施工缝，其构造与胀缝相同；设在缩缝与胀缝之间的施工缝，可采用企口缝加拉杆的形式，其构造如图1-5-8b)所示。

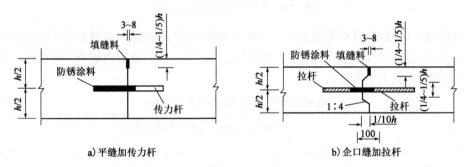

a）平缝加传力杆　　　b）企口缝加拉杆

图1-5-8　横向施工缝构造（尺寸单位：mm）

传力杆应采用光圆钢筋。横向缩缝传力杆的尺寸、间距和要求与横向胀缝构造相同，可按表1-5-20选用。最外侧的传力杆距纵向接缝或自由边的距离为150～250mm。

2.纵向接缝

纵向接缝是平行于中线方向的缝，纵向接缝分为纵向缩缝和纵向施工缝。纵向接缝的布设，应视路面宽度和施工铺筑宽度而定。

传力杆的尺寸及间距(单位:mm)　　　　　　　　　表 1-5-20

面层厚度	传力杆的直径	传力杆的最小长度	传力杆的最大间距
220	28	400	300
240	30	400	300
260	32	450	300
280	32~34	450	300
≥300	34~36	500	300

(1) 纵向施工缝

水泥混凝土路面一次铺筑宽度小于路面宽度时,应设置纵向施工缝。纵向施工缝采用平缝形式,平缝上部应锯切槽口,槽口深度一般为 30~40mm,宽 3~8mm,槽口施工结束后宜浇筑填缝料,板厚中央宜设置拉杆。其构造如图 1-5-9a)所示。

(2) 纵向缩缝

水泥混凝土路面,当一次铺筑宽度大于 4.5m 时,应设置纵向缩缝,纵向缩缝采用假缝的形式,假缝深度一般为板厚的 1/3~2/5,缝宽为 3~8mm,在板厚中央设置拉杆,假缝施工结束后宜浇筑填缝料,以防砂石等杂物进入接缝。其构造如图 1-5-9b)所示。

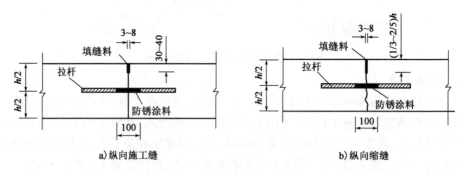

图 1-5-9　纵缝构造(尺寸单位:mm)

纵向接缝要设拉杆,且行车道路面与混凝土硬路肩之间的纵向接缝也必须设置拉杆。拉杆应采用螺纹钢筋,设在板厚中央,并应对拉杆中部 100mm 的范围内进行防锈处理。拉杆的直径、长度和间距见表 1-5-21。

拉杆的直径、长度和间距(单位:mm)　　　　　　　　　表 1-5-21

面层厚度 (mm)	到自由边或未设拉杆纵缝的距离(m)					
	3.00	3.50	3.75	4.50	6.00	7.50
200~250	14×700×900	14×700×800	14×700×700	14×700×600	14×700×500	14×700×400
≥260	16×800×800	16×800×700	16×800×600	16×800×500	16×800×400	16×800×300

注:表中的数值为直径×长度×间距。

3. 接缝填缝材料

接缝填缝材料按使用性质分为胀缝接缝板和接缝填缝料两类。

胀缝接缝板应选用能适应混凝土面板的膨胀与收缩,且施工时不变形、复原率高和耐久性良好的材料。高速公路和一级公路的胀缝接缝板宜选用泡沫橡胶板、沥青纤维板;其他等级公路也可选用木材类或纤维类板。

接缝填缝料应选用与混凝土面板接缝槽壁黏结力强、回弹性好,且适应混凝土面板的收缩、不溶于水、不渗水、高温时不流淌、低温时不脆裂和耐老化的材料。常用的填缝材料有聚氨酯焦油类、氯丁橡胶类、乳化沥青类、聚氧乙烯胶泥、沥青橡胶类、沥青马蹄脂及橡胶嵌缝条。

各类接缝填缝材料应满足现行规范的要求。

4. 水泥混凝土路面与沥青路面的过渡段

当水泥混凝土路面与沥青路面相接时,应设置不小于3m的过渡段。过渡段的路面应采用两种路面呈阶梯状叠合布置,其下面铺设的变厚度混凝土过渡板的厚度不得小于200mm,如图1-5-10所示。过渡板顶面应设横向拉槽,沥青层与过渡板之间应黏结良好。过渡板与水泥混凝土面层板相接处的接缝内宜设置直径为25mm、长度为700mm、间距为400mm的拉杆。混凝土面层毗邻该接缝的1~2条横向接缝应采用胀缝形式。

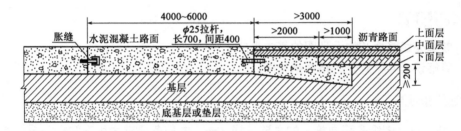

图1-5-10 水泥混凝土路面与沥青路面相接段的构造布置(尺寸单位:mm)

(六)水泥混凝土面层的配筋设计

水泥混凝土路面与固定构造物衔接的胀缝无法设置传力杆时,可在毗邻构造物的端部内设置双层钢筋网,或在长度为6~10倍板厚的范围内逐渐将板厚增加20%。

普通混凝土面层基础薄弱的自由边缘、接缝为未设传力杆的平缝、主线与匝道相接处或与其他类型路面相接处,可在面层边缘的下部配置钢筋。可选用两根直径为12~16mm的螺纹钢筋,置于面层底面之上1/4厚度处且不小于50mm,间距为100mm,钢筋两端向上弯起,如图1-5-11所示。

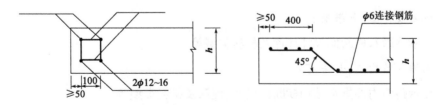

图1-5-11 边缘钢筋布置(尺寸单位:cm)

承受极重、特重或重交通的水泥混凝土面层的胀缝、施工缝和自由边的角隅,以及承受极重交通的水泥混凝土面层缩缝的角隅,宜配置角隅钢筋,可选用两根直径为12~16mm的螺纹钢筋,置于面层上部,距顶面不小于50mm,距边缘为100mm,如图1-5-12所示。

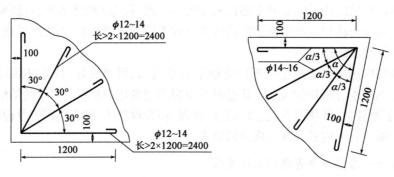

图 1-5-12　角隅钢筋布置(尺寸单位:cm)

工作任务六　识读公路路面结构图

(1)掌握公路路面结构设计图的基本组成。
(2)能够识读并核对公路路面结构图。

路面结构设计图纸是路面施工的主要依据之一。本任务要求学生在掌握路面结构设计图基本组成的基础上,能够识读路面结构图。

一、公路沥青路面结构设计图的基本组成

1.路面结构图(横断面图)

路面结构图包括各组成部分的尺寸标注(主要是宽度)和各结构层的名称、厚度。

2.设计参数

设计参数以列表的形式表示,说明设计参数的名称和取值。

3.路缘石大样图(如果有)

图中显示路缘石横断面尺寸埋深及材料类型等。

4.路面排水结构图(如果有)

图中显示路面内部排水结构横断面尺寸、埋深及材料类型等。

5.路面工程数量表

按路段长度计算路面各结构层的工程数量。路面工程数量表在设计图纸上可不显示。

6.附注(设计说明)

逐条说明图中尺寸单位及比例(尺)、对原材料及混合料的技术要求、施工注意事项等内容。

7. 图纸下框内容

由设计单位名称,工程名称,图纸名称,设计(者)、(复核者)、审核(者)签字栏,比例(图纸比例大小),图号(图纸编号),日期等组成。

二、水泥混凝土路面结构设计图的基本组成内容

1. 路面结构图(横断面图)

路面结构图包括各组成部分的尺寸标注(主要是宽度)和各结构层的名称、厚度。

2. 设计参数

设计参数以列表的形式表示,说明设计参数的名称和取值。

3. 水泥混凝土面板平面布置图

图中显示:路中心线、行车道、路肩等平面相对位置;板长及板宽尺寸;横向缩缝、胀缝、施工缝、施工缝平面位置;传力杆、拉杆直径及间距布置;接缝材料用量等。

4. 水泥混凝土路面接缝构造图

图中显示:横向缩缝、胀缝、施工缝剖面构造及尺寸,以及纵向缩缝、施工法剖面构造及尺寸。

5. 路缘石大样图(如果有)

图中显示路缘石横断面尺寸、埋深及材料类型等。

6. 路面排水结构图(如果有)

图中显示路面内部排水结构横断面尺寸、埋深及材料类型等。

7. 钢筋构造及布置图(如果有)

略。

8. 路面工程数量表

按路段长度计算路面各结构层的工程数量。路面工程数量表在设计图纸上可不显示。

9. 附注(设计说明)

逐条说明图中尺寸单位及比例(尺)、对原材料及混合材料的技术要求、施工注意事项等内容。

10. 图纸下框内容

由设计单位名称,工程名称,图纸名称,设计(者)、(复核者)、审核(者)签字栏,比例(图纸比例大小),图号(图纸编号),日期等组成。

任务实施

某二级水泥混凝土路面结构设计图和水泥混凝土面板接缝设计图,如图1-6-1、图1-6-2所示,分析该水泥混凝土路面结构。

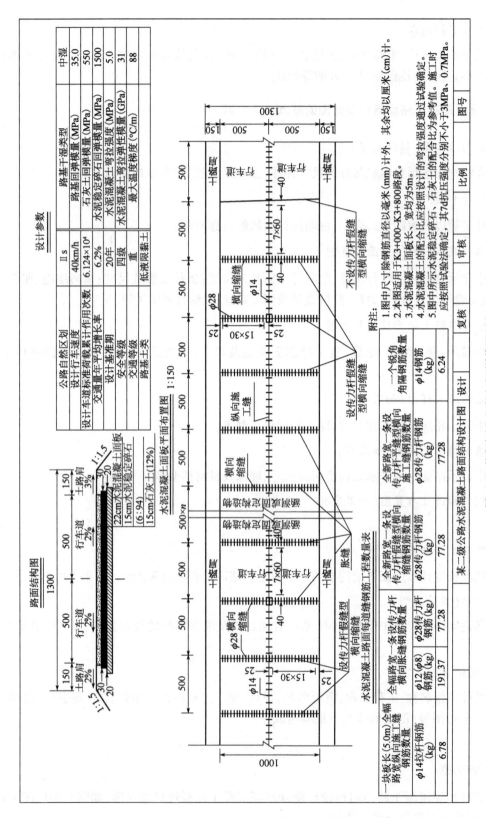

图1-6-1 某公路水泥混凝土路面结构设计图

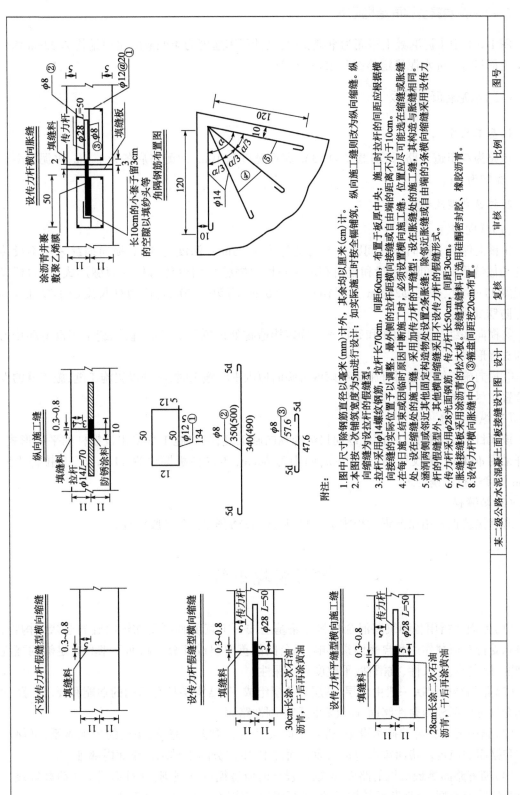

图1-6-2 某二级公路水泥混凝土面板接缝设计图

(一)水泥混凝土路面结构层次

图 1-6-1 中水泥混凝土路面为重载交通,设计行车速度为 40km/h,路面结构为 22cm 水泥混凝土面板、15cm 水泥稳定碎石和 15cm 石灰土。

(二)水泥混凝土面板

1. 基本尺寸

该路为双车道公路,路基宽度为 13m,路面宽度为 10m,两侧路肩各为 1.5m,水泥混凝面板长、宽均为 5m。

2. 接缝类型及构造

(1)横向接缝

①横向缩缝。横向缩缝间距为 5m,缝宽为 3~8mm,深度为 5cm,横向缩缝采用不设传力杆的假缝形式。邻近胀缝和自由端的 3 条横向缩缝采用设传力杆的假缝形式,传力杆设在板厚 11cm 处,采用 ϕ28mm 光圆钢筋,长 50cm,间距为 30cm,传力杆长度的 1/2 加 5cm 进行防锈处理。

②横向胀缝。涵洞两侧和邻近其他固定构造物处设置了 2 条胀缝,胀缝采用设滑动传力杆的真缝形式。

③横向施工缝。在每日施工结束或因临时原因中断施工时,必须设置施工缝,施工缝的设置位置应尽可能选在缩缝或胀缝处。

(2)纵向接缝

该项目采用半幅施工,因此纵向接缝为纵向施工缝,纵向施工缝采用设拉杆的平缝形式。拉杆采用 ϕ14mm 螺纹钢筋,长 70cm,间距为 60cm,布置在板厚中央 11cm 处,对拉杆中间 14cm 长度进行防锈处理。

(3)填缝料

胀缝接缝板采用涂沥青的松木板,填缝料选用硅酮密封胶、橡胶沥青。

学习情境小结

(1)路面是指用各种筑路混合材料在路基上按一定宽度和厚度铺筑而成的层状结构物,直接承受行车荷载作用和自然因素影响,是公路的重要组成部分。路面要求具有足够的强度和刚度、稳定性、耐久性、抗滑性、平整度和环保性。

(2)路面结构层次一般由面层、基层和垫层组成,各结构层具有不同的功能和要求。路面按其力学特性可分为柔性路面、刚性路面和半刚性路面。

(3)路面要有完善的排水设施,否则路面会发生水损害。完整、畅通的排水体系,可保证路基和路面的稳定。路面排水包括路面表面排水、中央分隔带排水及路面内部排水。

(4)沥青路面是最常见的路面形式,在设计时应遵循设计规则,针对不同交通荷载等级选定合适的路面类型,重视路面结构设计,进行路面结构比选,以求其合理性。

(5)水泥混凝土路面是以水泥混凝土做面层的路面,也称刚性路面,一般由混凝土面板、基层和垫层组成。水泥混凝土路面设计包括结构组合设计、混凝土面板的平面尺寸确定和板厚计算、接缝设计、配筋设计。

(6)路面结构设计图纸是路面施工的主要依据之一。路面结构图设计工作就是设计人员在具备了路面基本知识、基本理论、设计方法和熟悉有关技术规范的前提下,依据公路所在地区的自然条件、交通组成及交通量、原材料供应、路面使用要求等具体情况,拟定路面结构设计初步方案,经过路面结构组合设计、路面厚度计算和方案经济技术比选后,绘制路面结构设计图纸。

学习效果反馈

一、名词解释

1. 面层;2. 黏层;3. 透层;4. 封层;5. 路拱

二、思考与练习题

1. 对路面有哪些基本要求?
2. 按照材料力学特性,路面可分为哪几类?
3. 简述沥青路面的结构层次及其基本要求。
4. 简述路面的功能层。
5. 简述路面排水系统。
6. 简述沥青路面的设计指标及应满足的要求。
7. 如何进行沥青路面的结构组合设计?
8. 如何减小无机结合料稳定类基层的收缩裂缝及反射裂缝?
9. 简述水泥混凝土路面的结构层次。
10. 简述水泥混凝土路面的接缝类型及其构造。
11. 沥青路面结构设计图由哪几部分组成?
12. 水泥混凝土路面结构设计图由哪几部分组成?
13. 举例说明柔性路面、刚性路面和半刚性路面。
14. 试绘出一个完整详细的路面结构层次划分示意图,并标注各部分名称。

三、案例分析

【任务描述】沥青混凝土路面结构设计

背景资料:某新建一级公路地处III_2区,为双向四车道,拟采用沥青路面。沿线土质为粉质黏土,填方路基高1.8m,地下水位距路床2.4m,属中湿状态;沿线有水泥及碎石供应。试进行路面设计。

【任务实施】

一、交通量预测

(1)拟建项目未来车型比例预测结果(绝对数)见表1-4-1。

(2)拟建项目混合交通量预测结果见表1-4-2。

二、路面计算

1. 交通量计算

公路等级:一级公路

目标可靠指标:1.28

初始年大型客车和货车双向年平均日交通量:6553辆/d

路面设计使用年限:15年

通车至首次针对车辙维修的期限:6年

交通量年平均增长率:5.5%

方向系数:0.5

车道系数:0.7

整体式货车比例:1%

半挂式货车比例:58.9%

车辆类型:2类 3类 4类 5类 6类 7类 8类 9类 10类 11类

满载车比例:0.1 0.1 0.35 0.9 0.8 0.9 0.9 0.9 0.9 0.8

初始年设计车道大型客车和货车年平均日交通量:2293辆/d

设计使用年限内设计车道累计大型客车和货车交通量:1.875482×10^7 辆

路面设计交通荷载等级:重交通荷载等级

当验算沥青混合料层疲劳开裂时:

设计使用年限内设计车道上的当量设计轴载累计作用次数为 8.97281×10^7

当验算无机结合料稳定层疲劳开裂时:

设计使用年限内设计车道上的当量设计轴载累计作用次数为 7.598886×10^9

当验算沥青混合料层永久变形量时:

通车至首次针对车辙维修的期限内设计车道上的当量设计轴载累计作用次数为 2.758093×10^7

当验算路基顶面竖向压应变时:

设计使用年限内设计车道上的当量设计轴载累计作用次数为 1.794536×10^8

2. 路面结构设计与验算

路面结构的层数:5

设计轴载:100kN

路面设计层层位:5

设计层起始厚度:160mm

路 面 结 构 设 计　　案例表1-1

层位	结构层材料名称	厚度(mm)	模量(MPa)	泊松比	无机结合料稳定类材料弯拉强度(MPa)	沥青混合料车辙试验永久变形量(mm)
1	中粒式沥青混凝土	50	9000	0.25	—	1.5
2	中粒式沥青混凝土	60	8500	0.25	—	2.5
3	粗粒式沥青碎石	100	8000	0.25	—	3

续上表

层位	结构层材料名称	厚度(mm)	模量(MPa)	泊松比	无机结合料稳定类材料弯拉强度(MPa)	沥青混合料车辙试验永久变形量(mm)
4	水泥粉煤灰稳定碎石	400	9000	0.25	1.8	—
5	水泥粉煤灰稳定碎石	?	7000	0.25	1.5	—
6	新建路基		50	0.4	—	—

(1) 第4层无机结合料稳定层疲劳开裂验算

设计层厚度 $H(5) = 160$ mm

季节性冻土地区调整系数 $K_A = 0.7$

温度调整系数 $K_{T2} = 0.921$

现场综合修正系数 $K_C = -1.334$

第4层层底拉应力 $\sigma = 0.081$ MPa

第4层无机结合料稳定层疲劳开裂寿命 $N_{F2} = 3.114933 \times 10^{10}$ 轴次

设计使用年限内设计车道上的当量设计轴载累计作用次数 $N_{ZB2} = 7.598886 \times 10^9$ 轴次

第4层无机结合料稳定层疲劳开裂验算已满足设计要求。

(2) 第5层无机结合料稳定层疲劳开裂验算

设计层厚度 $H(5) = 160$ mm

季节性冻土地区调整系数 $K_A = 0.7$

温度调整系数 $K_{T2} = 0.921$

现场综合修正系数 $K_C = -1.43$

第5层层底拉应力 $\sigma = 0.113$ MPa

第5层无机结合料稳定层疲劳开裂寿命 $N_{F2} = 1.04271 \times 10^{10}$ 轴次

设计使用年限内设计车道上的当量设计轴载累计作用次数 $N_{ZB2} = 7.598886 \times 10^9$ 轴次

第5层无机结合料稳定层疲劳开裂验算已满足设计要求。

(3) 沥青面层低温开裂指数验算

路面所在地区低温设计温度 $T_{SJ} = -25$ ℃

表面层沥青弯曲梁流变试验蠕变劲度 $ST = 120$ MPa

沥青结合料类材料层厚度 $H_A = 210$ mm

路基类型参数 $B_{LJ} = 2$

沥青面层低温开裂指数 $CI = 1.8$ 条

沥青面层容许低温开裂指数 $CIR = 3$ 条

沥青面层低温开裂指数值满足规范要求。

(4) 沥青混合料层永久变形量验算

沥青混合料层永久变形等效温度 $T_{PEF} = 17.5$ ℃

通车至首次针对车辙维修的期限内设计车道上的当量设计轴载累计作用次数 $N_{ZB3} = 2.758093 \times 10^7$ 轴次

沥青混合料层永久变形验算分层数 $N = 7$

第1分层沥青混合料永久变形量 $RAI(1) = 0.39$ mm

第2分层沥青混合料永久变形量 $RAI(2) = 0.61$ mm

第 3 分层沥青混合料永久变形量 RAI(3) = 0.69mm
第 4 分层沥青混合料永久变形量 RAI(4) = 1.14mm
第 5 分层沥青混合料永久变形量 RAI(5) = 0.75mm
第 6 分层沥青混合料永久变形量 RAI(6) = 0.43mm
第 7 分层沥青混合料永久变形量 RAI(7) = 0.63mm
沥青混合料层永久变形量 RA = 4.64mm
沥青混合料层容许永久变形量 RAR = 15mm
沥青混合料层永久变形量满足规范要求。
第 1 层沥青混合料车辙试验动稳定度技术要求为 5139 次/mm
第 2 层沥青混合料车辙试验动稳定度技术要求为 2412 次/mm
第 3 层沥青混合料车辙试验动稳定度技术要求为 1842 次/mm
验算路面结构防冻厚度：
路面结构最小防冻厚度为 500mm
验算结果表明,路面结构总厚度满足防冻要求。
通过对设计层厚度取整,最后得到路面结构设计结果如下：

中粒式 SBS 改性沥青混凝土(AC-16)	50mm
中粒式沥青混凝土(AC-20)	60mm
粗粒式沥青碎石(ATB-30)	100mm
水泥粉煤灰稳定碎石	400mm
水泥粉煤灰稳定碎石	200mm
新建路基	

计算设计路面结构的验收弯沉值：
干湿循环或冻融循环条件下路基土模量折减系数 $K_{AT} = 0.7$
路基顶面验收弯沉值 LG = 261.4(0.01mm)
路表验收弯沉值 LA = 19.8(0.01mm)

学习情境二 路面施工准备

工作任务一 路面施工开工条件

学习目标

(1)了解路面单位工程中分部工程及分项工程的划分。
(2)了解单位工程、分部工程、分项工程的开工条件。
(3)能够编写开工报告。

任务描述

本任务要求学生明确路面开工条件并能编写某分部(分项)工程开工申请报告。

相关知识

一、工程项目的划分

根据公路建设任务、施工管理和质量检验评定的需要,应在施工准备阶段将建设项目划分为单位工程、分部工程和分项工程。施工单位、工程监理单位和建设单位应按相同的工程项目划分进行工程质量的监控和管理。路面工程作为单位工程,其分部工程、分项工程的划分见表 2-1-1。

路面单位工程中分部工程及分项工程划分　　　　表 2-1-1

单 位 工 程	分 部 工 程	分 项 工 程
路面工程(每 10km 或每合同段)	路面工程(1～3km 路段)	垫层、底基层、基层、面层、路缘石、路肩等

二、路面工程施工的开工条件

按照施工合同管理的规定,路面施工准备工作经监理工程师审核达到合同规定的要求后方可正式开工。开工审批制度是为了使承包人的工、料、机、法(方法)、环(环境)等施工准备情况满足规范要求,不具备开工条件的绝不得开工。

1. 单位工程开工

(1)工程开工令
某工程开工令见表 2-1-2。
(2)项目开工申请报告
某工程开工申请报告见表 2-1-3。
(3)施工组织设计报审表
某工程施工组织设计报审表见表 2-1-4。

某工程开工令

表 2-1-2

承包单位：　　　　　　　　　　　　合同号：
监理单位：　　　　　　　　　　　　日　期：

致承包人：
　　根据你合同段呈报的项目开工申请报告及合同通用条款××条的规定，经审核确认符合合同文件有关要求，特发此开工令。接到开工令后，应按合同条款的要求连续均衡安排施工，并提出分部及部分分项工程开工报告，报总监理工程师或监理工程师(代表)审批。

　　　　　　　　　　　　　　　　　　　　总监理工程师：_____
　　　　　　　　　　　　　　　　　　　　_____年___月___日

某工程开工申请报告

表 2-1-3

承包单位：　　　　　　　　　　　　合同号：
监理单位：　　　　　　　　　　　　日　期：

致总监理工程师：
　　根据合同条款的要求，我合同段已做好K×××+×××~K×××+×××段所有工程开工前的一切准备工作，现申请正式开工，请予审批。
附件：1. 附件总体施工组织设计
　　　2. 总体进度计划
　　　3. 分部分项划分工
　　　4. 人员机械进场
　　　5. 原材料试验报告
　　　6. 测量施工放样报告

　　　　　　　　　　　　　　承包人：_____　日期：_____

驻地监理工程师意见：

　　　　　　　　　　　　　　签字：_____　日期：_____

总监理工程师意见：

　　　　　　　　　　　　　　签字：_____　日期：_____

项目办代表意见：

　　　　　　　　　　　　　　签字：_____　日期：_____

施工组织设计报审表　　　　　　　　　　　　　　　表 2-1-4

承包单位：	合同号：
监理单位：	日期：

致总监理工程师：
　　根据合同条款，现报上 K×××+×××～K×××+××× 段所有工程的总体施工组织设计，请予审批。
附件：1. 工程概况及主要工程数量
　　　2. 详细的施工进度计划（网络图、横道图）
　　　3. 项目管理组织机构、人员的组成及分工
　　　4. 材料、设备、人员进场计划
　　　5. 关键工程施工技术方案
　　　6. 质量控制措施
　　　7. 安全生产保证措施
　　　8. 环境保护措施

　　　　　　　　　　　　　　　　　　　　　　　　承包人：_____　日期：_____

驻地监理工程师意见：

　　　　　　　　　　　　　　　　　　　　　　　　签字：_____　日期：_____

总监理工程师意见：

　　　　　　　　　　　　　　　　　　　　　　　　签字：_____　日期：_____

项目办代表意见：

　　　　　　　　　　　　　　　　　　　　　　　　签字：_____　日期：_____

2. 分部（分项）工程开工

分部（分项）工程只有在监理机构检查的 6 项内容均合格后才允许开工，如图 2-1-1 所示。

某工程分部（分项）工程开工报告编写内容及用表如下：

（1）填表说明

①分部工程开工报告由承包人提出后报高级驻地办初审，报总监办审查，符合要求后经总监办同意后才能正式施工。分项工程开工报告由承包人提出后，经驻地办审查，符合要求后由驻地办同意后才能正式施工。分部（分项）工程开工报告表前面要有红头文件的申请报告，驻地办在批准分项工程开工的同时附加工序质量检查程序和分管该项目的专业监

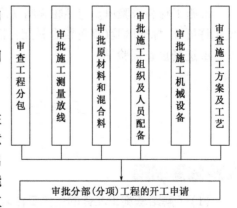

图 2-1-1　分部（分项）工程开工申请监理机构
　　　　　审批内容

理工程师及现场监理的名单。

②分部(分项)工程开工报告的主要内容有施工组织设计报审表、施工放样检验表、建筑材料报验单、进场设备报验单、质量控制指标检验频率和方法、施工原始记录表、现场质量检验报告单。

③施工放样检验表由高级驻地测量工程师签认,测量成果由测量监理员签认。

④建筑材料报验单需附分部(分项)工程所用的各种原材料、成品、半成品、混合料配合比使用许可证,以及施工和监理单位所做的原材料试验、标准试验、混合料配合比试验报告,使用许可证需经高级驻地办和总监办材料工程师签认后才能使用。

⑤试验报告中应说明对试验结果的意见,需要计算的应列出计算式。试验报告和试验记录必须盖有试验室专用章才能生效。

⑥试验记录中的使用部位、取样地点等填写要明确,签字要齐全。

⑦抽检资料要真实,杜绝出现他人代填现象。

(2)路面基层、底基层分部(分项)工程开工报告

①路面基层、底基层分部(分项)工程开工申请批复单。

②K×××+×××~K×××+×××段路面基层、底基层工程分部(分项)工程开工报告。

a.施工组织设计报审表。包括工程概况及主要工程数量表,详细的施工进度计划(网络图、横道图),项目管理组织机构及人员的组成和分工,材料、设备、人员进场计划,重点工程施工方案,质量控制措施,环境保护措施及安全生产保障措施。

b.施工放样报验单。包括高程测量成果表、中线测量成果表。

c.施工材料报验单。包括粗集料使用许可证、细集料使用许可证、水泥使用许可证、标准试验[稳定粒料(土)配合比]许可证、标准试验(标准击实)许可证。

d.进场设备报验单。

(3)路面面层分部(分项)工程开工报告

①路面面层分部(分项)工程开工申请批复单。

②K×××+×××~K×××+×××段路面面层工程分部(分项)工程开工报告。

a.施工组织设计报审表(与基层同,略)。

b.施工放样报验单(与基层同,略)。

c.施工材料报验单。包括粗集料使用许可证、细集料使用许可证、沥青使用许可证、矿粉使用许可证、标准试验(沥青混合料配合比设计)许可证。

d.进场设备报验单。

工作任务二　路面施工准备

(1)了解路基施工准备的主要工作内容。

(2)会进行路面施工测量放样。

(3)熟悉路面拌和厂(场、站)设置的基本要求。

(4)能够进行路面试验路段铺设。

任务描述

路面施工前的准备是保证路面现场施工顺利进行的前提条件。路面施工准备工作是施工组织管理人员在具备了施工组织管理基础知识，熟悉路面工程设计图纸、招投标文件和施工技术的情况下综合运用施工技术、施工管理组织学知识，依据工程项目所在地区的自然条件、工程情况，以及劳动力、原材料、主要机械与设备等供应情况和路面施工质量要求等，编制路面实施性施工组织设计(或施工方案)，做好路面施工前的一切准备工作。

本任务要求学生根据路面施工准备的主要工作内容，收集并整理路面开工报告、交工竣工验收报告和路面施工组织设计等工程资料。

相关知识

路面施工准备工作是保证路面施工顺利进行的前提条件。按照施工合同管理规定，路面施工单位完成施工准备工作后，应填写开工报告，经监理工程师审核获建设单位批准后，方可正式开工。

路面施工准备工作的主要内容包括组织准备、技术准备、施工现场准备和物资准备等(资源4)。

一、组织准备

组织准备主要是建立路面施工组织机构、建立路面施工班组、编制路面施工管理规划、确定路面施工目标。

1. 建立施工组织机构

施工组织机构是指为完成施工任务而成立的负责现场施工与管理工作的项目经理部，包括职能部门及生产、环保、安全、质量等基层操作体系，如图2-2-1所示。我国主要实行项目经理负责制，即项目经理全面负责的目标责任制。施工企业取得施工任务后，首先组建工程项目经理部，确定工程项目经理和项目领导班子，项目经理部在项目经理的领导下开展工作。

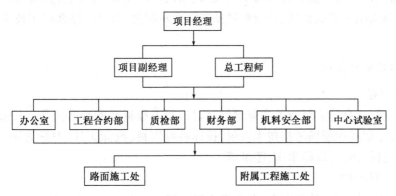

图2-2-1　路面施工组织机构

2. 建立路面施工班组

施工班组是直接参与施工的基层生产组织，一般不设专职管理人员，而是根据需要由班组人员分工兼任记工、领料、保管、质量检查、安全检查等工作。班组的人数及工作性质，应根据工程需要及管理需要在施工组织设计中确定。

施工班组的建立有两种形式：一种是按工艺专业化原则建立，如木工班、钢筋班、混凝土班、浇筑班等；另一种是按施工专业化原则建立，如路面基层班、路面面层班等。

施工班（组）的合理组织和劳动力合理安排，是保证施工连续性、紧凑性、协调性和经济性的前提。

3. 编制路面施工管理规划

路面施工管理规划是对项目施工管理的组织、内容、方法、步骤、重点工作进行预测和决策，是具体安排的纲领性文件。

路面施工管理规划的内容主要有：①进行工程项目分解，形成施工对象分解体系，以便确定阶段性控制目标，从局部到整体地进行施工活动和进行施工管理；②建立路面施工管理工作体系，编制路面施工管理工作体系图和路面施工管理工作信息流程图；③编制施工管理规划，确定管理要点，形成文件，以利于执行。

4. 确定路面施工目标

路面施工目标有阶段性目标和最终目标。路面施工目标有质量目标、安全目标、工期目标、成本目标等。在准备阶段确定路面施工目标，是为了保证对工程项目在施工阶段进行全过程控制。

根据确定的路面施工目标，结合路面工程施工进度计划、工期计划安排以及劳动力的调配情况，合理地组织安排施工环节和施工过程，严格劳动纪律，严把工程质量关，实施奖惩制度，最大限度地创造最佳效益。

二、技术准备

在工程项目开工前要做好详细而充分的技术准备工作，以避免开工后出现地形地质与设计资料不符、测量试验不能配合施工、关键材料设备未能及时到位等情况，导致工程延误甚至停工而造成损失。

技术准备工作主要包括工程项目资料交接、图纸复核、图纸会审、补充资料调查、实施性施工组织设计、路面施工测量放样、原材料试验与混合料配合比设计、路面施工技术交底、试验路段铺筑等。

1. 工程项目资料交接

（1）交接内容

工程中标后，应会同上级有关主管部门及时进行工程资料的交接工作。需要交接的主要资料应包括投标期间的现场考察技术资料、投标答疑资料、投标文件、中标通知书、合同文件、与建设单位签订的协议、投标承诺、图纸等。

（2）应注意的问题

①注意检查交接资料是否齐全，并办理交接手续。

②保留一套完整的合同文件及设计图纸存档，为今后编制竣工文件提供依据。

③根据需要给相关人员提供资料的复印件。

2. 图纸复核

设计文件是工程施工最重要的依据之一，施工前要组织技术人员领会设计文件的意图，熟悉设计文件中的各项技术指标,认真分析技术经济的合理性和施工的可行性。对设计文件中有疑问、错误或不妥之处,应及时与建设单位、设计单位和监理工程师取得联系,共同进行调查分析,选择合理的解决方案,为图纸会审打好基础。

(1)复核图纸时应重点关注的问题

①是否符合现行相关技术标准、规范要求,有无重大原则性错误。

②现有施工技术水平能否满足设计要求。

③是否复核现场和施工的实际条件。

④设计是否能够进一步优化。

⑤图纸本身有无矛盾。

⑥图纸中的工程数量表、材料表是否有错误。

⑦控制测量数据是否准确。

(2)图纸复核工作应注意的问题

①应组织参加施工的全体技术人员参与图纸的复核工作,不能仅仅局限于几个人。

②在图纸复核的过程中要注意全面领会设计意图,不要轻易否定设计。

③注意结合现场条件进行图纸复核。

④要带着问题进行图纸复核,为设计交底和以后编制实施性施工组织设计及施工技术方案做准备,不要仅仅局限于工程量的复核。

3. 图纸会审

图纸会审是设计单位向施工单位做设计技术交底,并对施工单位和工程监理在图纸审查中查出的问题及疑问进行处理。图纸会审由项目建设单位组织。图纸会审时,首先由设计单位向与会者说明工程设计依据、意图和功能,并对特殊结构、新工艺、新材料提出施工要求,然后由施工单位和工程监理对图纸提出疑问和建议,最后对有异议的问题达成一致意见,并形成图纸会审记录。图纸会审记录是对施工图的补充,是工程施工的依据之一。未经过图纸会审的工程不得开始施工。

4. 补充资料调查

进行现场补充资料的调查,是为优化和修改设计、编制实施性施工组织计划、因地制宜地布置施工场地等收集资料。调查的内容主要包括以下几方面:

(1)工程所在地的地形、地质、水文、气候等自然条件。

(2)主要料场的分布、储量、供应量与运距等情况。

(3)路面地方性生产材料的供应情况。

(4)施工期间可供利用的房屋数量。

(5)当地劳动力资源、工业生产加工能力、运输条件和运输工具,施工场地的水源、水质、电源、通信,生活物资供应状况,以及当地民俗风情、生活习惯等。

5. 实施性施工组织设计

施工单位应根据设计文件中的施工组织计划和建设单位在承包合同中的具体要求,结合本工程项目路面的特点、施工的具体条件、路面工程量、施工的难易程度,以及路面施工设备、人员、材料的供应情况和路面工期要求,编制具体、可行的实施性组织设计,并报监理工程师和建设单位批准。

6. 路面施工测量放样

路面施工测量放样是在路基施工完成后,放出各结构层施工的中线和边线,并把每层施工的松铺挂线高度和压实厚度相应的挂线高程位置放样出来。用摊铺机摊铺混合料时,对于底基层、基层、下面层,要设置摊铺机基准线,以使铺层满足纵断高程、厚度、横坡、平整度的要求。

7. 原材料试验与混合料配合比设计

正式开工前,施工单位应在规定的期限内向监理提交各种原材料的试验结果,以及据此进行的目标配合比设计和生产配合比设计的正式报告,取得认可后才可开工。

8. 路面施工技术交底

技术交底即把设计对施工的要求、施工方案及措施转达给基层施工人员,这是落实技术责任制的前提。进行技术交底的目的是保证严格按照路面施工图、实施性施工组织设计、施工操作规程、安全生产规程、工程施工及验收规范和其他技术规范进行施工。

采用新技术、新结构、新材料、新工艺等进行路面工程施工时,应先由项目总工程师向施工队的技术员进行交底,施工队向作业班组的技术员进行交底,然后作业班组的技术员向具体操作人员进行交底。一般路面工程施工时,由施工队的技术负责人向班组长和工人进行交底。

路面施工技术交底主要包括以下内容:

(1)路面设计图纸交底。主要包括设计图纸上必须特别注意的问题,如尺寸、轴线、高程、预留孔和预埋件的位置、规格和数量等。

(2)材料交底。主要包括使用材料的品种、规格、质量、配合比和质量要求。

(3)路面施工工艺交底。主要包括采用的施工方法、操作工艺和其他工种的配合等。

(4)路面施工规范、技术标准交底。主要包括采用的施工规范、质量评定标准和有关要求。

(5)技术措施交底。主要包括保证质量、安全生产、降低成本、文明施工和工程产品保护等技术措施要求。

(6)路面设计变更情况交底。

三、物资准备

路面施工需要消耗大量的人力、材料和机具,正式开工前应进行所需材料的购买、采集、加工、调运和储备等工作,同时要检修(或购置)及安装一些路面施工机械、机具,做好施工人员的生活、后勤保障准备工作。材料和施工机械、机具的准备工作是路面施工组织计划的重要组成部分。

1. 驻地建设

工程开工前,施工单位应根据路面工程的施工任务进行驻地建设,驻地应设有项目经理部各机构的办公室、会议室、试验室、职工宿舍、食堂等。

2. 材料准备

对于在当地采购或开采加工的材料(如砂、石等),必须对其产地、品质、数量、运输和价格做详细的调查分析。需要临时开采加工的材料,要了解可否发包给当地生产供应部门,并与自行组织生产做经济比较。特别要注意在设计文件提供的材料产地以外,可否找到材料品质符合要求、运距更近的产地。

自采材料和外运材料,经检验和选择,按需要的规格和数量运到现场,堆放位置应根据实施性施工组织计划进行合理安排。

路面工程材料运输,可利用当地已有的运输力量,必须了解当地可利用的运输工具的类型、数量、运输能力和运价。如果当地运输力量不能满足运输要求或经济比较不经济,可自行组织运输。

3. 施工机械、机具准备

应按照施工合同规定,配备足够的施工机械、设备及器具,保证其均处于良好的技术状态及满足施工的需要,并有相匹配的维修措施。

根据路面实施性施工组织计划,一次或分批配齐足够的施工机械和相关工具。

有些不常使用的机械设备可以采用租赁的方式获得,施工单位只要向租赁者按合同规定定期交付一定的租赁费便可取得设备的使用权,从而可以减少或无须购买那些不常使用的设备。在租赁设备调查中,首先要了解出租设备的型号、功能、数量等能否满足施工要求,同时还要将租赁与自购作经济比较,以便择优选用。如选择租赁设备,要签订租赁合同。机械设备的放置,应考虑到施工的要求。

路面工程施工机械主要有稳定土拌和机、平地机、沥青乳化设备、沥青运输车及洒布车、沥青混合料拌和设备、沥青混合料摊铺机、压路机、水泥混凝土拌和设备及摊铺机等。

四、施工现场准备

1. 临时设施

在路面工程正式开工前,应充分建造好相应的临时设施,如工棚、仓库以及供水、供电、通信设施等。

(1)加工场地

工地临时加工场地组织是指确定建筑面积和结构形式。加工场(站、厂)的建筑面积,通常参照有关资料或根据施工单位的经验确定,也可按有关公式计算。

大型沥青混凝土或水泥混凝土搅拌设备的场地面积,根据设备说明书的要求确定。必要时应对拌和厂的场地和进出场道路、堆料场地等进行"硬化"处理。对细集料的堆放场地应搭设防雨棚,防止细集料受到污染。

上述建筑场地的结构形式应根据当地条件和使用期限而定。使用期限短的采用简易结构,如油毡或草屋面的竹木结构;使用期限较长的则可采用瓦屋面的砖木结构或活动房屋等。

(2)临时仓库

工地临时仓库分为转运仓库中心仓库和现场仓库等。临时仓库组织是指确定材料储备量和仓库面积、选择仓库位置和进行仓库设计等。

建筑材料的储备量既要保证工程连续施工的需要,也要避免材料积压而增大仓库面。供应不易保证、运输条件差、受季节影响大的材料可增大储存量。常用材料的储备量宜通过运输组织确定。

对于不经常使用和储备期长的材料,可按年度需用量的某一百分比储备。

一般的仓库面积可按有关公式计算,特殊材料如爆炸品、易燃或易腐蚀品的仓库面积,按有关安全要求确定。

仓库除满足总面积要求外,还要正确地确定仓库的平面尺寸,即仓库的长度和宽度。仓库的长度应满足装卸要求,宽度要考虑材料的存放方式、使用方便和仓库的结构形式。

(3)行政、生活用临时房屋

此类临时房屋的建筑面积取决于工地的人数,包括施工人员和家属人数。

在编制施工组织设计时,应尽量利用工地附近的现有建筑物,或提前修建能利用的永久房屋,如道班房、加油站等,不足部分修建临时建筑。

(4)临时供水供电、供热

工地临时供水、供电、供热应解决以下问题:确定用量、选择供应来源、设计管线网络等。如供应来源由工地自行解决,还需确定相应的设备。

确定用量时应考虑施工生产、生活和特殊用途(如消防、抗洪)的需用量。选择供应来源时,首先考虑当地已有的水源、电源,当地没有或供应量不足时,才需自行设计解决。

2. 土基检查

不论是路堤、路堑还是原有路面,铺筑路面结构层之前,必须进行检查验收,其压实度、弯沉值、高程、平整度等技术指标达到规定的要求后,才可进行路面施工。如发现路基土过干、表层松散,应适当洒水、碾压;如路基土过湿,发生"弹簧"现象,应采取挖开晾晒、换土、掺石灰或水泥等措施进行处理。

3. 施工现场交通管制

为了确保路面施工安全和有序施工,对施工现场范围内的公路两端和必经的交叉路口、部分设施设备等设置施工标志,进行施工现场交通管制,对于附近人群应进行施工安全宣传。

五、路面施工测量放样

路面施工测量放样是在路基施工完成后,放出各结构层施工的中线和边线,并把每层施工的松铺挂线(或摊铺机导引绳挂线)的高度与压实厚度相应的挂线高程位置放样出来。用摊铺机摊铺混合料时,对于底基层、基层、下面层,要设置摊铺机基准线,以使铺层满足纵断高程、厚度、横坡、平整度的要求。

在路面施工中要充分考虑路面层次的特点,做到"层层放样、层层抄平",即每施工一层都要进行放线和高程测量,从底基层、基层直至面层。

1. 路面中线、边线放样

在路面施工前,应根据路线导线点或控制点恢复中线,钉设中心桩和边线桩。一般直线段桩距为20~25m,曲线段为10~15m,并在两侧路肩边缘外0.3~0.5m处设置指示桩。此外,还应测量原有路基顶面的断面高程,在两侧的指示桩上标记路面基层(底基层)的顶面高程位置。高速公路和一级公路的中线、边线放样方法可采用角度距离法和坐标放样两种。

2. 路面结构层厚度放样

路面结构层施工时,其厚度控制包括松铺厚度和压实厚度(设计厚度)两项。对于预先埋设路缘石或安装模板铺筑施工的路段,可在路缘石或模板上使用明显的标记标出路面结构层边缘的松铺厚度和设计厚度;对于没有路缘石的路段,可在指示桩上采用明显的标记标出面结构边缘的松铺厚度(松铺挂线)和设计厚度;对于摊铺机摊铺的结构层,路面结构层的松铺厚度由摊铺机导引绳挂线标示。

(1)厚度放样

采用培路肩施工方法时,路面结构层厚度施工放样的基本步骤如下:

①根据道路设计高程的纵断面位置和设计高程,以及施工结构层设计的宽度、厚度和横坡度,计算各待放样桩号处施工结构层边缘的设计高程。

②根据试验确定的结构层的松铺系数和设计厚度计算松铺厚度(或松铺层边缘的高程)。

③将水准仪(精密水准)或全站仪加设在路面平顺处调平,以路线附近的水准点高程作为基准。

④以仪器高和结构层边缘设计高程(或松铺层边缘的高程)反算测定位置的塔尺读数。

⑤将塔尺竖立在路缘石或模板或边缘指示桩的测定位置处,用水准仪(精密水准仪)或全站仪前视塔尺,上下移动塔尺,当水准仪的读数与反算的塔尺读数一致时,在塔尺底面位置画标记线,即为结构层边缘的顶面位置(或松铺层边缘的顶面位置)。

⑥连续测定全部测点,并与水准点闭合。

采用挖路槽方法施工时,可在结构层两侧的边缘桩或指示桩处挖一个小坑,在小坑中钉柱,使桩顶高程符合路槽底的边缘高程,以指导路槽的开挖工作。

(2)摊铺机基准面(线)

①摊铺机基准面(线)的分类。

使用摊铺机自动找平装置时需要有一个准确的基准面(线),常用的基准面(线)控制有基准线钢丝法、摊铺基准面(平衡梁法)。下面层和基层(底基层)的摊铺应采用钢丝引导的高程控制方式,即基准线钢丝法,如图2-2-2、图2-2-3所示;上、中面层可采用平衡梁(图2-2-4)控制厚度,不需要挂钢丝线。当下面层的平整度较差时,中面层也应采用基准线钢丝法,以保证铺层有较高的平整度。

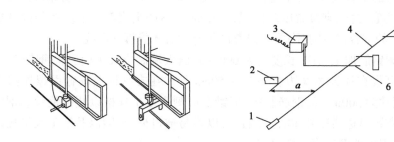

图 2-2-2 基准线钢丝法

1-拉力计;2-熨平板;3-纵向控制器;4-基准线;5-支承桩;6-传感器;a-熨平板摊铺边线至基准线钢丝的距离;b-基准线钢丝的支承桩间距

采用基准线钢丝法时,放出中桩(有中央分隔带时,也可不放中桩而放出路缘带处的边桩)并进行高程测量,放出边线(引导摊铺机控制行走方向,减少废料),在边线以外设置基准线的支承桩,支承桩的间距一般为 5~10m(直线段上 10m,弯道上 5m),在支承桩上设置带挂槽的横梁,按计算好的高度调整横梁,挂上基准线钢丝并拉紧锚固,拉紧力约为 1000N。

当采用两台摊铺机梯队作业时,第一台(前行)摊铺机的行走线优先按如下方式设置:边缘采用钢丝基准线,中间采用铝合金梁;第二台(后行)摊铺机的行走线必须按如下方式设置:边缘采用钢丝绳拉线,中间采用平衡梁。

图 2-2-3 基准线现场

图 2-2-4 平衡梁

②摊铺机基准线的设置。

摊铺机基准线由细钢丝、支承桩、标桩、拉力计和张紧器等组成,如图 2-2-5 所示。铺设基准线时将其一端固定,另一端通过拉力计连接到张紧器上。标桩是用来测定拉线高程的,所以它应设在支承桩附近,以便检查,其数量视纵坡变化程度而定。

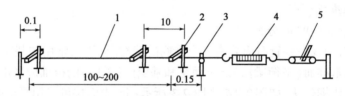

图 2-2-5 摊铺机基准线的组成(尺寸单位:m)
1-细钢丝;2-支承桩;3-标桩;4-拉力计;5-张紧器

为了保证摊铺层的平整度、纵断高程、厚度、横坡,基准线的铺设必须十分精确。细钢丝的长度以 100～200m 为宜,过长则拉紧度难以保证,以钢丝不产生挠度为准。在两段基准线的衔接处应有 1m 以上的重合段,待找平传感器滑过重合段后才能拆除旧线。

支承桩可用光圆钢筋加工而成,长度约为 600mm,插入端制成尖头(俗称"钢钎")。支承桩的固定位置一般可设在摊铺宽度边线外 30～50cm 处。在支承桩上设置用螺栓固定的横梁,横梁宜选用长度约为 300mm 的钢筋制作,横梁上应刻有多个挂槽以便挂钢丝。钢线基准高程测量点可设置在距离边线以外 30cm 左右处,以不易被机械、车辆以及施工人员扰动和方便钢丝架设为宜,可根据地形适当调整取定。

基准钢丝线高度的计算公式为:

摊铺机控制线(钢丝)的高程 = 边线处下承层的顶面高程 + 松铺厚度 +
摊铺机常数 ± 控制线离边线距离 L × 横坡 z'

基准钢丝线 × 高度可按以下操作步骤确定:

a. 测量下承层高程,算出平均高程,确定平均摊铺厚度。厚度为关键项目,不合格要返工处理。为保证铺层的厚度,可在纵断高程允许偏差范围内适当调整铺层的压实厚度。

b. 计算松铺厚度。

松铺厚度 = 压实厚度 × 松铺系数

c. 确定摊铺机常数(即传感线至摊铺层松铺顶面的高差)。放完基线后应量取基线至下承层的距离,每个横断面设 3～5 个点,算出平均数值,根据松铺厚度精确计算摊铺传感线至松铺层顶面的距离。

d. 摊铺时及时检测厚度,及时调整摊铺机自动找平装置,使摊铺厚度符合要求,以控制成本。

六、拌和厂(搅拌站)设置

1. 沥青混合料拌和厂(场、站)设置

沥青混合料拌和厂(场、站)设置的基本要求如下:

(1)沥青混合料拌和厂(场、站)必须符合国家有关环境保护、消防、安全等规定。沥青混合料拌和厂(场、站)必须应选在远离居民区、村庄并处于主风向下方向的位置。

(2)拌和厂(场、站)与工地现场距离应确保沥青混合料的温度下降不超过混合料的最低摊铺温度要求,且不致因颠簸造成混合料的离析,影响混合料的质量。厂址离工地应越近越好,最远不超过 40km,并应处于交通干线至少有 7m 宽路面道路的交通干线公路附近。

(3)拌和厂(场、站)宜设置在摊铺路段的中间位置。拌和厂的内部布置应满足原材料储运、沥青及矿粉加热与输送、供电等使用要求,并尽量紧凑,减少占地。

(4)拌和厂(场、站)的砂石料场,如图 2-2-2 所示,应建在交通方便、排水通畅的位置,其底部宜做硬化处理,各种集料应分隔储存,并设标识牌,严禁混杂。粗、细集料场宜设防雨、防污顶棚。

(5)拌和厂(场、站)应保证充足的电力供应。电力总容量应满足全部施工用电设备、夜间施工照明及生活用电的需要。供电设施必须安全可靠,并有相应的安全预控措施。

(6)应确保摊铺机械、运输车辆及发电机等动力设备的燃料供应。离加油站较远的工地宜设置油料储备库,但必须符合相关安全规定的要求。

(7)原材料与混合料的运输车辆不应相互干扰。厂内应具有完备的排水设施,厂内道路应做硬化处理,严禁泥土污染集料。

(8)对于沥青混凝土搅拌设备,应根据工程量和工期选择其生产能力和移动方式。高速公路、一级公路、二级公路沥青混凝土面层的施工,应选用拌和能力较大的搅拌设备,以使其单位产品所消耗的人工、燃料和易损配件等费用较低,故应选用生产率在 100t/h 以上的沥青混凝土搅拌设备。

(9)场地形状以矩形为佳,场内各项设施的布置应协调。设备的主体应布置在中央位置。办公楼、宿舍、试验室等房舍应位于工厂进口处,并沿路边建造。砂石料堆场或储仓的设置应既便于向搅拌设备供料,又便于车辆从外面运进和卸下砂石料,砂石料的储量以不少于 3d 工作需要为宜。矿料仓、沥青库和燃料罐等设施的布置也应以便于向主设备供送所需材料为准。配电间或发电机房应安置在较偏僻而又安全的地方。称量矿料及成品料的场地应设置于车辆的出口处。

沥青混合料拌和厂(场、站)如图 2-2-6 所示。

2. 水泥混凝土搅拌厂(场、站)设置

水泥混凝土搅拌厂(场、站)设置的基本要求如下:

(1)水泥混凝土搅拌厂(场、站)宜设置在摊铺路段的中间位置。搅拌厂内部布置应满足

原材料储运、混凝土运输、供水、供电钢筋加工等使用要求,并尽量紧凑,减少占地。

图 2-2-6　沥青混合料拌和设备现场

(2)搅拌厂(场、站)应保障搅拌、清洗、养护用水的供应,并保证水质。供水量不足时,搅拌厂(场、站)应设置与日搅拌量相适应的蓄水池。

(3)搅拌厂(场、站)应保证充足的电力供应。电力总容量应满足全部施工用电设备、夜间施工照明及生活用电的需要。供电设施必须安全可靠,并有相应的安全预防措施。

(4)应确保摊铺机械、运输车辆及发电机等动力设备的燃料供应。离加油站较远的工地宜设置油料储备库,但必须符合相关安全规定要求。

(5)水泥、粉煤灰储存和供应要求:

①每台搅拌楼应至少配备两个水泥罐仓,如掺粉煤灰还应至少配备一个粉煤灰罐仓。当水泥的日用量很大,需要两家以上的水泥厂供应水泥时,不同厂家的水泥应清仓再灌,并分罐存放。严禁粉煤灰与水泥混罐。

②应确保施工期间的水泥和粉煤灰供应。供应不足或运距较远时,应储备和使用吨包装水泥或袋装粉煤灰,并准备水泥仓库、拆包及输送入灌设备。水泥仓库应覆盖或设置顶棚防雨,并应设置在地势较高处,严禁水泥粉煤灰受潮或浸水。

(6)砂石料储备要求:

①施工前,宜储备正常施工 10～15d 的砂石料。

图 2-2-7　水泥混凝土拌和设备现场

②砂石料场应建在排水通畅的位置,其底部应做硬化处理。不同规格的砂石料之间应有隔离设施,并设标识牌,严禁混杂。

③在低温天、雨天、大风天及日照强烈的条件下,应在砂石料堆上部架设顶棚或覆盖,覆盖砂石料数量不宜少于正常施工一周的用量。

(7)原材料与混凝土运输车辆不应相互干扰。搅拌楼下宜采用厚度不薄于 200mm 的混凝土铺装层,并应设置污水排放管沟、积水坑或清洗搅拌楼的废水处理回收设备。

水泥混凝土搅拌厂(场、站)如图 2-2-7 所示。

七、铺筑试验路段

高速公路和一级公路、特殊地区公路或采用新技术、新工艺、新材料、新设备的路面工程,在正式施工前,应采用不同的施工方案和施工方法铺筑试验路段并进行相关试验分析,从中选出最佳施工方案和施工方法,以指导大面积路面施工。所铺筑的试验路段应具有代表性,施工所用原材料机械和工艺过程要与以后全面施工时相同。通过试验路段铺筑可确定路面各结构层适宜的松铺厚度、最佳机械配置、相应的碾压遍数和施工组织方法等。

1. 无机结合料稳定类结构层试验路段铺筑

在基层(底基层)正式开工前,应铺筑试验段,长度宜为200~300m,通过试验段主要确定施工参数,将试验段确定的施工参数作为施工过程中质量控制标准。

试验段须确定的施工参数主要有:

(1)拌和设备各档材料的进料比例、速度及精度。

(2)结合料的进料比例和精度。

(3)含水率的控制精度。

(4)材料的松铺系数。

(5)确定标准施工方法。主要包括:①集料数量的控制;②集料摊铺方法和适用机具;③合适的拌和机械、拌和方法、拌和深度和拌和遍数;④集料含水率的增加和控制方法;⑤整平和整形的合适机具和方法;⑥压实机械的选择和组合,压实的顺序、速度和遍数;⑦拌和、运输、摊铺和碾压机械的协调与配合;⑧密实度的检查方法。

(6)确定每作业段的合适长度。

(7)确定一次铺筑的合适厚度。

2. 沥青路面试验路段铺筑

高速公路和一级公路的沥青路面在施工前应铺筑试验段,其他等级公路在缺乏施工经验或初次使用重大设备时,也应铺筑试验段。当同一施工单位在材料、机械设备及施工方法与其他工程完全相同时,也可利用其他工程的结果,不再铺筑新的试验路段。试验路段的长度应根据试验目的确定,通常不宜小于300m,并宜选在正线上铺筑。

热拌热铺沥青混合料路面试验段铺筑分试拌及试铺两个阶段,通过试验应达到下述目的:

(1)检验各种施工机械的类型、数量及组合方式是否匹配。

(2)通过试拌确定拌和机的操作工艺。

(3)验证沥青混合料生产配合比设计,提出生产用的标准配合比和最佳沥青用量。

(4)通过试铺确定透层油或黏层油的喷洒方式和效果。

(5)确定沥青混合料的摊铺、压实工艺,确定松铺系数等。

(6)确定沥青混合料的标准密度。

(7)检测试验段的渗水系数。

3. 水泥混凝土路面试验路段铺筑

二级及二级以上公路水泥混凝土路面工程,使用滑模、轨道、碾压、三辊轴机组机械施工时,在正式摊铺水泥混凝土路面之前必须铺筑试验路段。试验路段长度不宜小于300m。高速公路、一级公路宜在主线路面以外进行试铺。路面厚度、摊铺宽度、接缝设置、钢筋设置等均应与实际工程相同。

试验路段分为试拌及试铺两个阶段,通过试验应达到下述目的:

(1)通过试拌检验搅拌楼性能并确定合理搅拌工艺,检验适宜摊铺的搅拌楼拌和参数。如上料速度、拌和容量、搅拌均匀所需时间、新拌混凝土坍落度和生产使用的混凝土配合比等。

(2)通过试铺检验主要机械的性能和生产能力,检验辅助施工机械组配合理性,检验路面摊铺工艺和质量,检验整套施工工艺流程。如模板架设固定方式或基准线设置方式、摊铺机械(具)的适宜工作参数(包括松铺高度、摊铺速度、振捣时间与频率、滚压遍数、中间和侧向拉杆置入情况)等。

(3)使工程技术人员及工作人员熟悉并掌握各自的操作要领。

(4)按施工工艺要求检验施工组织形式和人员编制。

(5)建立混凝土原材料、拌和物、路面铺筑全套技术性能检验手段,熟悉检验方法。

(6)检验通信联络和生产调度指挥系统。

试验路段铺筑应由施工单位、监理单位、建设单位等有关各方共同参加。施工人员应认真做好记录,监理工程师或质监部门应监督检查试验段的施工质量,及时与施工单位商定并解决问题,明确试验结论。试验路段铺筑后,施工单位应提出完整的试验路段施工、检测、总结报告,上报监理工作师和建设单位批复,取得正式开工认可。

学习情境小结

(1)按照施工合同管理的规定,路面施工准备工作经监理工程师审核达到合同规定的要求后方可正式开工。开工审批制度是为了使承包人的工、料、机、法(方法)、环(环境)等施工准备情况满足规范要求,不具备开工条件的坚决不得开工。

(2)路面施工准备工作是做好路面工程施工的前提条件。路面施工准备工作是施工组织管理人员在具备了施工组织管理基础知识,熟悉路面工程设计图纸、招投标文件和施工技术的情况下,综合运用施工技术、施工管理组织学知识,依据工程项目所在地区的自然条件、工程情况,以及劳动力、原材料、主要机械与设备等供应情况和路面施工质量要求等,编制路面施工方案,做好路面施工前的一切准备工作。

学习效果反馈

思考与练习题

1. 在什么阶段进行工程项目的划分?工程项目如何划分?
2. 分项工程开工报告由哪些内容组成?
3. 施工准备的内容有哪些?
4. 技术准备工作包括哪些?
5. 路面施工技术交底内容包含哪些?
6. 简述沥青路面试验路段铺筑的目的。
7. 简述沥青混合料拌和厂(场、站)的设置要求。
8. 简述水泥混凝土搅拌厂(场、站)设置的基本要求。

学习情境三　路面基层(底基层)施工

工作任务一　认识路面基(垫)层

学习目标

(1)熟悉路面基层(底基层)材料类型、特点及使用范围。
(2)能够根据公路等级、路面结构等具体情况选择基层(底基层)材料。

任务描述

基层和垫层是路面的重要组成部分,目前常用的基层和垫层有无机结合料稳定类基层(包括水泥稳定类、石灰稳定类、石灰工业废渣稳定类)和粒料类基层(包括级配碎石、级配砾石、填隙碎石)两大类。本任务要求学生在认知路面基(垫)层的基础上,能够结合公路等级、路面结构等合理选择路面基(垫)层类型。

相关知识

一、路面垫层(资源5)

1. 垫层分类

垫层根据选用的材料不同,分为透水性垫层和稳定性垫层。根据其设置目的和作用不同,又可细分为稳定层、隔离层、防冻层、防污层、整平层和辅助层。

透水性垫层是由松散的颗粒材料如砂、砾石、炉渣、片石、锥形块石及圆石等构成。其对材料的强度要求不高,但水稳性、隔热性和吸水性一定要好。

稳定性垫层是由整体性材料如水泥稳定土、煤渣石灰稳定土等构成。

目前,路面工程中常用的垫层有石灰土或煤渣石灰土、砂砾垫层、隔离层(透水性与不透水性)等形式。

2. 垫层特点及有关要求

(1)石灰土或煤渣石灰土垫层成型后,强度高,板体性强,有良好的水稳性和冻稳性。煤渣石灰土具有较强的保温性能,可以减少翻浆和冻胀的危害。

(2)砂或砂砾垫层具有较大的孔隙,能切断毛细水的上升,冻融时又能蓄水、排水,可减少路面的冻胀和沉陷。

(3)隔离层一般设置在土基顶面以下0.5~0.8m处,其目的在于隔断毛细水上升,防止水分积聚,以保持土基上层干燥。

透水性隔离层采用碎石、砾石、粗砂等大孔隙材料做成,能切断毛细水的上升。不透水性隔离层可用喷洒沥青材料的沥青土、铺油毛毡或塑料薄膜等做成,能起到隔断毛细水和横向渗

水的作用。

（4）采用碎石和砂砾垫层时，应根据最大粒径确定结构层厚度，一般最大粒径应是厚度的 1/3～2/3，以保证集料骨架的形成，提高结构层的稳定性。垫层颗粒组成应符合设计规范要求。

（5）高速公路和一级、二级公路的排水垫层应铺设至路基同宽，以利路面结构排水，保持路基稳定。三级、四级公路的垫层宽度可比底基层每侧至少宽25cm。

二、路面基层

1. 路面基层（底基层）材料的分类

基层是公路路面的一种结构层次，可按以下三种方法进行分类：

（1）按材料力学特性可划分为半刚性基层、柔性基层和刚性基层三种。

（2）按材料组成不同可划分为有结合料稳定类（包括稳定集料类、稳定细粒土类）和无黏结料类。有结合料稳定类可分为有机结合料稳定类、无机结合料稳定类。

（3）按其组成结构状态可划分为骨架密实结构类、骨架空隙结构类、悬浮密实结构类、均匀密实结构类。

①骨架密实型混合料中的粗集料用量一般在75%以上，细集料含量较少，密实混合料的嵌挤强度高，抗裂性、抗冲刷性较好，高速公路和一级公路的基层宜采用骨架密实型混合料。

②悬浮密实型混合料中的粗集料用量一般在50%左右，细集料含量较多，稳定性能较好。各级公路的基层和底基层均采用悬浮密实型混合料。

③骨架孔隙结构型混合料与骨架密实型混合料相比具有较高的孔隙率，适用于有较高路面内部排水要求的基层。

④均匀密实型混合料，即稳定细粒土、砂或石屑，可就地取材、降低建筑费用。

常用的基层、底基层类型见表3-1-1。

各种常用基层、底基层类型　　　　　　　　表3-1-1

基层和底基层的类型		常 用 材 料
稳定沥青类（柔性基层）		沥青碎石、沥青稳定碎石、排水式沥青碎石
水泥混凝土类（刚性基层）		碾压混凝土、贫混凝土等
无机结合料稳定类（半刚性基层）	水泥稳定类	水泥碎石、水泥砂砾、水泥土等
	石灰工业废渣类	石灰粉煤灰（二灰）、二灰碎石、二灰砂砾、二灰土
	石灰稳定类	石灰碎石土、石灰砂砾石土、石灰土、石灰土碎石等
粒料类（柔性基层）	嵌锁型	泥结碎石、泥灰结碎石、填隙碎石等
	级配型	级配碎石、级配砾石、级配砂砾等

设计人员应根据使用要求和环境条件，结合各种类型基层、底基层材料的组合和结构特性，选用适宜的基层、底基层材料和类型。高速公路、一级公路宜选用稳定集料类的材料做基层，上基层宜选用骨架密实型结构。

2. 无机结合料稳定类基层

在集料或粉碎的（或原来松散的）土中掺入一定量的无机结合料（包括水泥、石灰或粉煤灰等）和水，经拌和得到的混合料经压实与养护后，其抗压强度符合规定的要求时，称为无机结合料稳定类材料。

无机结合料稳定类材料的刚度介于柔性路面材料和刚性路面材料之间。因此,采用无机结合料稳定类集料或土类材料铺筑的基层称为半刚性基层,以此修筑的底基层称为半刚性底基层。

无机结合料稳定类按无机胶结材料分为水泥稳定类、石灰稳定类和石灰工业废渣稳定类三类。无机结合料稳定类基层的优点是具有足够的强度、稳定好、板结性好、抗冻性较好、抗冲刷性较好等,其缺点是容易产生干缩和温缩裂缝。

无机结合料稳定类基层产生的收缩裂缝会反射到沥青面层上,导致沥青面层开裂,应当采取措施予以防治。

(1) 水泥稳定类基层

水泥稳定类基层是指在集料或粉碎的(或原来松散的)土中,掺入一定量的水泥和水,经拌和、摊铺、碾压、养护成型后,其抗压强度符合规定要求的路面基层。

用水泥稳定细粒土(砂性土、粉性土或黏性土)时,简称水泥土;当所用的细粒土属于砂状时,简称水泥砂。用水泥稳定粗粒土和中粒土得到的混合料,根据其原材料可相应简称为水泥稳定碎石(级配碎石和未筛分碎石)、水泥石渣(采石场废料)、水泥石屑(碎石场细筛余料)、水泥砂砾、水泥碎石土或水泥砂砾土。

水泥稳定类基层的特点是具有良好的力学性能、板体性和整体性,具有足够的力学强度、水稳性和耐冻性。它的水稳性和抗冻性都比石灰稳定类好。其初期强度较高,并能随龄期逐渐增长。水泥稳定类材料的强度影响因素主要包括土质(集料)、水泥的品种和剂量、含水率、施工工艺等方面。将水泥稳定粗粒土和中粒土混合用作基层时,水泥剂量一般为 3%~5%,不宜超过 6%。

水泥稳定集料类适用于各级公路的基层和底基层。水泥土适用于三级、四级公路的基层或适用于二级及二级以上公路的底基层。在高等级公路的水泥混凝土路面板下,水泥土不应用作基层。

(2) 石灰稳定类基层

石灰稳定类基层是指在集料或粉碎的(或原来松散的)土中,掺入一定定量的石灰和水,经拌和、摊铺、碾压、养护成型后,其抗压强度符合规定要求的路面基层。

用石灰稳定细粒土得到的混合料,简称为石灰土。用石灰稳定中粒土和粗粒土得到的混合料,原材料为天然砂砾土时,简称石灰砂砾土;原材料为天然碎石土时,简称石灰碎石土。用石灰稳定级配砂砾(砂砾中无土)时,简称石灰稳定砂砾;用石灰稳定级配碎石(包括未筛分碎石)时,简称石灰稳定碎石。

石灰稳定类不但具有较高的抗压强度和一定的抗弯强度,而且强度随龄期逐渐增加。影响石灰稳定类强度的因素主要包括土质、石灰质量和剂量、含水率、压实度以及养护条件等。

石灰稳定类材料的收缩裂缝较多,抗冲刷能力较差。

石灰稳定土一般适用于二级或二级以下公路路面的基层。但石灰土因其水稳定性较差,收缩裂缝大,不宜作高速公路或一级公路的基层,必要时可以用作底基层。在冰冻地区的潮湿路段以及其他地区的过湿路段,也不宜采用石灰作上基层。如若采用,应在石灰土基层以下铺设砂砾垫层;沥青面层不宜直接铺在石灰上基层,其层间应设置碎石联结层。

(3) 石灰工业废渣稳定类基层

石灰工业废渣稳定类基层是指用一定比例的石灰与工业废渣中的一种或两种以及其他集

料或土,经加水拌和、压实、养护成型后,其强度和耐久性都符合规定要求的路面基层。公路上常用的工业废渣包括火力发电厂的粉煤灰和煤流、钢铁厂的高炉渣和钢渣、化肥厂的电石渣以及煤矿的煤矸石等。

石灰煤渣(简称二渣)基层是指用石灰和煤渣按照一定的配合比,加水拌和、摊铺、碾压、养护而成型的基层。二渣中掺入一定量的粗集料,简称三渣;掺入一定量的土,便成为石灰煤渣土。

石灰粉煤灰(简称二灰)基层是指用石灰和粉煤灰按照一定的配合比,加水拌和、摊铺、碾压、养护而成型的基层。在二灰中掺入一定量的土,经加水拌和、摊铺、碾压、养护而成型的基层,称为二灰土基层。二灰稳定类包括二灰土、二灰砂、二灰砂砾以及二灰碎石等。

石灰粉煤灰土作基层或底基层时,石灰与粉煤灰的配合比,常用1:2~1:4(对于粉土,以1:2为宜)。石灰粉煤灰与细粒上的配合比为30:70~50:50。石灰粉煤灰级配中粒土和粗粒土时,石灰与粉煤灰的配合比为1:2~1:4。石灰粉煤灰与粒料配合比通常采用20:80~15:85。

石灰粉煤灰稳定类基层的特点是具有水硬性、缓凝性、强度高、稳定性好;成板体,且强度随龄期不断增加;抗水、抗冻、抗裂,而且收缩性小;能适应各种气候环境和水文地质条件等。影响石灰粉煤灰稳定类基层强度的因素主要包括石灰质量和剂量、粉煤灰质量和剂量、土质、含水率、施工工艺、养护条件等。

石灰粉煤灰稳定类材料适用于各级公路的基层和底基层,但二灰土不能用于高等级沥青路面或高速公路、一级公路上水泥混凝上面板下的基层,而只能用作底基层。

3.粒料类基层

碎石、砾石类结构层既可做面层,又可做基层或底基层。碎石、砾石类结构层作面层时通常称为砂石类路面。由于碎石、砾石类结构层的平整度较差,晴天易扬尘,雨天易泥泞,因此作面层时,只适用于四级公路的面层。碎石、砾石类结构层作基层(底基层)时称为粒料类基层(底基层)。

粒料类基层是指用粗、细碎石或砾石、黏土(或不含黏土)按照级配原则或嵌挤原则铺筑而成的基层,属柔性基层。

粒料类基层(底基层)按强度形成原理可分为级配型和嵌锁型。

(1)级配型基层

级配型基层是指采用颗粒大小不同的矿料按定的比例拌和,经过摊铺、碾压而形成的路面基层。级配型基层具有较大的密实度,其强度来源于内摩阻力和黏聚力。级配型的粒料基层包括级配碎石、级配砾石、级配碎砾石以及符合级配、塑性指数等技术要求的天然砂砾(级配砂砾)等。

①级配碎石基层是指用粗、细碎石集料和石屑按一定的比例拌和而成的混合料,其颗粒组成符合密实级配的要求,经拌和、摊铺、碾压及养护后,其抗压强度、稳定性和密实度符合规定要求的路面基层。级配碎石分为骨架密实型和连续级配型。级配碎石可用于各级公路的基层和底基层,也可用于薄层沥青面层与半刚性基层之间的中间层。

②级配砾石基层是指用粗、细砾石集料和砂按一定的比例拌和而成的混合料,其颗粒组成符合密实级配的要求,经拌和、摊铺、碾压及养护后,其抗压强度、稳定性和密实度符合规定要求的路面基层。由于砾石的内摩阻角小于碎石,因此级配砾石的强度和稳定性均低于级配

碎石。

③级配碎砾石基层是指在天然砂砾中掺加部分未筛分碎石组成的混合料,其强度和稳定性介于级配碎石与级配砾石之间。级配碎砾石、级配砾石可用作轻交通的二级和二级以下公路的基层和各级公路的底基层。

(2)嵌锁型基层

嵌锁型基层是指采用分层铺撒矿料,并严格按要求碾压而成的基层。嵌锁型的粒料类基层包括填隙碎石、泥结碎石和泥灰结碎石等。其中,泥结碎石和泥灰结碎石目前已很少使用。

①填隙碎石基(垫)层是指用单一尺寸的粗碎石作主集料,形成嵌锁作用,并用石屑填满碎石间的空隙,增加其密实度和稳定性的基(垫)层。施工方法分干法和湿法两种,湿法施工称水结碎石,干法施工称干压碎石。填隙碎石适用于各级公路的底基层和三级、四级公路的基层。干法施工的填隙碎石特别适用于干旱缺水地区。

②泥结碎石基层是以碎石作为集料,黏土作为填充料和黏结料,经压实修筑成的一种路面基层。泥灰结碎石基层是以碎石为集料,用一定数量的石灰和土作为填充料和结合料修筑的路面基层。泥结碎石(泥灰结碎石)适用于四级公路的面层,亦可用作三级、四级公路的基层,用作面层时应设置砂土磨耗层和松散保护层。泥结碎石(泥灰结碎石)的水稳性较差,只能用于干燥路段,不能用于中湿路段。

工作任务二　无机结合料稳定类基层(底基层)施工

 学习目标

(1)熟悉半刚性基层原材料组成及质量标准。
(2)熟悉半刚性基层施工的一般要求、施工方法、施工工序及施工质量控制要点。
(3)熟悉半刚性基层施工过程中的质量管理及交工验收的基本要求。
(4)能够按照相关规范和标准进行半刚性基层施工。

 任务描述

宝鸡至天水高速公路陕西境内宝鸡段第4合同段,全长8.19km,合同段范围包括三座桥梁、三座盖板涵、两座隧道和部分路基。路基部分沿线分布,全长共计5.25km。整个基层设计为52cm水泥稳定碎石,其中底基层厚18cm,基层厚34cm。本任务要求学生选择合适的施工方法并编制基层施工方案。

相关知识

一、水泥稳定类基层(底基层)施工

1. 一般规定

(1)水泥稳定类适用于各级公路的基层和底基层,但禁止将水泥土用作高等级路面的基层。

(2)高速公路、一级公路的基层或上基层宜选用骨架密实型混合料。二级及二级以下公

路的基层和各级公路的底基层可采用悬浮密实型混合料。均匀密实型混合料适用于高速公路、一级公路的底基层和二级及二级以下公路的基层。骨架空隙型混合料具有较高的孔隙率，适用于需要考虑路面内部排水要求的基层。

(3)水泥稳定类结构层混合料的配合比设计按无侧限抗压强度试验方法确定，7d 无侧限抗压强度应符合表 3-2-1 的规定。

稳定类材料的 7d 无侧限抗压强度（单位：MPa）　　　表 3-2-1

材料类型	结构层	公路等级	极重、特重交通	重交通	中、轻交通
水泥稳定类	基层	高速公路、一级公路	5.0~7.0	4.0~6.0	3.0~5.0
		二级及二级以下公路	4.0~6.0	3.0~5.0	2.0~4.0
	底基层	高速公路、一级公路	3.0~5.0	2.5~4.5	2.0~4.0
		二级及二级以下公路	2.5~4.5	2.0~4.0	1.0~3.0
水泥粉煤灰稳定类	基层	高速公路、一级公路	4.0~5.0	3.5~4.5	3.0~4.0
		二级及二级以下公路	3.5~4.5	3.0~4.0	2.5~3.5
	底基层	高速公路、一级公路	2.5~3.5	2.0~3.0	1.5~2.5
		二级及二级以下公路	2.0~4.0	1.5~2.5	1.0~3.0
石灰粉煤灰稳定类	基层	高速公路、一级公路	≥1.1	≥1.0	≥0.9
		二级及二级以下公路	≥0.9	≥0.8	≥0.7
	底基层	高速公路、一级公路	≥0.8	≥0.7	≥0.6
		二级及二级以下公路	≥0.7	≥0.6	≥0.5
石灰稳定类	基层	二级及二级以下公路	≥0.8		
	底基层	高速公路、一级公路	≥0.8		
		二级及二级以下公路	0.5~0.7		

(4)水泥稳定土的强度随水泥剂量的增加而增长，但过多的水泥用量，虽可获得强度的增加，但在经济上不一定合理，在效果上也不一定显著，且容易开裂。水泥稳定集料的水泥剂量一般为 3%~5%。水泥稳定中粒土和粗粒土的水泥剂量不宜超过 6%。必要时应首先改善集料的级配，然后用水泥稳定。

水泥剂量以水泥质量占干土质量的百分率来表示，即：

$$水泥剂量 = \frac{水泥质量}{干土质量} \times 100\%$$

(5)水泥稳定类基层（底基层）应选在春末和气温较高季节组织施工。施工时的日最低气温应在 5℃ 以上，并应在第一次重冰冻（-5~-3℃）到来之前的 15~30d 完成。

(6)在夏季施工水泥稳定类结构层，特别是水泥土结构层时，应特别注意天气变化，切勿使水泥和混合料遭受雨淋。降雨时应停止施工，但对于已经摊铺的水泥混合料应尽快碾压密实。采用路拌法施工时，应采取措施排除下承层表面的水，切勿使运到路上的集料过于潮湿。

(7)水泥稳定类结构层施工时，应遵循以下规定：
①土块尽可能粉碎，土块最大尺寸不应大于 15mm。
②配料应准确。

③洒水拌和应均匀。

④应严格控制基层厚度和高程,路拱横坡与面层一致。

⑤应在混合料处于最佳含水率或略大于最佳含水率(气候炎热干燥时,基层混合料可大于最佳含水率1%~2%)时进行碾压,直至达到要求的压实度。

(8)水泥稳定类结构层施工时,应遵循以下规定:

①水泥稳定类结构层应采用12t以上的压路机进行碾压。

②采用12~15t三轮压路机碾压时,每层的压实厚度不应超过15cm;采用18~20t三轮压路机和振动压路机碾压时,每层的压实厚度不应超过20cm。

③对于水泥稳定中粒土和粗粒土,采用能量大的振动压路机碾压时,或对于水泥稳定细粒土,采用振动羊足碾与三轮压路机配合碾压时,每层的压实厚度可以根据试验适当增加。

④压实厚度超过上述规定时,应分层铺筑,每层的最小压实厚度为10cm,下层宜稍厚。

⑤对于稳定细粒土,以及用摊铺机摊铺的混合料,都应采用先轻型、后重型压路机碾压。

⑥基层分两层施工时,在铺筑上层前,应在下层顶面先撒薄层水泥或水泥净浆。

2. 施工准备

(1)选择施工方法

无机结合料稳定类基层(底基层)施工有路拌法和厂拌法,施工时应根据公路等级、施工要求合理布设施工场地,选择适宜的拌和、摊铺、碾压工艺,具体见表3-2-2。

无机结合料稳定类基层(底基层)施工工艺选择　　　表3-2-2

材料类型	公路等级	结构层位	拌和工艺		摊铺工艺	
			推荐	可选择	推荐	可选择
无机结合料稳定粗、中粒土	二级及二级以上	基层	集中厂拌	—	摊铺机摊铺	
无机结合料稳定细粒土		底基层	集中厂拌	—	摊铺机摊铺	推土机摊铺、平地机整平
水泥稳定材料	二级以下	基层和底基层	集中厂拌	—	摊铺机摊铺	
其他各种无机结合料稳定材料		基层和底基层	集中厂拌	人工路拌	摊铺机摊铺	推土机摊铺、平地机整平

(2)水泥稳定类结构层原材料选择

路面基层施工前必须建立健全工地试验制度,工地试验室应能进行基层原材料的各项试验,还应具备进行压实度、平整度、弯沉等现场检测的能力。试验、检验应做到原始记录齐全,数据真实可靠。施工前应对组成无机结合料稳定类基层(底基层)的所有原材料进行质量检验,通过试验选择符合要求的原材料,然后进行配合比设计,在验证混合料的强度和稳定性上均符合要求后,才能用于铺筑基层。

①水泥。

各项技术指标满足要求的普通硅酸盐水泥、矿渣硅酸盐水泥或火山灰硅酸盐水泥都可用于稳定土,但应选用初凝时间3h以上和终凝时间大于6h且小于10h的水泥。不得使用快凝水泥、早强水泥以及受潮变质水泥,宜采用强度等级为32.5或42.5的水泥。

②水。

凡是饮用水均可用于水泥稳定类结构层施工。

③粗集料。

用作被稳定的粗集料应采用各种硬质岩或砾石加工而成的碎石,也可直接采用天然碎石,其技术指标应满足表3-2-3的规定。

粗集料的技术要求　　　　　　　　　　　　　　　　表 3-2-3

指标	层位	高速公路和一级公路				二级及二级以下公路	
		极重、特重交通		重、中、轻交通			
		Ⅰ类	Ⅱ类	Ⅰ类	Ⅱ类	Ⅰ类	Ⅱ类
压碎值(%)	基层	≤22	≤22	≤26	≤26	≤35	≤50
	底基层	≤30	≤26	≤30	≤26	≤40	≤35
针片状颗粒含量(%)	基层	≤18	≤18	≤22	≤18	—	≤20
	底基层	—	≤20	—	≤20	—	≤20
粒径在 0.075mm 以下粉尘含量(%)	基层	≤1.2	≤1.2	≤2	≤2	—	—
	底基层	—	—	—	—	—	—
软石含量(%)	基层	≤3	≤3	≤5	≤5	—	—
	底基层	—	—	—	—	—	—

粗集料的规格应满足《公路路面基层施工技术细则》(JTG/T F20—2015)的规定。高速公路、一级公路极重、特重交通荷载等级基层，粒径在 4.75mm 以上的粗集料应采用单一粒径的规格料。

④细集料。

细集料应洁净、干燥、无风化、无杂质，并有适当的级配。高速公路、一级公路所用细集料的技术指标应满足表 3-2-4 的规定。细集料的规格应满足《公路路面基层施工技术细则》(JTG/T F20—2015)的规定。

粗集料的技术要求　　　　　　　　　　　　　　　　表 3-2-4

颗粒分析	塑性指数	有机质含量(%)	硫酸盐含量(%)
满足级配要求	≤17	≤2	≤0.25

⑤土。

水泥稳定类结构层材料中土的技术指标应满足表 3-2-5 的规定。

水泥稳定类结构层中土的技术要求　　　　　　　　　表 3-2-5

项目	高速公路、一级公路		二级及二级以下公路	
	基层	底基层	基层	底基层
最大粒径(mm)	≤31.5	≤37.5	≤37.5	≤53
液限(%)	≤28	≤40	—	≤40
塑性指数	<9	≤17	—	≤17
均匀系数	—	>5	>10	>5
有机质含量(%)	≤2			
硫酸盐含量(%)	≤0.25			

(3)施工机具与设备

①厂拌法施工设备。

a.拌和设备。既可以采用稳定土厂拌设备(图 3-2-1)，也可以采用水泥混凝土拌和机。稳定土厂拌设备广泛用于公路和城市道路的基层、底基层施工，分为移动式、固定式等结构形式。移动式厂拌设备多用于工程分散、频繁移动的公路施工工程；固定式厂拌设备适用于城市道路施工或工程量大且集中的施工工程。

b. 摊铺设备。根据公路等级、拌和机生产能力等选择沥青混凝土摊铺机、专用摊铺机（图3-2-2）、平地机（图3-2-3）进行摊铺作业。

c. 其他设备。还需要使用运输车（图3-2-4）、装载机（图3-2-5）、压路机（图3-2-6）等机械设备。

图3-2-1 稳定土厂拌设备

图3-2-2 稳定土摊铺机

图3-2-3 平地机

图3-2-4 运输车

图3-2-5 装载机

图3-2-6 压路机

②路拌法施工设备。

a. 拌和设备。稳定土拌和机适用于路拌法施工，主要用于道路工程中稳定土类基层、底基层的现场拌和作业，是在路上将稳定土材料和稳定剂均匀拌和的机械设备，如图3-2-7所示。其生产能力由拌和宽度、拌和深度和工作行进速度决定，一般的拌和宽度为210mm，拌和深度为100～485mm，工作行进速度小于1.5km/h。

b. 其他设备。还需要推土机(图3-2-8)、平地机、压路机等机械设备。

图3-2-7　稳定土拌和机　　　　　　　　　图3-2-8　推土机

 任务实施

对于高速公路、一级公路基层和第一层底基层采用水泥稳定集料时应采用厂拌法施工;对二级以及二级以下的公路基层和底基层可采用路拌法施工。

(一)厂拌法施工(资源6、资源7)

水泥稳定类基层(底基层)集中厂拌法施工工艺流程如图3-2-9所示。

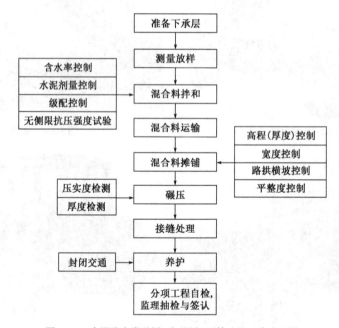

图3-2-9　水泥稳定类基层(底基层)厂拌法施工工艺流程图

1. 准备下承层

(1)水泥稳定土的下承层表面应平整、坚实,具有规定的路拱,下承层的平整度和压实度应符合规范的规定。如图3-2-10所示。

(2)当水泥稳定土用作基层时,要准备底基层;当水泥稳定土用作老路面的加强层时,要准备老路面;当水泥稳定土用作底基层时,要准备土基。

图 3-2-10　准备下承层

①对于土基,不论是路堤还是路堑,都必须用 12～15t 三轮压路机或等效的碾压机械进行 3～4 遍的碾压检验。在碾压过程中,如发现土过干、表层松散,应适当洒水;如发现土过湿,发生"弹簧"现象,应采用挖开晾晒、换土、掺石灰或水泥等措施进行处理。

②对于底基层,应进行压实度检查,对于柔性底基层还应进行弯沉值检验。凡不符合设计要求的路段,必须根据具体情况采取措施,使之达到规范规定的标准。

③对于老路面,应检查其材料是否符合底基层材料的技术要求,如不符合要求,应翻松老路面并采取必要的处理措施。

④对底基层或老路面上的低洼和坑洞,应仔细填补及压实;搓板和辙槽应刮除;松散处,应耙松洒水并重新碾压,达到平整密实。

⑤对新完成的底基层或土基必须按规范的规定进行验收。凡验收不合格的路段,必须采取措施,使其达到标准后,才可铺筑水泥稳定土层。

⑥应按规范的规定逐个断面检查下承层的高程。

(3)在槽式断面的路段,两侧路肩上每隔一定距离(5～10m)交错开挖泄水沟(或做盲沟)。

2. 施工放样

(1)在验收合格的下承层上恢复中线,中线的间距为 10m(平曲线及竖曲线的间距为 5m),并在对应断面边线外 0.3～0.5m 处设指示桩。在两侧指示桩上标出水泥稳定结构层顶面的设计高程(含松铺系数),供架设高程控制传感器的基准线(钢丝线)使用。

(2)钢钎的固定位置设在距边线外 0.3～0.5m 处。钢钎应安装牢固,在整个作业时间内设专人管理,严禁碰撞。

(3)若采用摊铺机摊铺,必须设置基准线,如图 3-2-11 所示。设置基准线的目的是为摊铺机摊铺建立一个高程、纵横坡、摊铺厚度、摊铺宽度、摊铺中线、弯道及平整度等基本几何位置的基准参照系。具体要求如下:

①在摊铺宽度外侧不小于 1m 处将基准线桩牢固打入下承层 150～20mm,间距为 5～10m。基准线桩用直径 12mm 的光圆钢筋加工而成。

②将基准线桩上的夹线臂调整到使用高度,挂基准线(直径 3～5mm 的钢绞线),用紧线器张拉至张力 1kN 以上,基准线的垂度以不大于 1.0mm 为准。基准线张紧后,再扣进夹线臂夹口(夹口到桩的水平距离宜为 300mm)。每段基准线长度不得大于 450m,基准线接头不得大于 10mm,每 100m 基准线不得多于两个接头。

a) 基准线桩　　　　　　　　　b) 基准线

图 3-2-11　基准线

③基准线宜在摊铺前一天完成设置,设置好后应进行校核复测。基准线设置好后禁止扰动。摊铺时,严禁碰撞和振动。一旦碰撞变位,应立即重新测量设定。

3. 混合料拌和

(1) 拌和站设置。既可采用固定式稳定土拌和机,也可采用强制式的水泥混凝土拌和机拌和水泥稳定土,如图 3-2-12 所示。拌和机与摊铺机的生产能力应互相匹配。对于高速公路和一级公路,为了保持摊铺机连续摊铺,拌和机的产量宜大于 400t/h,并宜采用两台拌和机进行拌和。

图 3-2-12　稳定土拌和站

(2) 在正式拌制混合料之前,必须先调试所用的设备,使混合料的颗粒组成和含水率都能达到规定的要求。原集料的颗粒组成发生变化时,应重新调试设备。

(3) 拌和要求。土块应粉碎,最大尺寸不得大于 15mm。拌和过程中配料应准确,严格控制集料的级配要求水泥计量和含水率,并防止集料发生串仓,拌和应均匀。拌出的混合料的含水率应略大于最佳值,这样可使混合料运到现场摊铺后的含水率不小于最佳值。

4. 混合料运输

(1) 宜采用大吨位的自卸汽车尽快将拌成的混合料运送到铺筑现场,自卸汽车数量应根据运距、摊铺能力等因素综合确定,保证摊铺及拌和的均衡连续。

(2) 装料时汽车应按照前、后、中的顺序来回移动,以减少混合料级配离析,如图 3-2-13 所示。

(3) 车上的混合料应覆盖,以减少水分损失。出厂时应填写发料单,内容包括车号、出料时间、吨位以及水泥品牌等。

图 3-2-13　平衡卸料

（4）到达施工现场后，收料员核对查收，严格控制混合料从拌和到碾压终了的延迟时间不超过 2h，否则应将全车料废弃。

5. 混合料摊铺

（1）对于高速公路和一级公路，必须采用沥青混凝土摊铺机或专用摊铺机进行摊铺作业；对于其他公路，有条件时尽量采用摊铺机作业，至少采用平地机进行摊铺作业。个别面积较小的路段可以采用人工摊铺。

（2）为避免纵向接缝，应优先考虑全断面一次摊铺筑成型，若一台摊铺机的摊铺宽度不足，可采用两台摊铺机前后相隔 5～10m 同步向前摊铺，如图 3-2-14 所示。

图 3-2-14　混合料摊铺

（3）摊铺高程控制。将摊铺机按松铺系数调整到位，安装好传感器，将感应头搭在基准线上，在前一台摊铺机的一侧使用基准线控制高程，并用摊铺机横坡仪控制横坡；在后一台摊铺机靠边的一侧使用基准线控制高程，另一侧传感器以已摊铺面为基准面，并对其进行感应，如图 3-2-14 所示。

（4）使用摊铺机铺筑水泥稳定土混合料时，必须严格遵守操作技术规范，才能达到较好的平整度。为了得到平整的基层顶面，可以采取以下措施：

①保持整平板前混合料的高度不变。

②保持螺旋分料器有 80% 的时间在工作状态。

③减少停机/开动的次数，避免运料货车碰撞摊铺机。

④一次铺筑厚度不超过 25cm，分层摊铺时，上层厚度取 10cm。

⑤做好横向接缝后，立即用直尺检验。

⑥经常检验控高钢丝和调整传感器。

⑦经常用直尺检验表面。

⑧保持摊铺机在良好工作状态运转。

（5）要特别注意避免摊铺时混合料的离析，在摊铺机后应由专人消除粗细集料离析现象，铲除局部粗集料"窝",并用新拌混合料填补。

(6)摊铺机铺不到的边角处,用人工进行整理。

(7)基层分两层施工时,铺筑上层之前,应在下面的顶层先铺撒薄层水泥或水泥净浆。

6. 碾压

水泥稳定类混合料的压实效果与延迟时间密切相关,应尽量缩短延迟时间。碾压宜在水泥初凝前且应在试验确定的延迟时间内完成,并达到要求的密实度,同时没有明显的轮迹。采用厂拌法施工时,混合料开始加水拌和到碾压结束的延迟时间不应超过2h。整形完成后,在混合料的含水率略大于最佳含水率1%~2%时,应立即开始碾压,如图3-2-15所示。

图3-2-15 碾压

(1)水泥稳定类基层宜用12t以上的压路机进行碾压。碾压时宜先用轻型两轮压路机跟在摊铺机后及时碾压,再用重型振动压路机、三轮压路机或轮胎压路机碾压密实。碾压时应遵循先轻后重、先慢后快、由边向中、由内向外进行碾压,轮迹重叠后轮宽度的1/2。碾压不得少于6遍,边部及路肩应多碾压2~3遍。压路机的碾压速度,前两遍宜采用1.5~1.7km/h,之后可采用2.0~2.5km/h。

(2)碾压过程中,水泥稳定土的表面应始终保持湿润。

(3)碾压过程中,发生"弹簧"、松散、起皮等现象,应及时翻开换料或加水泥重新拌和,碾压至符合规定的干密度为止。压路机不得在已完成的或正在碾压的路段上掉头或紧急制动,以避免破坏基层表面。

(4)碾压结束之前,用平地机终平一次,使高程、路拱和超高符合设计要求。

7. 接缝和掉头处的处理

(1)横向接缝处理

每天工作日结束时或摊铺时因故中断的时间超过2h,应设置横向接缝,如图3-2-16、图3-2-17所示。具体施工方法如下:

①摊铺机驶离混合料末端,人工将末端混合料修理整齐,紧靠混合料放置两根与混合料压实厚度相同的方木。

②方木的另一侧用砂砾或碎石回填约3m长。

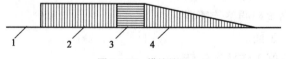

图3-2-16 横缝处理

1-下承层顶面;2-基层(或底基层)施工段;3-方木;4-砂砾或碎石

③将混合料碾压密实。

④在重新开始摊铺混合料之前,将砂砾、碎石和方木撤除,并将下承层顶面清扫干净。

⑤摊铺机返回到已压实层的末端,重新开始摊铺混合料。

⑥如果摊铺中断后未按以上方法处理横向接缝,而中断时间已超过2h,则应将横向接缝末端未经压实的混合料铲除,并将已碾压密实且高程和平整度符合要求的末端挖成与路中心垂直的断面,然后再摊铺新的混合料。

图3-2-17　横缝处理现场

(2)纵向接缝处理

施工应避免纵向接缝,如果必须分两幅施工时,纵缝必须垂直相接,不应斜接,如图3-2-18所示。具体施工方法如下:

①在前一幅摊铺时,在靠中央的一侧用方木或钢模板做支承,方木或钢模板的高度与稳定土层的压实厚度相同。

②养护结束后,在摊铺另一幅之前,拆除支承的方木或钢模板。

8. 养护与交通管制

(1)养护时间

每一段碾压完成后应进行压实度检测,如图3-2-19所示。检查合格后应立即开始养护,养护期不少于7d。若基层分层施工,且下层碾压完成后即铺筑上层稳定土,养护期可以少于7d,但在铺筑上层前应始终保持下层表面湿润。

图3-2-18　纵缝处理

图3-2-19　压实度检测

(2)养护方式

水泥稳定基层宜采用湿砂、不透水薄膜或湿麻袋进行养护。当采用湿砂养护时,砂层厚7~10cm,洒水保持湿润,养护结束后清除覆盖物。如图3-2-20所示。

(3)交通管制

水泥稳定类基层在养护期间,除洒水车外,应封闭交通。如果无法封闭交通,应限制重型车辆的通行,其他车辆的通行车速不得超过30km/h。

图3-2-20　保湿养护

(二)路拌法施工(资源8)

水泥稳定类结构层采用路拌法施工时,必须严密组织,采用流水作业法施工,每一流水作业段长度以200m为宜。路拌法的施工工艺流程,如图3-2-21所示。

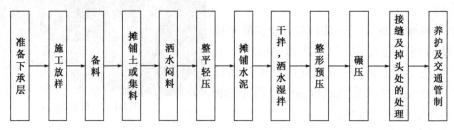

图3-2-21 路拌法施工工艺流程

1.准备下承层

与厂拌法施工要求相同。

2.施工放样

(1)在下承层上恢复中线,测量断面高程,直线段每15~20m设一桩,平曲线段每10~15m设一桩,并在两侧路面外边缘0.3~0.5m处设置指示桩。

(2)在两侧指示桩上用明显标记标出水泥稳定土层边缘的设计高程。

3.备料

(1)采土

根据实际需要,可以利用老路面或土基上部材料,也可以利用料场的土或集料。

①利用老路面或土基上部材料。

a.清除干净老路面上或土基表面的石块等杂物。

b.每隔10~20m挖一小洞,使洞底高程与预定的水泥稳定土层的底面高程相同,并在洞底做一标记,以控制翻松及粉碎的深度。

c.用犁、松土机或装有强固齿的平地机或推土机将老路面或土基的上部翻松到预定的深度,土块应粉碎并达到要求。

d.应经常用犁将土向路中心翻松,使预定处治层的边部成一个垂直面,防止处治宽度超过规定。

e.用专用机械粉碎黏性土。当无专用机械时,也可用旋转耕作机、圆盘耙粉碎塑性指数不大的土。

②利用料场的土(包括细、中、粗粒土)或集料。

a.在采集土之前,应先将土中的树木、草皮、树根和杂土清除干净。

b.筛除土中超尺寸的颗粒。

c.应在预定的深度范围内采集土,不应分层采集,不应将不合格的土采集在一起。

d.对于塑性指数大于12的黏性土,可视土质和机械性能确定土是否需要过筛。

(2)计算材料用量

①土装车时,应控制每车料的数量基本相等。

②计算各路段需要的干燥土的数量:根据料场土的含水率和所用运料车辆的吨位,计算每

车料的堆放距离。以每车土摊铺的面积作为一个方格,在路上画定方格网,将每车土卸在已画定的网格中,如图3-2-22所示。

(3)洒水

摊铺前先在预定堆料的下承层上洒水,使其表面湿润。

(4)运土

①土在下承层上的堆置时间不应过长。因此,运送土只宜比摊铺土工序提前1~2d。

②装车时应控制每车料的数量基本相等,由远到近卸料。卸料时应严格掌握,避免有的路段料过多或料不够。

③当路肩用料与稳定土层用料不同时,应采

图3-2-22 每车土卸料方格网

取培肩措施,先将两侧路肩培好。路肩料层的压实厚度应与稳定土层的压实厚度相同。在路肩上,应每隔5~10m交错开挖临时泄水沟。

4. 摊铺土或集料

(1)应事先通过试验段的试铺确定土的松铺系数。松铺系数是指材料的松铺厚度与规定压实度的压实厚度的比值,即材料达到规定压实度的干密度与松铺材料干密度的比值。土或集料的松铺厚度=压实厚度×松铺厚度。人工摊铺时,水泥稳定砂砾的松铺系数为1.30~1.35,水泥土的松铺系数为1.53~1.58(现场人工摊铺土和水泥,机械拌和,人工整平)。

(2)摊铺土应在摊铺水泥的前一天进行。摊铺长度按日进度的需要量控制,满足次日完成掺加水泥、拌和、碾压成型即可。雨季施工时,如第二天有雨,不宜提前摊铺土。

(3)应将土均匀地摊铺在预定的宽度上,表面应力求平整,并有规定的路拱。

(4)摊料过程中,应将土块、超尺寸颗粒及其他杂物拣除。

(5)如土中有较多土块,应进行粉碎。

(6)检验松铺土层的厚度,应符合预计要求。

(7)除洒水车外,严禁其他车辆在土层上通行。

5. 洒水闷料

(1)洒水

如已整平的土(含粉碎的老路面)的含水率过小,则应在土层上洒水闷料,洒水要均匀。中粒土、粗粒土预湿后的含水率以比最佳含水率低2%~3%为宜;对含砂较多的土、预湿后的含水率可比最佳含水率大1%~2%。严禁洒水车在洒水段内停留和掉头。

(2)闷料

细粒土应闷料一夜;中粒土和粗粒土,视其中细土含量的多少,可缩短闷料时间。如为综合稳定土,应将石灰和土拌和后一起进行闷料。

6. 整平轻压

整形成要求的路拱和坡度后,应选用6~8t的两轮压路机碾压1~2遍,使其表面平整,并具有一定的密实度。

7. 摆放和摊铺水泥

(1)计算水泥摆放间距。根据水泥稳定土层的厚度、预定的干密度、水泥剂量及施工作业面,计算每袋水泥的摊铺面积和摆放间距,在现场设置标记并画出摊铺水泥的边线。

(2)摊铺和摆放水泥,如图 3-2-23 所示。应将水泥当日直接送到摊铺路段,运送水泥的车应有防雨设备。用刮板将水泥均匀摊开。水泥摊铺完后,表面应没有空白位置,也没有水泥过分集中的地点。

8. 干拌、洒水和湿拌

(1)干拌

①干拌的目的是使水泥均匀分布到土中,不要求达到完全拌和,而是预防在加水过程中水泥成团。

②对二级及二级以上公路,应采用专用稳定土拌和机进行拌和,如图 3-2-24 所示,并设专人跟随拌和机,随时检查拌和深度,配合拌和机操作员调整拌和深度。拌和深度应达稳定层底并宜侵入下承层 5~10mm,以利上下层黏结。严禁在拌和层底部留有素土夹层。由两侧向中心拌和"干拌"1~2 遍以上,每次拌和要重叠 10~20cm。在最后一遍拌和之前,必要时可先用多铧犁紧贴底面翻拌一遍。直接铺在土基上的拌和层也应避免素土夹层。

图 3-2-23 摆放水泥

图 3-2-24 拌和

③对于三级、四级公路,在没有专用拌和机械的情况下,可用农用旋转耕作机与多铧犁或平地机配合进行拌和,但应注意拌和效果,拌和时间不能过长。严禁在稳定土层与下承层之间残留一层素土,也应防止翻犁过深或过多破坏下承层的表面。

(2)洒水湿拌

①在拌和过程结束时,如果混合料的含水率不足,应用喷管式洒水车(普通洒水车不适宜用作路面施工)补充洒水。水车起洒处和另一端掉头处都应超出拌和段 2m 以上。洒水车不应在正进行拌和以及当天计划拌和的路段上掉头和停留,以防局部水量过大。

②洒水后,应再次进行拌和,使水分在混合料中分布均匀。拌和机械应紧跟在洒水车后面进行拌和,减少水分流失。

③洒水及拌和过程中,应及时检查混合料的含水率。含水率宜略大于最佳值。对于稳定粗粒土和中粒土,宜较最佳含水率大 0.5%~0.7%;对于稳定细粒土,宜较最佳含水率大 1%~2%。

④洒水拌和过程中,应配合人工拣出超尺寸颗粒,消除粗细颗粒"窝"及局部过分潮湿或过分干燥之处。

⑤混合料拌和均匀后应色泽一致,没有灰条、灰团和花面,即无明显粗细集料离析现象,且水分合适、均匀。

9. 整形预压

(1) 初平

混合料拌和均匀后,应立即用平地机初步整形。在直线段,平地机由两侧向路中心进行刮平;在平曲线段,平地机由内侧向外侧进行刮平。必要时,再返回刮一遍。

(2) 初压、找平

用拖拉机、平地机或轮胎压路机立即在初平的路段上快速碾压一遍,以暴露潜在的不平整。用齿耙将轮迹低洼处表层5cm以上耙松,再用平地机整形,碾压一遍。对于局部低洼处,应用齿耙将其表层5cm以上耙松,并用新拌的混合料进行找平。

(3) 整形

再用平地机整形一次,以达到规定的坡度和路拱,如图3-2-25所示。对高处料直接刮出路外,以避免出现薄层贴补现象,在总厚度满足要求的前提下,遵循"宁高勿低、宁刮勿补"的原则。在整形过程中,严禁任何车辆通行,并保持无明显的粗细集料离析现象。

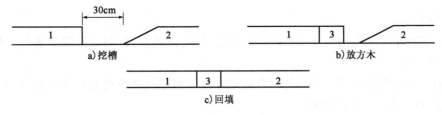

图3-2-25 整形

10. 碾压

路拌法施工时,混合料开始加水拌和到碾压结束的延迟时间一般不得超过3~4h。碾压要求与厂拌法基本相同。

11. 接缝和掉头处的处理

(1) 同日施工的两个工作段的衔接

同日施工的两个工作段的衔接处,应采用搭接。前一段拌和整形后,留5~8m不进行碾压,后一段施工时,对前段留下的未压部分,应再加部分水泥重新拌和,并与后一段一起碾压。经过拌和、整形的水泥稳定土应在试验确定的延迟时间内完成碾压。

(2) 工作缝和掉头缝的处理

①在已碾压完成的水泥稳定土层末端,沿稳定土挖一条横贯铺筑层全宽的宽度约为30cm的槽,直挖到下承层顶面,此槽应与路的中心线垂直,靠稳定土的一面应切成垂直面,并放两根与压实厚度等厚、长为全宽一半的方木紧贴其垂直面,用原来挖出的素土回填槽内其余部分,如图3-2-26所示。

图3-2-26 水泥混凝土路拌法横向接缝处理
1-稳定土层;2-素土;3-方木

②如拌和机械或其他机械必须到已压成的水泥稳定土层上掉头,则应采取措施保护掉头作业段。一般可在准备用于掉头的稳定土层(长度为8~10m)上,先覆盖一张厚塑料布或油毡纸,然后铺上约10cm厚的土、砂或砂砾。

③第二天,邻接作业段拌和后,除去方木,用混合料回填。靠近方木未能拌和的一小段,应人工进行补充拌和。整平时,接缝处的水泥稳定土应较已完成断面高出约 5cm,以利形成一个平顺的接缝。

④整平后,用平地机将塑料布上的大部分土除去(注意勿刮破塑料布),然后人工除去余下的土,并收起塑料布。

⑤在新混合料的碾压过程中,应将接缝修整平顺。

(3)纵缝的处理

与厂拌法施工基本相同,只是在拌和时,纵向接缝处应由人工进行补充拌和。

12. 养护与交通管制

每一段碾压完成,且压实度、高程、平整度经检查合格后,立即进行养护,要求同厂拌法施工。

为了减少半刚性基层上沥青面层由于水泥稳定基层的收缩裂缝而产生反射裂缝,应尽可能采取必要的有效措施来减少水泥稳定基层本身的收缩裂缝。

(1)控制集料中细料的含量和塑性指数,通过 0.075mm 孔的颗粒含量应控制在 5% ~ 7%。细土无塑性指数时,可以放宽到 7%,有塑性指数时不得大于 5%。细土的塑性指数要尽可能低,不宜大于 4%。如果某种粒料土中,粉料含量过多或塑性指数过大,宜筛除塑性细土,并用部分粉煤灰代替,或先用石灰处治。

(2)设计水泥稳定基层混合料的干缩应不大于 200 ~ 250。

(3)在达到强度标准的前提下,采用最小水泥剂量,但不应小于 4.5%。

(4)改善集料级配,减少水泥用量,使水泥剂量不大于 6%。

(5)在水泥稳定土混合料中掺入缓凝阻裂剂,如 HF-6(掺量为 3% ~ 5%)补偿收缩。

(6)严格控制施工碾压的含水率不超过基层施工规范所规定的值。

(7)水泥稳定基层养护结束和喷洒透层沥青或做下封层后,应立即铺沥青面层,保护基层混合料不使其过分变干而产生干缩裂缝。

二、石灰稳定类基层(底基层)施工

1. 一般规定

(1)石灰稳定类结构层适用于各级公路的底基层,以及三级、四级公路的基层。石灰土不宜做高等级公路的基层。

(2)石灰稳定类结构层混合料的配合比设计按无侧限抗压强度试验方法确定,7d 无侧限抗压强度应符合表 3-2-1 的规定。

(3)石灰剂量以石灰质量占干土质量的百分率表示。随着石灰剂量的增加,石灰稳定土的强度和稳定性都可以得到提高,但当剂量超过一定范围时,强度反而会降低。石灰剂量应根据结构层的技术要求确定。最佳剂量范围,黏性土及粉性土为 8% ~ 14%,砂性土为 9% ~ 16%。

其他同水泥稳定类。

2.施工准备

(1)选择施工方法

石灰稳定类结构层施工方法选择具体见表3-2-2。

(2)石灰稳定类结构层原材料选择

①石灰。

石灰应满足Ⅲ级以上的生石灰或消石灰的技术指标,其技术指标应符合《公路路面基层施工技术细则》(JTG/T F20—2015)的规定。实际使用时,应尽量缩短石灰的存放时间,如需存放较长时间,应覆盖封存,妥善保管。高速公路、一级公路的基层(底基层)宜采用磨细生石灰。

使用等外生石灰、贝壳石灰、珊瑚石灰等应进行试验,有效氧化钙含量应在20%以上,且混合料的强度符合规范的要求时,也可使用。

②水。

要求同水泥稳定类结构层。

③粗集料。

要求同水泥稳定类结构层。

④细集料。

细集料应洁净、干燥、无风化、无杂质,并有适当的级配。高速公路、一级公路所用细集料的技术指标应满足表3-2-6的规定。细集料的规格应满足《公路路面基层施工技术细则》(JTG/T F20—2015)的规定。

细集料的技术要求 表3-2-6

颗粒分析	塑性指数	有机质含量(%)	硫酸盐含量(%)
满足级配要求	适宜范围15~20	≤10	≤8

⑤土。

塑性指数为15~20的黏性土以及含有一定数量黏性土的中粒土和粗粒土均适用于石灰稳定类。石灰稳定类结构层材料中土的技术指标应满足表3-2-7的规定。用石灰稳定无塑性指数的级配砂砾、级配碎石和未筛分碎石时,应添加15%的黏性土。

石灰稳定类结构层中土的技术要求 表3-2-7

项 目	高速公路、一级公路底基层	二级及二级以下公路		
		二级公路基层	三级、四级公路基层	底基层
最大粒径(mm)	≤37.5	≤37.5	≤37.5	≤53
塑性指数	15~20			
有机质含量(%)	≤10			
硫酸盐含量(%)	≤0.8			

(3)施工机具与设备

同水泥稳定类结构层。

任务实施

石灰稳定类用于高速公路和一级公路底基层时应采用厂拌法施工;用于二级及二级以下的公路基层(底基层)可以采用路拌法。

(一)厂拌法施工(资源9)

石灰稳定类基层拌法的施工工序及施工要点与水泥稳定土相同。

(二)路拌法施工

石灰稳定类基层(底基层)路拌法的施工流程,如图3-2-27所示。

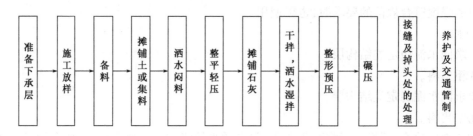

图3-2-27 石灰稳定土基层(底基层)路拌法施工流程

1. 准备下承层

与水泥稳定类基层(底基层)路拌法施工要求相同。

2. 施工放样

与水泥稳定类基层(底基层)路拌法施工要求相同。

3. 备料

除应符合水泥稳定类路拌法施工的备料要求以外,还应符合下列要求:

(1)备土

①当需分层采集土时,应将土先分层堆放在一个场地上,然后从前到后将上下层土一起装车运送到现场。

②对于塑性指数小于15的黏性土,机械拌和时,可视土质和机械性能确定是否需要过筛。人工拌和时,应筛除15mm以上的土块。

(2)备石灰

①石灰应选择在公路两侧宽敞、邻近水源且地势较高的场地集中堆放。当堆放时间较长时应覆盖封存。

②生石灰块应在使用前7~10d充分消解。消解后的石灰应保持一定的湿度,不得产生扬尘,但也不宜过湿成团。

③消石灰应过孔径10mm的筛,并尽快使用。

4. 摊铺土

根据试验路段确定土的松铺系数,见表3-2-8。其他要求与水泥稳定类路拌法相同。

人工摊铺混合料松铺系数   表3-2-8

材料名称	松铺系数	备注
石灰土	1.53~1.58	现场人工摊铺土和石灰,机械拌和,人工整平
	1.65~1.70	路外集中拌和,运到现场人工摊铺
石灰土砂砾	1.52~1.56	路外集中拌和,运到现场人工摊铺

5. 洒水闷料

与水泥稳定类基层(底基层)路拌法施工要求相同。

6. 整平轻压

与水泥稳定类基层(底基层)路拌法施工要求相同。

7. 卸置和摊铺石灰

根据计算的石灰堆放间距,在现场用石灰做标记,同时画出摊铺石灰的边线。用刮板均匀摊铺,并测量石灰的松铺厚度,根据石灰的含水率和松铺密度计算出石灰的用量,如图3-2-28所示。

其他要求与水泥稳定类路拌法相同。

8. 拌和与洒水

(1)石灰稳定级配碎石或砂砾时应先将石灰和需添加的黏土拌和均匀,然后均匀地摊铺在级配碎石或级配砂砾层上,再一起进行拌和,如图3-2-29所示。

图3-2-28 摊铺石灰

图3-2-29 稳定土拌和机拌和

(2)当用石灰稳定塑性指数大的黏土时,应进行两次拌和,第一次加70%~100%预定剂量的石灰进行拌和,闷放1~2d,此后补足需用的石灰,再进行第二次拌和。

(3)对二级及二级以上公路,要求同水泥稳定土,只是当使用生石灰粉时,宜先用平地机或多铧犁将石灰翻到土层中间,但不能翻到底部。

(4)对于三级、四级公路的石灰稳定细粒土和中粒土,在没有专用拌和机械的情况下,可用农用旋转耕作机与多铧犁或平地机相配合拌和4遍。先用旋转耕作机拌和两遍,后用多铧犁或平地机将底部素土翻起,再用旋转耕作机拌和两遍,后用多铧犁或平地机将底部料再翻起,并随时检查调整翻犁的深度,使稳定土层全部翻透。严禁在稳定土层与下承层之间残留一层素土,但也应防止翻犁过深或过多破坏下承层的表面。也可以用缺口圆盘耙与多铧犁或平地机相配合,拌和石灰稳定细粒土、中粒土和粗粒土,要求同水泥稳定土。如图3-2-30所示。

(5)其他要求与水泥稳定类基层(底基层)路拌法施工相同。

a) 犁拌　　　　　　　　　　b) 耕拌

图 3-2-30　拌和

9. 整形和碾压

石灰稳定土应在混合料处于最佳含水率或小于最佳含水率 1%～2% 时进行碾压(防缩裂),其余与水泥稳定土路拌法施工要求相同。

10. 接缝和掉头处的处理

要求同水泥稳定土,但无延迟时间的规定。

11. 养护及交通管制

(1) 石灰稳定土在养护期间应保持一定的湿度,不应过湿或忽干忽湿。养护期不宜少于 7d。每次洒水后,应用两轮压路机将表层压实。石灰稳定土基层碾压结束后 1~2d,当其表层较干燥(如石灰土的含水率不大于 10%,石灰粒料土的含水率为 5%~6%)时,可立即喷洒透层沥青,然后做下封层或铺筑面层,但初期应禁止重型车辆通行。

(2) 在养护期间未采用覆盖措施的石灰稳定土层上,除洒水车外,应封闭交通。在采用覆盖措施的石灰稳定土层上,当不能封闭交通时,应限制车速不得超过 30km/h,禁止重型货车通行。

(3) 石灰稳定土分层施工时,下层石灰稳定土碾压完成后,可立即铺筑上一层石灰稳定土,不需专门的养护期。

(4) 其余与水泥稳定类路拌法施工要求相同。

工程应用

石灰稳定土基层防治缩裂的措施:

(1) 控制压实含水率。石灰稳定土因含水率过多产生的干缩裂缝显著,因而压实时含水率一定不要大于最佳含水率,其含水率以最佳含水率的 0.9 倍为好。

(2) 严格控制击实标准。实践证明,压实度小时产生的干缩要比压实度大时的严重,因此,应尽可能达到最大压实度。

(3) 温缩的最不利季节是材料处于最佳含水率附近,且温度在 -10~0℃ 时。因此,施工要在当地气温进入 0℃ 前一个月结束,以防在不利季节产生严重温缩。

(4) 干缩的最不利情况是石灰稳定土成型初期,因此,要重视初期养护,保证石灰土表面处于潮湿状况,禁止干晒。

(5)石灰稳定土施工结束后要及早铺筑面层,使石灰土基层含水率不发生大变化,可减少干缩裂隙。

(6)在石灰稳定土中掺加集料(砂砾、碎石等),使其集料含量为60%~70%(质量分数),混合料满足最佳组成要求,不但能提高其强度和稳定性,而且使其具有较好的抗裂性。因此,高级路面的基层常用无机结合料稳定粒料类的半刚性基层。

(7)基层上的缩裂会反射到面层,为了防止基层裂缝的反射,国内外常采取以下措施:

①设置联结层。设置沥青碎石或沥青贯入式联结层是防止反射裂缝的有效措施。

②铺筑碎石隔裂过渡层。在石灰土与沥青面层间铺筑厚度>20cm的碎石层,可减少反射裂缝出现。

三、二灰稳定类基层(底基层)施工

1. 一般规定

(1)石灰粉煤灰稳定类材料适用于各级公路的基层和底基层,但二灰土不能用于高等级沥青路面或高速公路、一级公路上水泥混凝土面板下的基层,而只能用作底基层。

冰冻地区、多雨潮湿地区,石灰粉煤灰稳定集料类材料宜用于高速公路、一级公路以下的基层或底基层。

(2)石灰稳定类结构层混合料的配合比设计按无侧限抗压强度试验方法确定,7d无侧限抗压强度应符合表3-2-1的规定。

(3)二灰稳定类混合料采用质量配合比计算,以石灰:粉煤灰:集料(或土)的质量比表示。

(4)二灰稳定类基层(底基层)应选在春末和气温较高季节组织施工。施工时的日最低气温应在5℃以上,并应在第一次重冰冻(-5~-3℃)到来之前的15~30d完成。

(5)二灰稳定类结构层施工时,应遵循以下基本规定:

①配料要准确。

②石灰应摊铺均匀。

③洒水拌和要均匀。

④应严格控制基层厚度和高程,其路拱横坡应与面层一致。

⑤应在混合料处于最佳含水率或略大于最佳含水率时进行碾压,直至达到要求的压实度。

(6)二灰稳定类混合料碾压时,压实机械与压实厚度应遵循以下规定:

①二灰稳定类结构层应采用12t以上的压路机进行碾压。

②采用12~15t三轮压路机碾压时,每层的压实厚度不应超过15cm。

③采用18~20t三轮压路机和振动压路机碾压时,每层的压实厚度不应超过20cm。

④对于二灰级配集料,采用能量大的振动压路机碾压时,或对于二灰土,采用振动羊足碾与三轮压路机配合碾压时,每层的压实厚度可根据试验适当增加。

⑤压实厚度超过上述规定时,应分层铺筑,每层的最小压实厚度为10cm,下层宜稍厚。

⑥对于稳定粗粒土,以及用摊铺机摊铺的混合料,都应采用先轻型、后重型压路机碾压。

2. 施工准备

(1)选择施工方法

二灰稳定类结构层施工方法主要分为路拌法施工和厂拌法施工两种。用作二级以上公路

基层和底基层、二级以下公路的基层应采用厂拌法施工。二级以下公路底基层一般采用路拌法施工。施工方法选择具体见表3-2-2。

（2）石灰工业废渣稳定类结构层原材料选择

①粉煤灰。

粉煤灰主要含量是 SiO_2、Al_2O_3、Fe_2O_3，其技术指标应满足表3-2-9的规定。

粉煤灰的技术要求　　　　　　　　　　　　　　　　　　　表3-2-9

指标	技术要求	指标	技术要求
SiO_2、Al_2O_3、Fe_2O 的总含量(%)	>70	0.3mm筛孔通过率(%)	≥90
烧失量(%)	≤20	0.075mm筛孔通过率(%)	≥90
比表面积(cm^2/g)	>2500	湿粉煤灰含水率(%)	≥35

粉煤灰比表积越大，对水的敏感性越大，也越不容易压实。因此，作为石灰粉煤灰土混合料时，宜选用粗颗粒的粉煤灰，以便于碾压稳定；作为水泥外加剂时，宜选用细颗粒的粉煤灰。

根据工程实践，当粉煤灰中 SiO_2 的含量超过25%时，成型的二灰稳定类结构会产生一定的膨胀，致使结构层发生破坏，施工中应当注意。

干粉煤灰堆放时应加水以防止粉尘飞扬造成污染。湿粉煤灰的含水率不宜超过35%。使用时，应将凝固的粉煤灰打碎或过筛，同时清除有害杂质。

②水。

要求同水泥稳定类结构层。

③粗集料。

要求同水泥稳定类结构层。

④细集料。

细集料应洁净、干燥、无风化、无杂质，并有适当的级配。高速公路、一级公路所用细集料的技术指标应满足表3-2-10的规定。细集料的规格应满足《公路路面基层施工技术细则》（JTG/T F20—2015）的规定。

细集料的技术要求　　　　　　　　　　　　　　　　　　　表3-2-10

指标	颗粒分析	塑性指数	有机质含量(%)	硫酸盐含量(%)
石灰粉煤灰综合稳定	满足级配要求	适宜范围15~20	≤10	—
水泥粉煤灰综合稳定	满足级配要求	—	<2	≤0.25

⑤土。

二灰稳定细粒土时，宜采用塑性指数为12~20的黏性土（亚黏土），土的最大粒径不宜大于15mm。二灰稳定中粒土和粗粒土时，不宜含有塑性指数的土。二灰稳定类结构层材料中土的技术指标应满足表3-2-11的规定。

二灰稳定类结构层中土的技术要求　　　　　　　　　　　　表3-2-11

项目	高速公路、一级公路		二级及二级以下公路	
	基层	底基层	基层	底基层
最大粒径(mm)	≤31.5	≤37.5	≤37.5	≤53
塑性指数	<9	≤17	—	≤17

(3)施工机具与设备

与水泥稳定土结构层相同。

任务实施

高速公路、一级公路的基层,第一层底基层采用石灰稳定集料类时应采用厂拌法施工;二级及二级以下公路的基层和底基层可以采用路拌法施工。

(一)厂拌法施工(资源10)

二灰稳定类基层(底基层)厂拌法的施工流程如图 3-2-31 所示。

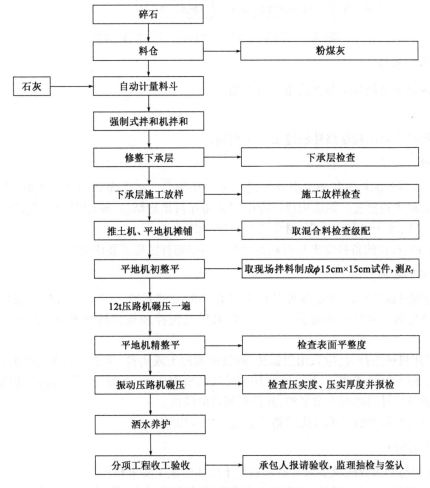

图 3-2-31 二灰稳定类基层(底基层)厂拌法的施工流程

二灰稳定类基层(底基层)可以在中心站用多种机械进行集中拌和,也可以用路拌机械或人工在现场进行分批集中拌和。

二灰稳定类基层(底基层)厂拌法施工除与水泥稳定类厂拌法施工要求基本相同外,还应满足下列要求:

(1)土块最大尺寸不应大于 15mm;粉煤灰块不应大于 12mm,且 9.5mm 和 2.36mm 筛孔的通过量应分别大于95%和75%。

(2)各类粒级集料应分开堆放;石灰、粉煤灰和细集料都应覆盖处理,防止雨淋过湿。

(3)拌好的混合料堆放时间不宜超过24h,要求当天将拌好的混合料运送到铺筑现场进行摊铺,以免混合料的水分有较大的蒸发,使石灰碳化从而降低混合料的强度。

(二)路拌法施工

二灰稳定类基层(底基层)路拌法的施工流程如图3-2-32所示。

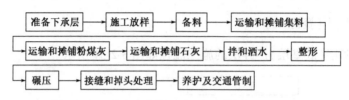

图3-2-32 二灰稳定类基层(底基层)路拌法的施工流程

1.准备下承层

与水泥稳定类结构层路拌法施工要求相同。

2.施工放样

与水泥稳定类结构层路拌法施工要求相同。

3.备料

(1)运到现场的粉煤灰应含有足够的水分防止扬尘。在干燥和多风季节时,应使料堆表面保持湿润或者被覆盖。如在堆放过程中部分粉煤灰出现结块,使用时应将其打碎。场地集中堆放粉煤灰,应予以覆盖处理,避免雨淋面过分潮湿。

(2)集料、石灰的备料要求与石灰稳定类结构层路拌法施工要求相同。

4.运输和摊铺

(1)应通过试验路段确定各种材料及混合料的松铺系数。二灰土的松铺系数为1.5～1.7,二灰稳定集料的松铺系数为1.3～1.5;采用机械拌和与机械整形时,集料松铺系数为1.2～1.3。

(2)采用机械路拌时,应采用层铺法,即按照摊铺土或集料、摊铺粉煤灰、摊铺石灰的顺序分层施工。每种材料摊铺均匀后,宜先用两轮压路机碾压1～2遍,然后再运送并摊铺下一种材料。摊铺每层材料时应力求平整,并设有规定的路拱。

其他要求与石灰稳定类结构层路拌法施工要求相同。

5.拌和与洒水

(1)拌和与洒水方法及要求与石灰稳定土路拌法施工要求相同。

(2)二灰稳定级配集料时,应先将石灰和粉煤灰拌和均匀,然后均匀地摊铺在集料层上,再一起进行拌和。拌和过程中,应及时检查混合料的含水率,宜大于最佳含水率1%。

6.整形

与水泥稳定类结构层路拌法施工相同。

7.碾压

与水泥稳定类结构层路拌法施工相同。

8. 接缝与掉头处的处理

与水泥稳定类结构层路拌法施工相同。

9. 养护及交通管制

（1）二灰稳定类碾压完成后的 2~3d 开始养护，应始终保持表面潮湿，通常采用洒水养护法，养护期不宜少于 7d。对于二灰稳定粗粒土、中粒土的基层，可用沥青乳液或沥青下封层进行养护，养护期一般为 7d。

（2）养护期间，除洒水车外应封闭交通。

（3）对于二灰集料基层，养护结束后宜先让施工车辆慢速通行 7~10d，磨去表面的二灰薄层或用带钢丝刷的机械扫去表面的二灰薄层。清扫和冲洗干净后再喷洒透层沥青。在清扫干净的基层上，也可先做下封层，防止基层干缩开裂，同时保护基层免受施工车辆破坏。宜在铺设下分层后的 10~30d 内开始铺设沥青面层。

（4）二灰稳类底基层分层施工时，下层碾压完毕后，可立即铺筑上层，不需要专门的养护期，或养护 7d 后再铺筑另一层。

四、无机结合料稳定类基层（底基层）质量控制和检查验收

无机结合料稳定类基层（底基层）的施工质量管理包括所用材料的标准试验、铺筑试验段、施工过程中的质量管理和检查验收（工序间）。施工时必须建立、健全工地试验、质量检查及工序间的交接验收等制度。试验检验应做到原始记录齐全，数据真实可靠。

1. 施工准备阶段的质量管理与控制

施工准备阶段无机结合料稳定类基层（底基层）原材料的质量管理与控制详见表 3-2-12，无机结合料稳定类基层（底基层）混合料的质量管理与控制详见表 3-2-13。

施工准备阶段无机结合料稳定类基层（底基层）原材料的质量管理与控制　　表 3-2-12

材料	检查项目	检查频度		试验方法	平行试验次数或试样数
		高速公路、一级公路	其他公路		
粗集料	含水率	必要时	必要时	烘干法、酒精燃烧法	每天使用前测 2 个样品
	级配	随时	随时	筛分法	每种碎石使用前测 2 个样品，使用过程中每 2000m³ 测 2 个样品
	液限、塑限	必要时	必要时	液塑限联合测定仪	
	毛体积相对密度、吸水率	必要时	必要时	网篮法、容量瓶法、坍落筒法	使用前测 2 个样品，使用过程中每 2000m³ 测 2 个样品，碎石种类变化重做 2 个样品
	压碎值	必要时	必要时	集料压碎值试验	
	针片状颗粒含量	随时	随时	规准仪	
	软石含量	必要时	必要时	软石含量试验	
细集料	含水率	必要时	必要时	烘干法、酒精燃烧法	每天使用前测 2 个样品
	级配	随时	随时	筛分法	每种细集料使用前测 2 个样品，使用过程中每 2000m³ 测 2 个样品
	液限、塑限	必要时	必要时	液塑限联合测定仪	
	毛体积相对密度、吸水率	必要时	必要时	网篮法、容量瓶法、坍落筒法	使用前测 2 个样品，使用过程中每 2000m³ 测 2 个样品

续上表

材料	检查项目	检查频度 高速公路、一级公路	检查频度 其他公路	试验方法	平行试验次数或试样数
细集料	有机质和硫酸盐含量	对土有怀疑时	对土有怀疑时	有机质含量试验、易溶盐试验	2个样品
土	含水率	必要时	必要时	烘干法、酒精燃烧法	每天使用前测2个样品
土	液限、塑限	必要时	必要时	液塑限联合测定仪、滚搓法	每种土使用前测2个样品,使用过程中每2000m³测2个样品
土	颗粒分析	随时	随时	颗粒分析试验	
土	有机质和硫酸盐含量	对土有怀疑时	对土有怀疑时	有机质含量试验、易溶盐试验	2个样品
水泥	强度等级	随时	随时	水泥胶砂强度试验	材料组成设计时测1个样品,料源或强度等级变化时重测
水泥	凝结时间	随时	随时	水泥凝结时间试验	
石灰	含水率	必要时	必要时	烘干法、酒精燃烧法	每天使用前测2个样品
石灰	有效钙、氧化镁	随时	随时	石灰的化学分析	做材料组成设计时和生产使用时,分别测2个样品,以后每月测2个样品
石灰	残渣含量	随时	随时	石灰未消化残渣含量	
粉煤灰	含水率	必要时	必要时	烘干法、酒精燃烧法	每天使用前测2个样品
粉煤灰	烧失量	必要时	必要时	高温燃烧法	做材料组成设计前测2个样品
粉煤灰	细度	随时	随时	细度试验	
粉煤灰	SiO_2含量	必要时	必要时	化学分析法	每天使用前测2个样品

施工准备阶段无机结合料稳定类基层(底基层)混合料的质量管理与控制　　表 3-2-13

试验项目	目的	频度
重型击实试验	确定最佳含水率和最大干密度	材料发生变化时
承载比	求工地预期干密度下的承载比,确定材料是否适宜做基层或底基层	材料发生变化时
抗压强度	进行材料组成设计,选定最适宜于水泥或石灰稳定的土(包括粒料);规定施工中所用的结合料剂量;为工地提供评定质量的标准	材料发生变化时
延迟时间	确定延迟时间对混合料密度和抗压强度的影响,并确定施工允许的延迟时间	水泥品种变化时
绘制EDTA滴定曲线	对施工过程中水泥、石灰剂量进行有效控制	水泥、石灰品种变化时

2. 施工过程中的质量管理与控制

无机结合料稳定类基层(成基层)在铺筑过程中,施工单位必须随时对施工质量进行自检,工序间实行交接验收,前工序经检验合格后,方可进行下一个工序。施工过程中的质量控制包括外形尺寸检查和内在质量检验两部分,其质量控制要求具体见表3-2-14～表3-2-16。凡经检验不合格的段落,必须进行补救,使其达到要求。

无机结合料稳定类基层(底基层)外形尺寸检验项目及质量控制　　表 3-2-14

项次	检查项目		规定值或允许偏差				检测方法与频率
			基层		底基层		
			高速公路、一级公路	其他公路	高速公路、一级公路	其他公路	
1	纵断高程(mm)		+5,-10	+5,-15	+5,-15	+5,-20	水准仪:每200m测2个断面
2	宽度(mm)		满足设计要求		满足设计要求		量尺:每40m测1处
3	厚度(mm)	均值	≥-8	≥-10	≥-10	≥-12	每1500~2000m³测6点
		单个值	≥-10	≥-20	≥-25	≥-30	
4	横坡度(%)		±0.3	±0.5	±0.3	±0.5	水准仪:每200m测2个断面
5	平整度(mm)		≤8	≤12	≤12	≤15	3m直尺:每200m测2处×10尺
			≤3.0	—	—	—	连续式平整度仪的标准差

无机结合料稳定类基层(底基层)施工过程中前场质量控制　　表 3-2-15

项次	检查项目	内容	频度
1	原材料抽检	结合料质量	每批次
		粗、细集料品质	异常时,随时试验
		级配、规格	异常时,随时试验
2	混合料抽检	混合料级配	每2000m³测1次
		结合料剂量	每2000m³测1次
		混合料最大干密度	每个工日
		含水率	每2000m³测1次
3	摊铺目测	是否离析	随时
		粗估含水率状态	随时
4	碾压目测	压实机械是否满足要求	随时
		碾压组合、次数是否合理	随时
5	压实度检测	含水率	每一作业段检查6次以上
		压实度	每一作业段检查6次以上
6	强度检测	在前场取样成型试件	每一作业段不少于9个
7	钻芯检测	—	每一作业段不少于9个
8	弯沉检测		每一评定段(不超过1km),每车道40~50个点
9	承载比	—	每2000m³测1次;异常时,随时增加试验

无机结合料稳定类基层(底基层)压实标准(单位:%)　　表 3-2-16

结构层	公路等级	集料类型	水泥稳定材料	石灰稳定材料	水泥粉煤灰稳定材料	石灰粉煤灰稳定材料
基层	高速公路、一级公路		≥98	—	≥98	≥98
	二级及二级以下公路	稳定中、粗粒材料	≥97	≥97	≥95	≥97
		稳定细粒材料	≥95	≥95	≥97	≥95

续上表

结构层	公路等级	集料类型	水泥稳定材料	石灰稳定材料	水泥粉煤灰稳定材料	石灰粉煤灰稳定材料
底基层	高速公路、一级公路	稳定中、粗粒材料	≥97	≥97	≥95	≥97
		稳定细粒材料	≥95	≥95	≥95	≥95
	二级及二级以下公路	稳定中、粗粒材料	≥95	≥95	≥93	≥95
		稳定细粒材料	≥93	≥93	≥93	≥93

3. 交工验收阶段的工程质量检验

无机结合料稳定类基层(底基层)工程完工后,施工单位、监理单位和建设单位应按工程项目的划分进行工程质量的监控和管理。

施工单位应在全线以 1~3km 作为一个评定路段,按规定频度,随机选取测点,进行全线自检,并在规定时间内提交全线检测结果及施工总结报告,申请交工验收。检查内容包括工程竣工后的外形检查和质量标准,具体要表见表 3-2-17、表 3-2-18。检查验收的目的是判定完成的路面结构层是否满足设计文件与施工规范的要求。

稳定粒类基层和底基层实测项目 表 3-2-17

项次	检查项目		规定值或允许偏差				检测方法与频率
			基 层		底 基 层		
			高速公路、一级公路	其他公路	高速公路、一级公路	其他公路	
1△	压实度(%)	代表值	≥98	≥97	≥96	≥95	按要求检查,每200m测2点
		极值	≥94	≥93	≥92	≥91	
2	平整度(mm)		≤8	≤12	≤12	≤15	3m 直尺;每200m测2处×5尺
3	纵断高程(mm)		+5,-10	+5,-15	+5,-15	+5,-20	水准仪;每200m测2个断面
4	宽度(mm)		满足设计要求		满足设计要求		尺量;每200m测4个断面
5△	厚度(mm)	代表值	-8	-10	-10	-12	每200m测2点
		合格值	-10	-20	-25	-30	
6	横坡度(%)		±0.3	±0.5	±0.3	±0.5	水准仪;每200m测2个断面
7△	强度(MPa)		满足设计要求		满足设计要求		按规定进行检查

注:△为关键项目。

稳定土基层和底基层实测项目 表 3-2-18

项次	检查项目		规定值或允许偏差				检测方法与频率
			基 层		底 基 层		
			高速公路、一级公路	其他公路	高速公路、一级公路	其他公路	
1△	压实度(%)	代表值	—	≥95	≥95	≥93	按要求检查,每200m测2点
		极值	—	≥91	≥91	≥89	
2	平整度(mm)		—	≤12	≤12	≤15	3m 直尺;每200m测2处×5尺

续上表

项次	检查项目		规定值或允许偏差				检测方法与频率
			基层		底基层		
			高速公路、一级公路	其他公路	高速公路、一级公路	其他公路	
3	纵断高程(mm)		—	+5, −15	+5, −15	+5, −20	水准仪：每200m测2个断面
4	宽度(mm)		满足设计要求		满足设计要求		尺量：每200m测4个断面
5△	厚度(mm)	代表值	—	−10	−10	−12	每200m测2点
		合格值	—	−20	−25	−30	
6	横坡度(%)		—	±0.5	±0.3	±0.5	水准仪：每200m测2个断面
7△	强度(MPa)		满足设计要求		满足设计要求		按规定进行检查

注：△为关键项目。

工作任务三　粒料类基层(底基层)施工

学习目标

(1) 熟悉粒料类基层(底基层)原材料组成及质量标准。
(2) 熟悉粒料类基层(底基层)施工的一般要求、施工方法、施工工序及施工质量控制要点。
(3) 熟悉粒料类基层(底基层)施工过程中的质量管理及交工验收的基本要求。
(4) 能够按照相关规范和标准进行粒料类基层(底基层)施工。

任务描述

某二级公路，K5+800～K10+700为干燥路段，路面结构自上而下分别为22cm厚的水泥混凝土、20cm厚的水泥稳定碎石、20cm厚的级配碎石，如图3-3-1所示。

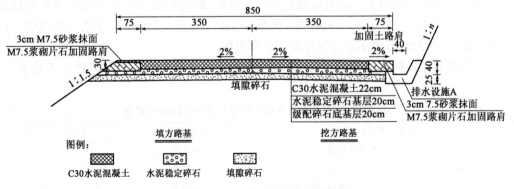

图3-3-1　某二级公路路面结构图(尺寸单位：cm)

本任务要求学生在识读路面结构图的基础上，能够编写级配碎石基层(底基层)的施工方案，进行级配碎石基层(底基层)施工。

一、级配碎石基层(底基层)施工

级配碎石基层适用于各等级公路的基层和底基层,还可用作较薄沥青面层与半刚性基层之间的中间层,具有减缓半刚性沥青路面反射裂缝的作用,同时也具有较好的抗疲劳能力。

1. 一般规定

(1)级配碎石可以用于各级公路的基层和底基层,也可用于四级公路的面层、薄层沥青面层与半刚性基层之间的中间层。

(2)用于二级及二级以上公路基层和底基层的级配碎石,应由预先筛分的几组不同粒径的碎石及石屑组配;其他等级公路上,级配碎石可采用未筛分碎石和石屑组配。

(3)级配碎石施工中缺乏石屑时,可以添加细砂砾或粗砂,也可以用颗粒组成合适的含细集料较多的砂砾与未筛分碎石组配成级配碎砾石。

(4)可在天然砂砾中掺加部分碎石或轧碎砾石,以提高材料的强度和稳定性。

(5)级配碎石施工中应遵循以下基本规定:

①颗粒组成应是一条顺滑的曲线;配料必须准确;塑性指数应符合规定。

②混合料必须拌和均匀,没有粗细颗粒离析现象。

③在最佳含水率时进行碾压,当采用重型击实标准设计时,基层压实度大于98%,CBR值不应小于100%;底基层压实度大于96%,CBR值不应小于80%。

④应使用12t以上的三轮压路机碾压,每层的压实厚度不应超过15~18cm。用重型振动压路机和轮胎压路机碾压时,每层的压实厚度可达20cm。

⑤级配碎石基层未洒透层沥青或未铺封层时,禁止开放交通以保护表层不受破坏。

2. 施工准备

(1)选择施工方法

级配碎石基层(底基层)施工方法分为路拌法和厂拌法两种。用作高速公路和一级公路的基层时,级配碎石宜采用厂拌法施工,其他等级可采用路拌法施工。

(2)级配碎石基层(底基层)原材料选择

①用于二级及二级以上公路基层和底基层的级配碎石,应由预先筛分成几组不同粒径的碎石(如19~37.5mm,9.5~19mm,4.75~9.5mm的碎石)及4.75mm以下的石屑组配。在其他等级公路上,级配碎石可用未筛分碎石和石屑组配。

②石料应有足够的强度,且不低于Ⅳ级。级配碎石的最大粒径和压碎值应符合表3-3-1的规定。

级配碎石、级配砾石和级配碎砾石所用石料的压碎值 表3-3-1

公路等级		最大粒径(mm)	压碎值规定(%)
基层	高速公路、一级公路	≤31.5	≤26
	二级公路	≤37.5	≤30
	三级、四级公路	≤37.5	≤35
底基层	高速公路、一级公路	≤37.5	≤30
	二级公路	≤53	≤35
	三级、四级公路	≤53	≤40

③级配碎石基层碎石中针片状颗粒的含量应不超过20%,软石不超过5%,并且不应有黏土块、植物等有害物质。

④级配碎石用作高速公路和一级公路的基层时,其颗粒组成和塑性指数应满足表3-3-2中2号级配的规定。同时,级配曲线宜为圆滑曲线。级配碎石或级配碎砾石用作二级及二级以下公路的基层时,其颗粒组成和塑性指数应满足表3-3-2中1号级配的规定。在塑性指数偏大的情况下,为保证级配集料的稳定性,应严格控制小于0.5mm以下的细集料含量与塑性指数。

级配碎石或级配砾石的颗粒组成范围　　　　　　表3-3-2

项　目		通过质量百分率(%)	
		1号级配	2号级配
筛孔尺寸(mm)	37.5	100	
	31.5	90~100	100
	19.0	73~88	85~100
	9.5	49~69	52~74
	4.75	29~54	29~54
	2.36	17~37	17~37
	0.6	8~20	8~20
	0.075	0~7②	0~7②
液限(%)		<28	<28
塑性指数		<6(或9①)	<6(或9①)

注:①潮湿多雨地区塑性指数宜小于6,其他地区塑性指数宜小于9。
　　②对于无塑性的混合料,小于0.075mm的颗粒含量应接近高限。

⑤石屑或其他细集料可以采用碎石场的筛余料,也可以采用天然砂砾或粗砂。天然砂砾的颗粒尺寸应合适,必要时应筛除其中的超尺寸颗粒。天然砂砾或粗砂应有良好的级配。一般情况应尽量选用粗砂或中砂。

(3)施工机具与设备

①厂拌法施工设备。

a.拌和设备。可以采用多种机械进行集中拌和,如强制式拌和机(图3-3-2)、卧式双转轴桨叶式拌和机、普通水泥混凝土拌和机等。

b.摊铺设备。根据公路等级、拌和机生产能力等选择沥青混凝土摊铺机、碎石摊铺机(图3-3-3)、自动平地机等进行摊铺作业。

图3-3-2　强制式拌和机

图3-3-3　碎石摊铺机

c.其他设备。还需要使用运输车、装载机、压路机等机械设备。

②路拌法施工设备。

采用平地机等摊铺,稳定土拌和机拌和,压路机碾压。

 任务实施

(一)厂拌法施工

级配碎石用作高速公路的基层时,一般采用厂拌法施工。级配碎石厂拌法施工流程如图3-3-4所示。

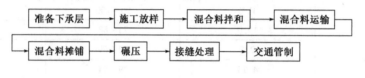

图3-3-4 级配碎石厂拌法施工流程

1.准备下承层

(1)下承层宜做成全铺式断面,不宜做成槽式。

(2)其他要求与水泥稳定类结构层厂拌法相同。

2.施工放样

与水泥稳定类结构层厂拌法相同。

3.混合料拌和

(1)级配碎石混合料可以在中心站采用多种机械进行集中拌和,如强制式拌和机、卧式双转轴桨叶式拌和机、普通水泥混凝土拌和机等。在正式拌制级配碎石混合料之前,必须先进行调试。

(2)不同粒级的碎石和石屑等集料应隔离,分别堆放。细集料应覆盖处理,防止雨淋。

(3)不同粒级的单一尺寸碎石和石屑,应按预定配合比在拌和机内拌制混合料,使混合料的颗粒组成和含水率都能达到要求。

(4)采用未筛分碎石和石屑时,如未筛分碎石或石屑的颗粒组成发生明显变化,应重新调试设备。

4.混合料运输

与水泥稳定类结构层厂拌法相同。

5.混合料摊铺

(1)对于高速公路和一级公路,必须采用沥青混凝土摊铺机或其他碎石摊铺机摊铺。摊铺方法与水泥稳定类厂拌法相同。

(2)对于二级及二级以下公路,如果没有摊铺机,也可以采用自动平地机摊铺碎石混合料。摊铺时具体要求如下:

①根据摊铺层的厚度和要求达到的压实干密度,计算每车混合料的摊铺面积。

②将混合料均匀地卸在下承层上。

③用平地机将混合料按松铺厚度摊铺均匀。
④设专人紧跟在平地机后面,及时消除粗细集料离析现象。

6. 整形

用平地机进行摊铺时,需进行整平和整形。具体要求如下:

(1)初平、初压

用平地机将拌和均匀的混合料按规定的路拱进行整平和整形,在整形过程中,应注意消除粗细集料离析现象。用轮胎压路机或平地机快速碾压一遍,以暴露不平整部位。

(2)再整形

再用平地机整形一次,以达到规定的坡度和路拱。

7. 碾压

当混合料的含水率等于或略大于最佳含水率时,立即开始碾压。

(1)碾压时应遵循先轻后重、先慢后快、由边向中、由内向外进行碾压,轮迹重叠后轮宽度的1/2。碾压6~8遍,边部及路肩应多压2~3遍。压路机的碾压速度,前两遍宜采用1.5~1.7km/h,之后采用2.0~2.5km/h的碾压速度。

(2)凡含土的级配碎石应采用滚浆碾压,一直碾压至碎石层中无多余细土泛到表面为止。滚到表面的浆应清除干净。

8. 接缝处理

(1)横向接缝处理

①用摊铺机摊铺混合料时。靠近摊铺机当天未压实的混合料,可与第二天摊铺的混合料一起碾压,但应注意此部分的混合料含水率,必要时应人工补充洒水,使其含水率达到规定要求。

②用平地机摊铺混合料时。两作业段的衔接处应搭接拌和。第一段拌和后,留出5~8m不碾压,在第二段施工时,前段留下的未碾压部分与第二段一起拌和整平后再进行碾压。

(2)纵向接缝处理

①施工应避免纵向接缝,如果摊铺机的摊铺宽度不够,必须分两幅摊铺时,宜采用两台摊铺机一前一后、相隔5~8m同步向前摊铺混合料。如果仅有一台摊铺机,可先在第一幅上摊铺一定长度后,再开到另一幅上摊铺,然后两幅一起进行碾压。

②当采用平地机分两幅铺筑时,应搭接拌和。前半幅全宽碾压密实,后半幅拌和时,将前半幅边部0.3m左右搭接拌和,整平后一起碾压。或前半幅的边部用高度与结构层的厚度相同的方木或钢模作支承,进行碾压;后半幅施工时,再拆除方木或钢模板,进行碾压。

9. 交通管制

级配碎石基层未洒透层沥青或未铺封层时,禁止通行,以保护表层不受破坏。

(二)路拌法施工

级配碎石路拌法施工流程应符合图3-3-5的顺序。

1. 准备下承层

与水泥稳定类结构层路拌法施工相同。

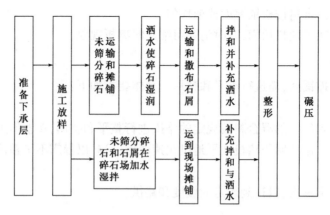

图 3-3-5 级配碎石路拌法施工流程

2. 施工放样

与水泥稳定类结构层路拌法施工相同。

3. 备料

(1)根据各路段基层或底基层的宽度、厚度及规定的压实干密度,并按确定的配合比分别计算各段需要的未筛分碎石和石屑的数量或不同粒级碎石和石屑的数量,并计算每车料的堆放距离。

(2)未筛分碎石的含水率较最佳含水率宜大1%左右。未筛分碎石和石屑可按预定比例在料场混合,同时洒水加湿,使混合料的含水率超过最佳含水率约1%,以减少运输过程中的离析现象。

4. 运输和摊铺集料

(1)集料装车时,应控制每车料的数量基本相等。

(2)在同一料场供料的路段内,宜由远到近卸置集料。卸料距离应严格掌握,避免料不够或过多。当未筛分碎石和石屑分别运送时,应先运送碎石。

(3)料堆每隔一定距离应留一缺口。集料在下承层上的堆置时间不应过长。运送集料较摊铺集料工序宜提前数天。

(4)通过试验路段确定集料的松铺系数,人工摊铺时的松铺系数为1.40~1.50,平地机摊铺时的松铺系数为1.25~1.35。

(5)用平地机或其他合适机具将料均匀地摊铺在预定的宽度上,表面要力求平整,并具有规定的路拱。如图3-3-6所示。

(6)检查碎石松铺厚度,必要时进行减料或补料。

(7)未筛分碎石摊铺平整后,在其较潮湿的情况下,将石屑按计算堆放的距离运输并卸置石屑。用平地机并辅以人工将石屑均匀摊铺在碎石层上。

(8)采用不同粒级的碎石和石屑时,应将大碎石铺于下层,中碎石铺于中层,小碎石铺于上

图 3-3-6 摊铺

层。洒水使碎石湿润后,再摊铺石屑。

5. 拌和及整形

(1)拌和

①对于二级及二级以上公路,应采用专用稳定土拌和机拌和;对于二级以下的公路,在无稳定土拌和机的情况下,可采用平地机或多铧犁与缺口圆盘耙配合进行拌和。

②用稳定土拌和机应拌和两遍以上,拌和深度应直到级配碎石层底,如图3-3-7所示。在进行最后一遍拌和之前,必要时应先用多铧犁紧贴底面翻拌一遍,如图3-3-8所示。用平地机进行拌和时,宜翻拌5~6遍,使石屑均匀分布于碎石料中。平地机拌和的作业长度,每段宜为300~500m。

图3-3-7 稳定土拌和机拌和

图3-3-8 多铧犁拌和

③拌和过程中,用洒水车洒足所需的水分,使集料不会出现粗细颗粒离析现象。拌和结束时,混合料的含水率应均匀,且较最佳含水率大1%左右,并没有粗细颗粒离析现象。

(2)整形

①用平地机将拌和均匀的混合料按规定的路拱进行整平和整形,在整形过程中,应注意消除粗细集料离析现象。

②用拖拉机、平地机或轮胎压路机在已初平的路段上快速碾压一遍,以暴露潜在的不平整。

③再用平地机进行整平和整形,如图3-3-9所示。

6. 碾压

整形后,当混合料的含水率等于或略大于最佳含水率时,用12t以上的三轮压路机、振动压路机或轮胎压路机进行碾压。

图3-3-9 整形

(1)直线段和不设超高的平曲线段,由两侧路肩开始向路中心碾压;在设超高的平曲线段,由内侧路肩向外侧路肩进行碾压。后轮压完路面全宽,即为一遍。碾压至要求的密实度为止。一般需碾压6~8遍,使表面无明显轮迹。压路机后轮应重叠1/2轮宽,前两遍速度采用1.5~1.7km/h,之后用2.0~2.5km/h。

(2)路面的两侧应多压2~3遍。

(3)压路机不得在已完成或正在碾压的路段上掉头和紧急制动。

(4)凡含土的级配碎石层,都应进行滚浆碾压,一直压到碎石层中无多余细土泛到表面为止。滚到表面的浆(或事后变干的薄层土)应予清除干净。

7. 接缝处理

(1)纵缝的处理

应避免纵向接缝,如必须分幅铺筑时,纵缝应搭接拌和。前一幅全宽碾压密实,在后一幅拌和时,应将相邻的前幅边部约 30cm 搭接拌和,整平后再一起碾压密实。

(2)横缝的处理

两作业段衔接的横缝处,应搭接拌和。第一段拌和后,留 5~8m 不碾压,第二段施工时,前段留下的未压部分与第二段一起拌和整平后进行碾压。

二、级配砾石基层(底基层)施工

级配砾石可用作轻交通的二级和二级以下公路的基层和各级公路的底基层。

1. 一般规定

(1)级配砾石在最佳含水率时进行碾压,当采用重型击实标准设计时,基层压实度大于 98%,CBR 值不应小于 80%;底基层压实度大于 96%,CBR 值对于轻交通不应小于 40%,对于中等交通不应小于 60%。

(2)级配砾石层施工时,应遵守的施工一般要求与级配碎石相同。

2. 施工准备

(1)选择施工方法

级配砾石基层(底基层)一般采用路拌法施工。

(2)级配砾石基层(底基层)原材料选择

①级配砾石作基层时,砾石的最大粒径不应超过 37.5mm;用作底基层时,砾石的最大粒径不应超过 53mm。

②针片状颗粒含量不应超过 20%。

③级配砾石所用石料的压碎值应符合表 3-3-1 的规定。

④级配砾石基层材料要求同级配碎石,应严格控制小于 0.5mm 以下的颗粒含量与塑性指数。

⑤级配组成和塑性指数应满足有关规定要求,同时级配曲线应圆滑、居中。塑性指数在 6 或 9 以下时,可以直接用作基层。塑性指数偏大的砂砾,可加少量石灰降低其塑性指数,也可以用无塑性的砂或石屑进行掺配,使其塑性指数降低至符合要求,或塑性指数与细土(粒径小于 0.5mm 的颗粒)含量的乘积符合要求。

⑥原材料的检查与要求:级配砾石基层(底基层)原材料应进行的试验见表 3-3-3。

(3)施工机具与设备

级配砾石基层(底基层)一般采用路拌法施工,施工机具与设备同级配碎石基层(底基层)。

任务实施

级配砾石基层(底基层)路拌法施工工艺流程如图 3-3-10 所示。

级配砾石基层(底基层)施工要求同级配碎石基层(底基层)。

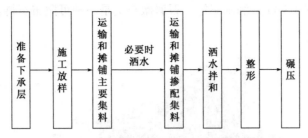

图 3-3-10 级配砾石路拌法施工工艺流程

三、填隙碎石基层(底基层)施工

1. 一般规定

(1)填隙碎石适用于各级公路的底基层和三级、四级公路的基层。

(2)用单一粒径的粗碎石和石屑组成的填隙碎石可用干法施工,也可用湿法施工。干法施工的填隙碎石特别适宜干旱缺水地区。

(3)缺乏石屑时,可以添加细砂砾或粗砂等细集料,但其技术性能不如石屑。

(4)填隙碎石的一层压实厚度,可取碎石最大粒径的1.5~2.0倍。

(5)填隙碎石施工时应遵守下列规定:

①细集料应干燥。

②应采用振动轮每米宽质量不小于1.8t的振动压路机进行碾压。填隙料应填满粗碎石层内部的全部空隙。碾压后表面粗碎石间的空隙既要填满,又不得使填隙料覆盖粗碎石集料而自成一层,表面应看得见粗碎石。

③碾压后基层的固体体积率不应小于82%,底基层的固体积率不应小于80%。

④填隙碎石基层未洒透层沥青或未铺封层时,禁止开放交通。

2. 施工准备

(1)选择施工方法

填隙碎石基层(底基层)施工采用层铺法。

(2)填隙碎石结构层施工原材料的选择

①填隙碎石用作基层时,碎石的最大粒径不应超过53mm;用作底基层时,不应超过63mm。

②填隙碎石中的粗碎石可用具有一定强度的各种岩石或漂石轧制(宜用石灰岩),但漂石的粒径应为粗碎石最大粒径的3倍以上;也可以用稳定的矿渣轧制,但其干密度和质量应比较均匀,且干密度不小于960kg/m³。

③针片状颗粒和软弱颗粒的含量不应超过15%。

④级配组成和塑性指数应满足有关规定要求,同时级配曲线应圆滑、居中。

⑤填隙碎石结构层所用石料的压碎值,用作基层时不大于26%,用作底基层时不大于30%。

⑥填隙料为石屑或最大粒径小于或等于5mm的砂砾或粗砂。

3. 施工机具与设备

填隙碎石基层(底基层)施工采用层铺法,用到的施工机械有运输车、推土机、平地机、压路机、石屑撒布机(图 3-3-11)、洒水车等。石屑撒布机是一种可撒布石料直径在 40mm 以下的专用机械。

图 3-3-11 石屑撒布机

任务实施

填隙碎石基层(底基层)施工采用层铺法,又可分为干法施工和施法施工。其施工工艺流程宜按图 3-3-12 的顺序进行。

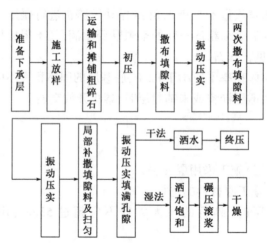

图 3-3-12 填隙碎石施工工艺流程图

1. 准备下承层

与水泥稳定类结构层施工相同。

2. 施工放样

与水泥稳定类结构层施工相同

3. 备料

(1)根据各路段基层或底基层的宽度、厚度及松铺系数,计算各段需要的粗碎石数量;根据运料车辆的车厢体积,计算每车料的堆放距离。

(2)松铺系数一般为 1.20~1.30,碎石最大粒径与压实厚度之比为 0.5 左右时,松铺系数为1.30;比值较大时,松铺系数接近1.20。

(3)填隙料的用量为粗碎石质量的30%~40%。

4. 运输和摊铺粗碎石

(1)碎石装车时,应控制每车料的数量基本相等。

(2)在同一料场供料的路段内,由远到近将粗碎石按"备料"中所计算的距离卸置于下承层上。卸料距离应严格掌握,避免有的路段料不够或料过多。

(3)料堆每隔一定距离应留一缺口。

(4)用平地机或其他合适的机具将粗碎石均匀地摊铺在预定的宽度上,表面应力求平整,并有规定的路拱。应同时摊铺路肩用料。

(5)检查松铺材料层的厚度是否符合预计要求,必要时,应进行减料或补料工作。

5. 撒铺填隙料和碾压

(1)干法施工

①初压。用8t两轮压路机碾压3~4遍,使粗碎石稳定就位。在直线和不设超高的平曲线段上,碾压从两侧路肩开始,逐渐错轮向路中心进行;在设超高的平曲线段上,碾压从内侧路肩开始,逐渐错轮向外侧路肩进行。错轮时,每次重叠1/3轮宽。在第一遍碾压后,应再次找平。初压终了时,表面应平整,并具有要求的路拱和纵坡。

②撒铺填隙料。用石屑撒布机或类似的设备将干填隙料均匀地撒铺在已压稳的粗碎石层上,松铺厚度为2.5~3.0cm。必要时,用人工或机械扫匀。

③碾压。用振动压路机慢速碾压,将全部填隙料振入粗碎石间的孔隙中。如没有振动压路机,可用重型振动板。碾压方法同初压,但路面两侧应多压2~3遍。

④再次撒布填隙料。用石屑撒布机或类似的设备将干填隙料再次撒铺在粗碎石层上,松铺厚度为2.0~2.5cm。用人工或机械扫匀。

⑤再次碾压。用振动压路机初次碾压。在碾压过程中,对局部填隙料不足之处,人工进行找补。局部多余的填隙料应扫除。

⑥再次碾压后,如表面仍有未填满的孔隙,则应补撒填隙料,并用振动压路机继续碾压,直到全部孔隙被填满为止。同时,应将局部多余的填隙料铲除或扫除。填隙料不应在粗碎石表面自成一层。表面必须能看得见粗碎石。如填隙碎石层上为薄沥青面层,应使粗碎石的棱角外露3~5mm。

⑦当需分层铺筑时,应将已压成的填隙碎石层表面粗碎石外露5~10mm,然后在其上摊铺第二层粗碎石,并按以上①~⑥的要求施工。

⑧填隙碎石表面孔隙全部填满后,用12~15t三轮压路机再碾压1~2遍。在碾压过程中,不应有任何蠕动现象。在碾压之前,宜在表面先洒少量水,洒水量宜为3kg/m²以上。

(2)湿法施工

施工工序同干法施工。不同之处在于:

①粗碎石层表面孔隙全部填满后,立即用洒水车洒水,直到饱和,但应注意避免多余水浸泡下承层。

②用12~15t三轮压路机跟在洒水车后进行碾压。在碾压过程中,将湿填隙料继续扫入所出现的孔隙中。需要时,再添加新的填隙料。洒水和碾压应一直进行到填隙料和水形成粉砂浆为止。粉砂浆应填塞全部孔隙,并在压路机轮前形成微波纹状。

③碾压完成的路段应让水分蒸发一段时间,结构层变干后,表面多余的细料以及细料覆盖层都应扫除干净。

④当需分层铺筑时,应待结构层变干后,将已压成的填隙碎石层表面的填隙料扫除一些,使表面粗碎石外露5~10mm,然后在其上摊铺第二层粗碎石,并按以上①~③的要求施工。

四、粒料类基层(底基层)质量控制和检查验收

1. 施工准备阶段质量管理与验收

(1)级配碎石、砾石原材料检查

施工准备阶段,可参照表3-3-3所列的检查项目与频度对各种原材料进行抽样试验。质量应符合现行施工技术规范规定的技术要求。

级配碎或级配砾石基层(底基层)原材料的检查项目　　表3-3-3

材料	检查项目	检查频度		试验方法	平行试验次数或试样数
		高速公路、一级公路	其他公路		
碎石砾石	含水率	必要时	必要时	烘干法、酒精燃烧法	每天使用前测2个样品
	级配	随时	随时	筛分法	每种材料使用前2个样品,使用过程中每2000m³测2个样品
	压碎值	必要时	必要时	集料压碎值试验	使用前测2个样品,砂砾使用过程中每2000m³测2个样品,碎石种类变化时重做2个样品
	针片状颗粒含量	随时	随时	规准仪法	测2~3个样品
土	含水率	随时	随时	烘干法、酒精燃烧法	每天使用前测2个样品
	液限、塑限	必要时	必要时	液塑限联合测定仪	每种材料使用前测2个样品,使用过程中每2000m³测2个样品

(2)填隙碎石基层(底基层)原材料检查

施工准备阶段,可参照表3-3-4所列的检查项目与频度对各种原材料进行抽样试验。质量应符合现行施工技术规范规定的技术要求。

填隙碎石基层(底基层)原材料的检查项目　　表3-3-4

材料	检查项目	检查频度		试验方法	平行试验次数或试样数
		高速公路、一级公路	其他公路		
粗细集料	含水率	必要时	必要时	烘干法、酒精燃烧法	每天使用前测2个样品
	颗粒组成	随时	随时	筛分法	每天使用前测2个样品,使用过程中每2000m³测2个样品
	压碎值	必要时	必要时	集料压碎值试验	每天使用前测2个样品,砂砾使用过程中每2000m³测2个样品,碎石种类变化时重做2个样品
	针片状颗粒含量	随时	随时	规准仪法	测2~3个样品

2. 施工过程中的质量管理与控制

粒料类基层(底基层)在铺筑过程中,必须随时对施工质量进行检查。

(1)级配碎石、砾石基层(底基层)在铺筑过程中必须随时对铺筑质量进行检查,检查具体要求见表3-3-5。

级配碎石、砾石基层(底基层)施工过程中质量检查　　　　表3-3-5

项目	检查频度	质量要求或允许偏差	试验方法
级配	每2000m²1次	在规定范围内	筛分法
含水率	随时	在规定范围内	烘干法、酒精燃烧法
压实度	每一作业段或不大于2000m²检查6次以上	底基层≥96%,基层≥96%,中间层≥100%	网篮法或容量瓶法
拌和均匀性	随时观察	无粗细集料离析现象	表层观察、挖坑观察
承载比	每3000m²1次	不小于规定要求	室内承载比试验
弯沉值	每一评定段(不超过1km)每车道40~50个测点	不大于容许弯沉值	贝克曼梁法

(2)填隙碎石基层(底基层)在铺筑过程中必须随时对铺筑质量进行检查,检查具体要求见表3-3-6。

填隙碎石基层(底基层)施工过程中质量检查　　　　表3-3-6

项目	检查频度	质量要求或允许偏差	试验方法
颗粒组成	每2000m²1次	在规定范围内	筛分法
含水率	随时	在规定范围内	烘干法、酒精燃烧法
压实度	每一作业段或不大于2000m²检查6次以上	基层固体体积率≥85%,底基层固体体积率≥83%	网篮法或容量瓶法
承载比	每3000m²1次	不小于规定要求	室内承载比试验
弯沉值	每一评定段(不超过1km)每车道40~50个测点	不大于容许弯沉值	贝克曼梁法

3. 交工验收阶段的工程质量检查验收

粒料类基层(底基层)工程完工后,施工单位、监理单位和建设单位应按照工程项目的划分进行工程质量的控制和管理。

(1)级配碎石、砾石基层(底基层)质量检查验收

级配碎石、砾石基层(底基层)交工验收阶段质量检查的具体要求见表3-3-7。

(2)填隙碎石基层(底基层)质量检查验收

填隙碎石基层(底基层)交工验收阶段质量检查的具体要求见表3-3-8。

级配碎石、砾石基层(底基层)实测项目　　表 3-3-7

项次	检查项目		规定值或允许偏差				检测方法与频率
			基　层		底　基　层		
			高速公路、一级公路	其他公路	高速公路、一级公路	其他公路	
1△	压实度(%)	代表值	≥98		≥96		按要求检查,每200m测2点
		极值	≥94		≥92		
2	弯沉值(0.01mm)		满足设计要求		满足设计要求		按要求检查
3	平整度(mm)		≤8	≤12	≤12	≤15	3m直尺;每200m测2处×5尺
4	纵断高程(mm)		+5,−10	+5,−15	+5,−15	+5,−20	水准仪;每200m测2个断面
5	宽度(mm)		满足设计要求		满足设计要求		尺量;每200m测4个断面
6△	厚度(mm)	代表值	−8	−10	−10	−12	每200m测2点
		合格值	−10	−20	−25	−30	
7	横坡度(%)		±0.3	±0.5	±0.3	±0.5	水准仪;每200m测2个断面

注:△为关键项目。

填隙碎石基层(底基层)实测项目　　表 3-3-8

项次	检查项目		规定值或允许偏差				检测方法与频率
			基　层		底　基　层		
			高速公路、一级公路	其他公路	高速公路、一级公路	其他公路	
1△	固体体积率(%)	代表值	—	≥98	≥96		密度法,每200m测2点
		极值	—	≥82	≥80		
2	弯沉值(0.01mm)		满足设计要求		满足设计要求		按要求检查
3	平整度(mm)		—	≤12	≤12	≤15	3m直尺;每200m测2处×5尺
4	纵断高程(mm)		—	+5,−15	+5,−15	+5,−20	水准仪;每200m测2个断面
5	宽度(mm)		满足设计要求		满足设计要求		尺量;每200m测4个断面
6△	厚度(mm)	代表值	—	−10	−10	−12	每200m测2点
		合格值	—	−20	−25	−30	
7	横坡度(%)		—	±0.5	±0.3	±0.5	水准仪;每200m测2个断面

注:△为关键项目。

学习情境小结

(1)基层和垫层是路面的重要组成部分,目前常用的基层和垫层类型有无机结合料稳定类基层(包括水泥稳定类、石灰稳定类、石灰工业废渣稳定类)和粒料类基层(包括级配碎石、级配砾石、填隙碎石)两大类。

(2)基层施工质量直接影响路面面层质量和行车质量。因此,在路面基层施工时,应重点把好材料质量关;严格按照规范及设计要求选择材料,配合混合料。基层的施工方法有路拌法和厂拌法(集中拌和法)两种,应根据工程性质、地质条件、施工期限以及施工条件等因素综合考虑选择施工方法,严格按照施工工艺流程和施工规范要求施工,并确保各道工序满足验收标准要求。

学习效果反馈

一、思考与练习题

1. 什么是基层？路面基层有哪些类型？
2. 路面垫层的作用是什么？什么情况下需设置垫层？
3. 什么是无机结合料稳定类基层？无机结合料稳定类基层有哪些特点？
4. 简述无机结合料稳定类基层的类型及适用情况。
5. 简述水泥稳定类基层厂拌法施工工艺流程及施工质量控制要点。
6. 简述石灰土基层路拌法施工工艺流程及施工质量控制要点。
7. 简述半刚性基层施工过程中需检测的项目。
8. 简述石灰稳定土基层和底基层交工验收阶段需检测的项目。
9. 什么是粒料类基层？粒料类基层有哪些特点？
10. 简述级配碎石基层施工工序流程及施工质量控制要点。
11. 简述填隙碎石基层施工工序流程及施工质量控制要点。
12. 简述级配碎石基层施工过程中需检测的项目。
13. 简述填隙碎石基层交工验收阶段需检测的项目。
14. 无机结合料稳定类基层施工对气候温度有哪些要求？

二、案例分析

案例一

【任务描述】

某二级公路,K2+200~K6+800为干燥路段,路面结构为底基层为30cm厚填隙碎石,基层为20cm厚水泥稳定碎石,面层为9cm厚沥青混凝土。路面底基层施工时,施工单位采用干法施工,其部分施工方法如下：

(1)初压。用振动压路机碾压3~4遍,使粗碎石平整。
(2)撒铺填隙料。用石屑撒布机将干填隙料均匀地撒铺在已压稳的粗碎石层上,松铺厚度为2.5~3.0cm。必要时,用人工或机械扫匀。
(3)碾压。用振动压路机慢速碾压,将全部填隙料振入粗碎石间的孔隙中。
(4)再次撒布填隙料。用石屑撒布机将干填隙料再次撒铺在粗碎石层上,松铺厚度为2.0~2.5cm。用人工或机械扫匀。

【任务实施】

根据场景,回答下列问题：

1. 该底基层填隙料可用最大粒径小于10mm的砂砾料或(　　)。

  A. 粗砂   B. 细砂   C. 矿粉   D. 石灰

2. 该路的填隙碎石宜按( )层铺筑。
   A. 1　　　　　B. 2　　　　　C. 3　　　　　D. 4
3. 用于该路的填隙碎石,其最大粒径不应超过( )。
   A. 43mm　　　B. 53mm　　　C. 63mm　　　D. 73mm
4. 施工方法的4个步骤中,错误的是( )一步。
   A. 初压　　　B. 撒铺填隙料　　　C. 碾压　　　D. 再次撒布填隙料

案例二

【任务描述】水泥稳定碎石基层施工方案编写

【任务实施】

一、编制依据

(1) ××公路××合同段招标文件。

(2) ××公路××合同设施工程设计。

(3) ××公路基层施工细则。

(4) 各项标准规范及操作规程。

(5) ××公路建设指挥部相关文件要求。

二、工程概况

路面××合同段的起讫里程为K163+950~K202+330,全长为38.38km,主线水泥稳定碎石基层分为上、下基层,设计强度均为3~4MPa,压实度不小于98%。本合同段水泥稳定级配碎石下基层工程量为597616m²(厚度为180mm)、30488m²(厚度为200mn),水泥稳定级配碎石上基层工程量为586097m²(厚度为180mm)、30521m²(厚度为200mm)。

三、铺筑试验路段

(1) 根据目标配合比设计得出的试验结果和生产配合比的试拌情况,在施工路段上进行试验路施工。

(2) 根据路面基层的施工技术要求及各种施工机械相匹配的原则,确定合理的施工机械、机械数量及组合方式。

(3) 通过试拌确定拌和设备的上料速度、拌和数量与时间等操作工艺。

(4) 通过试验路试铺确定摊铺速度、摊铺宽度、自动找平方式等操作工艺,以及压路机的压实顺序、碾压速度及遍数等压实工艺,并确定松铺系数、接缝方法等。

(5) 根据拌和设备每台每小时的生产能力及试验路作业段的长度、所用施工时间,初步确定每日拌和设备的产量、路面摊铺量、日工作量、有效工作时间和施工进度,制订合理的施工计划。

(6) 通过试验路施工全面检查和验证材料及施工质量。

(7) 通过试验路施工确定施工组织、管理体系、人员、通信联络及指挥方式。

(8) 通过试验路施工及时发现问题,总结好的施工经验,为以后施工奠定良好的基础。

四、施工工艺

水泥稳定级配碎石上下基层采用厂拌法集中拌和,15t以上自卸汽车运输,两台同型号、大功率的摊铺机摊铺作业,双层连续施工。

1. 材料要求

本合同段所有进场材料进行土样采集,运输、保管和试样制备,对所进每批材料按规范要求的检测频率进行自检:含水率试验、密度试验、颗粒分析试验、界限含水率试验、筛分试验、击实试验。自检合格后报监理、建设单位抽检,经第三方检测合格后组织上料,同时留样备查。

材料入库后,严格管理料场,做到材料整洁、无污染,对石料进行隔仓处理,插牌明示,细集料采取必要的覆盖措施,如加盖防水彩条布、防雨棚。

(1)水泥

施工时采用P32.5级、配合比设计时应用的水泥。快硬、早强水泥以及受潮结块变质的水泥不得使用。

(2)集料

①上、下基层的集料级配应符合技术规范中要求的级配范围,采用三档(13.2~37.5mm、4.75~13.2mm、0~4.75mm)规格料掺配。

②集料的技术指标应满足压碎值不大于30%,针片状颗粒含量不超过20%,有机质含量不超过2%,塑性指数小于9,不含山皮土等杂质的要求。

③各种材料堆放整齐、界限清楚、分仓存放。

(3)生产配合比

1号料:2号料:3号料=35%:35%:30%,室内最佳含水率为5.5%,实际加水量=最佳含水率+施工损失含水率-各种原材料的含水率之和。施工时水泥剂量采用4%(外掺)。

2. 准备下承层

在水泥稳定碎石施工前,应对下承层进行彻底清扫,清除各类杂物及散落材料,缺陷部位处理完毕。当下承层为路床时,应先用18t以上的压路机对路床进行碾压,发现有软弹等现象时及时处理。摊铺时,要保证下承层表面湿润,但不能出现积水。

3. 测量

(1)预先对路线水准点进行仔细复核测量,确认水准线路闭合后再放样。

(2)放样之前重复测一次线位。

(3)摊铺现场由两名测量员同时盯岗。

(4)每日高程的总结验收工作均由钉钢钎的测量员完成,并于当天整理记录,工长签字后报主任工程师、相关设备操作人员各一份。

(5)跟在摊铺机后的测量员、现场工长、压路机司机、摊铺机司机应相互密切配合,确保高程的合格率。

4. 拌和

WS500型粒料拌和站备有足够料斗(4个),配有150t的立式散装水泥储藏罐,拌和站的产量为500~700t/h。拌和设备应该能够准确控制各种材料的数量,保证配料精确、设备性能良好。

(1)集料必须满足级配要求。

(2)料仓前应有剔除超粒径石料的筛子。

(3)拌和现场配一名试验员监测拌和时的水泥剂量、含水率和各种集料的配比,发现异常及时调整或停止生产,水泥剂量和含水率应按要求的频率检查并做好记录。

(4)各料斗配备1~2名工作人员,随时监视下料情况,不得出现卡堵现象,否则及时停止生产。

(5)拌和含水率在天气干燥时应较最佳含水率大0.5%~1%,以补偿运输、摊铺、碾压过程中的水分损失。

5. 运输、摊铺

运输采用15t以上的自卸汽车，摊铺采用两台具有振捣夯实功能的大功率摊铺机成梯队全断面摊铺。

（1）用大型自卸汽车通过三次移动接料法接料并运输至施工现场，运输混合料的车辆根据需要配置并装载均匀，保证均衡供料。当摊铺现场距拌和场较远时，混合料在运输的过程中应加覆盖物以减少水分蒸发。

（2）摊铺前应对下承层洒水，使其表面湿润，两侧均设基准线来控制高程。

（3）摊铺混合料时应使混合料按规定的松铺厚度（松铺系数根据经验采用1.28），均匀地摊铺在要求的宽度上。对局部摊铺不到的地方，及时用人工补料，一并压实。

（4）摊铺机要保持匀速行驶（2m/min），中途不得变速。其速度要和拌和设备的拌和能力相适应，最大限度地保持匀速前进，保证摊铺不停顿、不间断。

（5）摊铺机司机应随时注意观察摊铺机的工作状态和摊铺质量，发现异常情况及时进行调整，避免缺陷继续产生。

（6）派专人监督摊铺机的工作情况，及时处理摊铺层出现的缺陷。

6. 碾压

碾压的原则为先低后高、由边到中、阶梯状碾压断面。

（1）用两台振动式压路机和一台胶轮压路机及时进行碾压，其方法为首先用振动式压路机静态稳定一遍，振动碾压两遍，再静压一遍，然后用胶轮压路机碾压一遍，达到要求的压实度，并保证表面无轮迹。

（2）碾压过程中，水泥稳定级配碎石的表面应始终保持潮湿。如表面水蒸发太快，应及时补洒少量的水。

（3）严禁压路机在刚完成的或正在碾压的路段上掉头和紧急制动，以保证水泥稳定碎石基层表面不受破坏。

（4）压路机碾压不到的边角，应及时用小型振动压实设备或人工夯实。

（5）根据工期紧、任务量大的特点及其他项目的经验，在碾压完成后人工用自制工具进行拍边作业。

7. 摊铺和碾压现场设专人检验，修补缺陷

（1）要有测量员在现场，不断检测摊铺和碾压后的高程（左、中、右），及时纠正施工中的偏差。

（2）挖除大料窝点及含水率超限点，并换填合格材料。

（3）对由于摊铺机停顿和碾压推移产生的拥包、拥坎，应用压路机压除或人工夯除。

（4）用3m直尺逐段丈量平整度，发现异常马上处理。

（5）快速检测压实度，压实不足的应尽快补压。在进行压实度控制时，一定要留有余地，尽量多压1~2遍。上基层和下基层的压实度不应低于98%。

8. 检验

各项指标的检验应在24h内完成。应保证表面均匀，无松散等现象（跟踪检查），各项质量指标均应满足标准要求，因为它不仅影响对该层的质量评定，同时也会对沥青面层的质量和经济效益产生较大的影响。压实度、强度不合格的应返工处理。

9. 养护

养护是水泥稳定碎石非常重要的一道工序，它直接影响结构层的成型强度和外观质量。

(1)一般进行洒水养护,采用铺麻布、土工织物、养护薄膜等覆盖,并适时洒水,上基层洒水养护7d后,可实施锯缝,并对施工透层与稀浆封层进行养护,也可采用在上基层施工结束后直接洒透层油与实施稀浆封层进行养护的办法。此法较养护7d后再洒透层油的渗透效果好,有利于水泥稳定碎石基层与沥青面层的黏结。

(2)铺麻布、洒水和稀浆封层的养护期,施工温度在20℃以上时,不少于7d;在20℃以下时,不少于10d。

(3)养护期内除洒水车辆可慢速通行外,其他车辆应禁止通行(如设路障、专人看管等)。即使超过养护期但未做封层前也必须阻断交通。

(4)各层养护期满后,都应及时铺筑上一结构层,否则除稀浆封层外,都应继续洒水保湿,不得干燥暴晒。

10. 锯缝与裂缝的处理

(1)为了防止半刚性基层的不规则裂缝,在上基层施工养护期结束后,应在其表面预锯缝。锯缝深度以板厚的1/3为宜,为6~7cm;锯缝宽度以一个锯片厚度为宜,约为5mm;锯缝间距一般为15m左右(锯缝间距视季节和集料、混合料强度而定,夏季施工时,间距宜短一些;冬季施工时,间距宜长一些;强度高的,间距短一些;强度低的,间距长一些)。锯完之后用高压风机清缝,然后灌满乳化沥青,做上标记。下面层施工前,应骑缝铺1.5m宽玻纤土工格栅。

(2)若上基层除了预锯缝后还会出现不规则的横向裂缝,对于间距小于5m的段落,应返工;对于间距大于5m的段落,应扩缝、清理、灌缝,做上标记。下面层施工前,应骑缝铺1.5m宽玻纤土工格栅。

11. 施工注意事项

(1)养护期内或做封层前要彻底阻断交通,严禁除养护车辆以外的一切车辆通过。

(2)水泥稳定料具有不可再塑性,所以施工时一定要精益求精,除铣刨外,一切缺陷的修补都要在允许的延迟时间内完成。

(3)摊铺过程中因故停机超过2h,要按工作缝(接头)处理。

(4)由于水泥稳定碎石的时效性强,因此各项组织和准备工作一定要充分,衔接要紧密,施工要连续,最大限度地减少施工损失,提高工程质量。

(5)废弃料不准抛撒在边坡、路肩及中央分隔带内。

(6)配料要准确,尤其是水泥剂量更要准确(至关重要),以满足设计强度为准。剂量过高易产生裂缝,并反射到沥青面层上,影响面层的质量。

(7)雨季施工时,细料要覆盖,防止着雨结团,计量失准。降雨时应停止施工,对已经摊铺的混合料应尽快碾压密实。

(8)对处于养护期间内的路段,必须设置明显的标志牌。

(9)一般情况下,将中央分隔带一侧的基层铺筑完成后再转入另一侧施工(分段转换)。水泥稳定碎石上、下基层采用双层连续施工(双层连续施工指两台摊铺机摊铺下基层并碾压,碾压完成后快速检测压实度,合格后两台摊铺机立即就位,连续摊铺上基层并碾压)。当不具备连续施工条件时,在下基层养护期满后,及时进行上基层铺筑。

(10)基层施工期间的日最低气温应在5℃以上,并在第一次重冰冻(-5~-3℃)到来之前的一个月内完成已施工的路段(包括覆盖防冻)。同时要尽量避开在35℃以上的高温季节进行水泥稳定粒料基层的施工。

（11）不设纵向施工缝，当不可避免时，可设竖直纵缝，在铺筑上一层时，铺设玻纤格栅将接缝封闭，且上、下两层的接缝应错开1.0m以上。

（12）利用构造物接缝做横向施工缝，尽可能少设或不设横缝。上基层与搭板接缝用玻纤布封闭，下基层与搭板接缝用热沥青灌满（凿20mm宽、50mm深，清扫干净，灌缝）。

（13）施工结束后，及时进行检测。自检合格后报请监理工程师检测，并编制试验路施工总结报告上报审批。

五、施工保证措施

项目经理部对用于基层中的拌和设备、机械设备及测试仪器应进行全方位的检测与维修，以保证试验路施工的顺利进行。在拌和、运输、摊铺及碾压过程中，项目经理部的主要管理技术人员、机械修理人员始终在现场跟踪，一旦某个环节出现问题，应立刻有相关的技术人员进行维修与更换。充足的人员、精良的机械设备、完善的准备工作足以保证基层施工的顺利进行。

对于施工过程中突发的危及质量的机械设备问题，拟采取以下措施处理：

（1）施工现场配备专职机械修理人员和专车，出现机械故障时能迅速到达现场展开维修。

（2）储备充足的机械易损配件，及时进行更换。

（3）施工现场留有备用机械设备，以防不时之需。

（4）进行经常性机械设备维护，确保设备处于良好工作状态。

（5）当拌和站出现机械故障时，立即停止运行，进行检查和维修处理，并立即通知现场施工人员，以便采取措施。对于生产的不合格料予以废弃，不得使用。只有当拌和站正常时才可重新开始生产。

（6）当发现运输车辆在运输过程中有遗撒混合料的情况时，责令立即停车进行维修。对于不符合要求的混合料予以废弃，并对遗撒的混合料及时进行清理，防止对行车、施工产生影响。

（7）在施工现场，当运输车辆、压路机或摊铺机等设备发生漏油情况时，采取以下措施：

①采取临时措施防止对结构层继续产生损害。

②迅速驶离施工现场，维修人员迅速展开维修。

③由备用机械设备进行替换作业，避免延误施工。若一时不能马上解决出现的机械问题，立即停止施工，通知拌和站停止生产。

④对停止施工的结构层作业面进行接头处理，并对不能使用的混合料予以废弃，直到机械设备能正常工作才能重新开始施工。

六、质量保证措施和质量控制

（1）项目经理部组成了以项目经理为主的质量领导班子和"横向到边、纵向到底"的质量自检体系，并层层落实到人。

（2）健全测试手段，加强测试人员的力量配置，配备先进的试验、测量、检验仪器，以满足试验段的需要。

（3）严格执行监理程序，认真听取建设单位和监理工程师的意见，接受指导，做好各项工作。

七、人员配置

路面基层施工人员配备见案例表3-1。

路面基层施工人员配备　　　　　　　　　　　　　　　　案例表 3-1

职　务	人　数	职　责
项目副经理	1	试验路施工管理
施工工长	2	现场施工
技术员	1	现场技术
质检员	1	现场质检
试验员	2	现场试验
测量员	2	现场测量
技术工人	15	现场机械操作
技工	30	现场配合施工作业

八、机械配备

路面基层主要机械设备见案例表 3-2。

路面基层主要机械设备　　　　　　　　　　　　　　　　案例表 3-2

机械名称	数量	型号(或参数)	产地	备注
粒料拌和设备	1	WS-500	天津	500~700t/h
摊铺机	2	RP951A	徐州	39.5m
装载机	3	ZL50	徐州	—
振动压路机	2	BW219D	德国	自重20.7t
三轮压路机	1	3Y	徐州	自重18~21t
胶轮压路机	1	XP301	徐州	自重16t
自卸汽车	15	15t	国产	30~35t
洒水车	2	10t	国产	—
发电机组	1	200kW	国产	—
发电机组	1	30kW	国产	—

九、安全及文明生产

(1) 根据技术规范和操作规程制定与完善各分项工程、各工序安全施工细则,严禁违章操作、冒险蛮干。

(2) 由设备部组织专门的机械设备维修班子,对施工机械设备进行定期和不定期的检查、维修,严禁机械设备带病施工。

(3) 做好仓库的防火、防盗措施,设置安全岗哨,配备灭火器材,对重点部位和火工产品等物资实行专人看护制度,防止被盗和火灾的发生,防止损害重点部位,发现事故苗头和隐患及时排除,并立即报告,确保生产安全进行。

(4) 电工应持证上岗,严禁私自在施工现场、办公室、宿舍区乱拉线和乱接电,防止由此而发生的火灾和由此而发生的人身伤亡事故,保证安全生产。

(5)做好安全防范措施,落实各项防洪、防雷、防暴雨、防大风、防火的具体措施,以便出现上述灾害时能从容应对,保证安全生产。

(6)实行定期检查制度,由安全员对本合同段的安全生产情况进行定期检查,并将检查情况上报项目经理部,以保证安全生产。

(7)做好文明施工的宣传工作,项目经理部的主要人员要挂牌上岗。

学习情境四　沥青路面面层施工

工作任务一　认知沥青路面

学习目标

(1)熟悉沥青路面类型、特点及适用范围。
(2)能够结合实际情况设置路面功能层。
(3)能够根据公路等级、自然条件等具体情况选择沥青路面。

任务描述

本任务要求学生在认识路面基本类型的基础上,能够合理选择沥青路面类型。

相关知识

一、沥青路面基本知识

沥青路面是用沥青材料作结合料黏结矿料修筑的面层与各类基层和垫层组成的路面结构。由于使用黏结力较强的沥青材料作结合料,因而增强了集料间的黏结力,提高了混合料的强度和稳定性,使路面的使用质量和耐久性都得到了提高。沥青路面一般不宜铺筑在纵坡大于6%的路段上,在纵坡大于3%的路段采用沥青路面应考虑抗滑要求。

1. 沥青路面的特点

与水泥混凝土路面相比,沥青路面具有表面平整、无接缝、行车舒适、振动小、噪声小、施工期短、维修简便、适宜分期修建等优点。它的缺点是在外界气温影响下,强度和刚度变化很大,即夏季易变软而冬季易变脆;施工受季节影响较大,除乳化沥青外,在低温季节和雨季不能施工。

沥青路面属柔性路面,其强度和稳定性在很大程度上取决于土基和基层的特性,因此对土基和基层的要求较高。在低温时,沥青路面易受土基不均匀冻胀而开裂,因而,在寒冷地区,需设置防冻层。沥青路面的基层最好使用半刚性基层。对交通量较大的路段,为了使沥青路面具有一定的抗弯拉和抗疲劳开裂的能力,宜在沥青面层下设置沥青混合料基层。

2. 对沥青路面的要求

沥青路面采用沥青混合料铺筑路面面层,直接承受行车荷载作用和自然因素的影响,为了保证路面的使用寿命和行车舒适性,沥青路面需满足下列要求:

(1)高温稳定性

高温稳定性是指沥青混合料在高温条件下和荷载作用下抵抗永久变形的能力。由于沥青路面的强度与刚度随温度升高而显著降低,为了保证沥青路面不致产生波浪、车辙等病害,沥

青路面必须具有良好的高温稳定性。

工程上,提高沥青混合料高温稳定性主要有两个措施:

①选用稠度较大和黏结力较强的沥青,沥青混合料的抗剪强度也较高。

②矿料的级配组成、颗粒形状和表面性质影响沥青混合料的内摩擦角,矿料的颗粒尺寸增加、针片状颗粒含量减少都可以增大沥青混合料的内摩擦角。因此,选用形状接近正方体、有棱角和表面粗糙的碎石,增加碎石用量等都可以提高沥青混合料的高温稳定性。

(2)低温抗裂性

低温抗裂性是指沥青路面抵抗低温收缩裂缝的能力。沥青路面在低温时强度较大,但其变形能力却因刚度增大而降低。气温下降时,特别是急剧降温时,沥青混合料受基层约束而不能自由收缩,从而产生较大的拉应力,该拉应力如果超过了沥青混合料的抗拉强度,路面便会产生开裂,导致路面破坏。因此,沥青路面应具有较好的低温抗裂性。

工程上,一般使用稠度较低、温度敏感性低的沥青,可以减少或延缓路面的开裂。路面所在地区的温度降低以及沥青的老化也会使路面的开裂更加严重。

(3)水稳定性

水稳定性是指沥青路面抵抗受水的侵蚀而逐渐产生沥青剥离、松散、坑槽等破坏的能力。水的存在既降低了沥青本身的黏聚力,也破坏了沥青与集料间的黏聚力,从而加速了沥青路面的破坏。

工程上改善沥青混合料水稳定性的措施主要有:使用水泥或消石灰处理集料表面,或掺加抗剥落剂来提高沥青与矿料的黏附性。实践证明,使用消石灰处理集料表面的效果较好,且比较经济。

(4)耐疲劳性能

耐疲劳性能是指沥青路面在反复荷载作用下抵抗破坏的能力。公路通车使用后,沥青路面受车辆荷载的反复作用,当荷载重复作用超过一定次数后,路面内产生的荷载应力就会超过路面本身的强度,致使路面产生疲劳断裂破坏。

沥青混合料的疲劳特性除受材料的性质、温度、湿度等因素影响外,还取决于沥青混合料的劲度。沥青混合料的压实度直接决定着沥青混合料的稳定度、劲度以及空隙率。因此,保证沥青混合料的压实度对增加沥青混合料的使用寿命非常重要。

(5)抗老化性能

抗老化性能是指沥青路面因抵抗气候等的影响而逐渐丧失各种良好性能(如抗变形、黏度等)的能力。沥青路面施工时,沥青混合料需加热拌和、摊铺、碾压;沥青路面使用时路面长期受阳光、紫外线等自然因素作用,均会使沥青路面产生老化,导致沥青路面性能降低。

二、沥青路面的分类

沥青路面可以按以下几种方法分类。

1. 按沥青混合料的结构类型分类(资源11)

沥青混合料的结构类型有悬浮—密实结构、骨架—空隙结构和骨架—密实结构,如图4-1-1所示。分类情况见表4-1-1。

悬浮—密实结构的沥青混合料特点是密实不透水,耐久性好,但粗集料悬浮于细集料之中,没有相互嵌挤形成骨架,摩擦力小,高温抗车辙能力不好;骨架—空隙结构的沥青混合料特点是高温稳定性好,但因为空隙率大易出现早期水损害,耐久性不好;骨架—密实结构的沥青混合料特点是混合料高温稳定性好,耐久性也好。

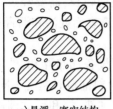 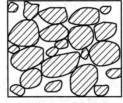 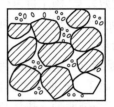

a)悬浮—密实结构　　　b)骨架—密实结构　　　c)骨架—空隙结构

图 4-1-1　沥青混合料的结构类型

沥青路面按沥青混合料的结构类型分类　　　　表 4-1-1

分类方法	类　　型	典 型 代 表
按结构类型分类	悬浮—密实结构	AC
	骨架—空隙结构	AM
	骨架—密实结构	SMA
按矿料级配类型	连续级配	AC、ATB、AM
	间断级配	SMA、OGFC、ATPB
按设计空隙率	密级配	AC、ATB
	半开级配	AM
	开级配	OGFC、ATPB

由于沥青是感温性材料,在夏季温度升高时沥青与矿料的黏结力会下降。如果沥青混合料没有形成骨架,则抗剪强度取决于沥青与矿料的黏结力,高温重载作用下易出现车辙;如果沥青混合料形成了骨架结构,由于粗集料相互嵌挤而使摩擦力增大,抗剪强度主要由摩擦力决定,不会因为夏季温度高而使沥青与矿料的黏结力下降,因此形成骨架结构的沥青混合料高温稳定性好、高温抗车辙能力强。

2. 按施工工艺分类

按施工工艺,沥青路面可分为层铺法和厂拌法。分类情况见表4-1-2。

沥青路面按施工工艺分类　　　　表 4-1-2

分类方法	类　　型	组成或概念	适 用 范 围
按施工温度分	热拌沥青混合料路面	沥青于矿料加热后拌和、摊铺、碾压	适用于各种等级公路的沥青路面
	冷拌沥青混合料路面	乳化沥青或稀释沥青在常温下(或者加热温度很低)与矿料拌和,常温下完成摊铺、碾压	适用于三级及三级以下公路的沥青面层、二级公路的罩面层施工以及各级公路沥青路面的基层、联结层或整平层。冷拌改性沥青混合料可用于沥青路面的坑槽冷补
按施工工艺分类	层铺法	层铺法是集料与沥青分层摊铺、洒布、压实的路面施工方法	沥青表面处治路面、沥青贯入式路面
	拌和法	拌和法是集料与沥青按一定配比拌和、摊铺、压实的路面施工方法	沥青混凝土路面、沥青稳定碎石路面

（1）层铺法

层铺法是指沥青和集料分层撒铺，然后碾压成型的路面施工方法。其主要优点是工艺和设备简便、功效较高、施工进度快、造价较低；缺点是路面成型期较长，需要经过炎热季节行车碾压之后路面方能成型。用这种方法所修筑的沥青路面有沥青表面处治和沥青贯入式两种。

（2）厂拌法

厂拌法是指有一定级配的集料和沥青材料在工厂用专用设备加热拌和，然后送到工地用摊铺机摊铺，碾压而形成沥青路面的施工方法。厂拌法按混合料铺筑时温度不同，又可分为热拌热铺和热拌冷铺两种。热拌热铺是将混合料在专用设备中加热、拌和后立即趁热运到路上摊铺压实。如果混合料加热拌和后储存一段时间，再在常温下运到路上摊铺压实，即为热拌冷铺。厂拌法所用沥青黏稠度高，集料经过精选，用量准确，因而混合料质量高，寿命长，但修建费用也较高。

3.按沥青路面的使用品质分类

按沥青路面的使用品质，可将其分为沥青混凝土（AC）路面、沥青碎石（AM）路面、沥青玛蹄脂碎石混合料（SMA）路面、沥青贯入式路面、沥青表面处治路面等类型。此外，近年来，在工程实验中，又出现了大空隙开级配排水式抗滑磨耗层（OGFC）路面、多碎石沥青混凝土（SAC）路面、大粒径沥青混凝土（LSAM）路面等新型沥青混凝土路面结构。分类情况见表4-1-3。

沥青路面按使用品质分类　　　　　　　　表4-1-3

分类方法	类　　型	组成或概念	适　用　范　围
按使用品质分类	沥青混凝土路面	集料、矿粉和沥青	适用于各种等级公路
	沥青稳定碎石路面	集料级配和沥青规格要求较宽	沥青碎石适用于三级、四级公路的沥青面层；密级配沥青稳定碎石混合料适用于各级公路的基层
	沥青表面处治路面	采用层铺法或拌和法铺筑而成的厚度不超过3cm的沥青面层	适用于三级及三级以下公路的面层，用作封层
	沥青贯入式路面	沥青浇洒在铺好的主层集料上，再分层撒布嵌缝石屑和浇洒沥青，分层压实，形成一个较致密的沥青结构层	适用于三级及三级以下公路的面层，也可作为沥青面层的联结层或基层

（1）沥青混凝土路面

按密级配原理选配的矿料、矿粉和沥青按一定比例在拌和机中热拌所得的混合料称为沥青混凝土混合料。这种混合料经摊铺压实而成的路面称为沥青混凝土路面。沥青混凝土路面适用于各种等级公路的面层。

（2）沥青玛蹄脂碎石路面

沥青玛蹄脂碎石路面是指用沥青玛蹄脂碎石混合料作面层或抗滑层的路面。沥青玛蹄脂碎石混合料（SMA）是一种以沥青、矿粉及纤维稳定剂组成的沥青玛蹄脂结合料，填充于间断级配的矿料骨架中所形成的沥青混合料。沥青玛蹄脂碎石混合料的结构组成可概括为"三多一少"，即粗集料多、矿粉多、沥青多、细集料少。它具有抗滑耐磨、密实耐久、抗疲劳、高温抗车辙、低温抗开裂的优点。

沥青玛蹄脂碎石路面适用于高速公路、一级公路和其他重要公路的表面层，厚度一般为

2.5~5cm。

(3)沥青碎石路面

沥青碎石路面是由几种不同大小的矿料(所用矿料为开级配,掺有少量矿粉或不加矿粉),用沥青作结合料,按一定比例配合后均匀拌和,经摊铺压实成型的路面。沥青碎石与沥青混凝土的主要区别仅在于是否加矿粉填料及矿料级配是否严格,其实质是混合料的空隙率不同。

沥青碎石路面的热稳性较好,但因其空隙率较大,易渗水,因而耐久性较差。沥青碎石适用于二级及二级以下公路路面,有时也用作联结层或基层(底基层)。

(4)沥青贯入式路面

沥青贯入式路面是在初步压实的碎石层上,分层浇洒沥青,撒布嵌缝料,或再在上部铺筑热拌沥青混合料封层经压实而成的沥青路面。

沥青贯入式结构层是种多孔结构,它的强度主要依靠碎石之间的嵌挤锁结作用,沥青只起黏结碎石的作用,故温度稳定性较好,抗滑性能也好。其厚度宜为4~8cm。为了防止路表水的漫入,沥青贯入式路面应设置封层(封层可分为上封层和下封层,厚度约10mm,封层材料可选用单层式沥青表面处治或沥青砂)。下部采用层铺法施工,上部铺筑热拌沥青混合料封层形成的沥青路面也叫作上拌下贯沥青路面。其总厚度宜为6~10cm,其中拌和层的厚度宜为2~4cm。

沥青贯入式路面主要适用于三级、四级公路,也可以作为沥青混凝土路面的联结层。

(5)沥青表面处治路面

沥青表面处治路面是指用沥青和集料按层铺法或拌和法铺筑而成的厚度不超过3cm的沥青路面。面层采用乳化沥青作结合料时,称为乳化沥青表面处治路面。

沥青表面处治路面主要作用是抗磨耗、封闭表面、防止地表水渗入基层及土基、提高平整度、增强抗滑性能、改善行车条件、延长路面使用寿命等。层铺法沥青表面处治的厚度一般为1.0~3.0cm,可分为单层、双层和三层式表面处治路面,单层厚度为1.0~1.5cm,双层厚度为1.5~2.5cm,三层厚度为2.5~3.0cm。

沥青表面处治适用于三级、四级公路的面层,旧沥青面层上加铺罩面或抗滑层、磨耗层等。

(6)多碎石沥青混凝土路面

多碎石沥青混合料是采用较多的粗碎石形成骨架、沥青胶砂填充骨架中空隙,并使骨架胶合在一起而形成的混合料。多碎石沥青混合料的组成为:粗集料的含量占69%~78%,矿粉的含量占6%~10%,油石比为5%。实践证明,多碎石沥青混合料面层具有较深的表面构造、较小的空隙和透水性、较好的抗变形能力。

(7)大粒径沥青混凝土路面

通常所说的大粒径沥青混合料一般是指含有最大粒径为25~63mm矿料的热拌热铺沥青混合料,粗集料嵌锁成骨架,细集料填充空隙而构成密实型或骨架—空隙型结构,以抵抗较大的永久变形。大粒径沥青混凝土路面是为重交通荷载而开发的,适用于作柔性基层,其上的细集料表面层在保证必需的铺筑厚度和压实性的前提下,应当尽可能减薄其厚度,以便最大限度地发挥大粒径沥青混凝土路面的能力。大粒径沥青混凝土路面的铺筑厚度一般为矿料粒径的2.5倍,或者为最大公称粒径的3倍。当大粒径沥青混凝土路面集料的最大粒径为37.5mm时,路面厚度通常为96~100mm;当大粒径沥青混凝土路面集料的最大粒径为53mm时,路面厚度通常为110~130mm。

(8)大空隙开级配排水式抗滑磨耗层路面

排水式沥青路面是指压实后具有18%以上空隙率,集料采用间断级配,粗集料采用单一粒径,其用量达80%,粗集料的间隙由少量砂砾填充,矿粉用量较少。它具有排水、抗滑、低噪声、高温抗车辙等优点,但耐久性差。

4.按公称最大粒径分类

沥青路面按混合料的公称最大粒径可分为砂粒式、细粒式、中粒式、粗粒式、特粗式。分类情况见表4-1-4。

沥青路面按公称最大粒径分类　　　　表4-1-4

分类方法	类型	公称最大粒径(mm)	最大粒径(mm)	典型代表
按公称最大粒径分类	砂粒式	4.75	9.5	AC-5C、AM-5
	细粒式	9.5	13.2	AC-10C、SMA-10、OGFC-10、AM-10
		13.2	16	AC-13C、SMA-13、OGFC-13、AM-13
	中粒式	16	19	AC-16C、SMA-16、OGFC-16、AM-16
		19	26.5	AC-20C、SMA-20、AM-20
	粗粒式	26.5	31.5	AC-25C、ATB-25、ATBP-25
		31.5	37.5	ATB-30、ATBP-30
	特粗式	37.5	53	ATB-40、ATBP-40

三、沥青路面结构层的选择与应用

各种沥青类路面的选择使用主要有两方面:一方面考虑使用性质要求(道路等级、交通量、使用年限、修建费用等)和工程特点(施工季节、施工期限、结构组合状况等),另一方面还应考虑材料的供应情况、施工机具、劳动力和施工条件等因素。工程实践中可参照表4-1-5和以下原则选用。

沥青路面面层类型选择　　　　表4-1-5

面层类型	适用条件
沥青混凝土(AC)	高速公路及一级、二级、三级、四级公路
沥青玛蹄脂碎石(SMA)	高速公路及一级公路表面层
沥青贯入式、沥青碎石、沥青表面处治	三级、四级公路
空隙率为6%～12%的半开级配沥青碎石混合料(AM)	三级、四级公路及乡村公路,且沥青混合料拌和设备缺乏添加矿粉装置和人工炒拌的情况
空隙率为3%～6%的粗粒式及特粗式密级配沥青碎石混合料(ATB)	基层
空隙率大于18%的粗粒排水式沥青碎石混合料(ATPB)	排水基层
空隙率大于18%的细粒排水式沥青碎石混合料(OGFC)	高速行车、潮湿、不宜被尘土污染、非冰冻地区铺筑排水式沥青路面磨耗层和排水路面的表面层

(1)特粗式沥青混合料适用于基层,粗粒式沥青混合料适用于下面层或基层,中粒式沥青混合料适用于中面层和表面层,细粒式沥青混合料适用于表面层和薄层罩面,砂粒式沥青混合料适用于非机动车道或行人道路。对高速公路和一级公路,除沥青稳定碎石基层外,通常应选

用公称最大粒径为 13.2~26.5mm 的沥青混合料。

(2)对沥青层要求较厚的高速公路和一级公路：

①潮湿区和湿润区的路面上面层应符合抗滑要求；抗滑性能达不到规定的要求时，应铺筑抗滑磨耗层。

②三层式面层的中面层和双层式面层的下面层应重点满足混合料的高温抗车辙性能；三层式面层的下面层应在满足高温抗车辙性能的基础上，重点考虑抗疲劳性能及抗裂性能的要求。

③除排水式沥青混合料外，每一层都应该考虑密实性，当上层属渗水性结构层时，层间或下层应采取防渗水或排水措施。高速公路的紧急停车带（硬路肩），沥青面层宜采用与行车道相同的结构，但表面层宜采用密级配沥青混凝土混合料铺筑。

(3)沥青类路面一般不宜铺筑在纵坡大于 6% 的路段上。在纵坡大于 3% 的路段，考虑抗滑性宜采用粗粒式的沥青碎石或粗粒式沥青混凝土作面层。

四、沥青路面功能层的应用

沥青路面的功能层包括透层、黏层和封层。

1. 透层

沥青类面层下的级配砂砾（碎石）基层及半刚性基层上必须浇洒透层沥青。基层上设置透层的作用是使沥青面层与基层结合良好。基层上设置下封层时，透层也不能省略。

2. 黏层

黏层是加强层间结合的一种措施。符合下列情况之一时，必须喷洒黏层：

(1)双层或多层式热拌沥青混合料面层之间。

(2)水泥混凝土路面、沥青稳定碎石基层或旧沥青路面层上加铺沥青层。

(3)路缘石、雨水口、检查井等构造物与新铺沥青混合料接触的侧面。

3. 封层

目前广泛使用的封层有微表处和稀浆封层两种。

(1)微表处

微表处是用适当级配的石屑或砂、填料（水泥、石灰、粉煤灰等）与聚合物改性乳化沥青、外掺剂和水，按一定比例拌和形成流动状态的沥青混合料，并采用专用的铺筑设备将其均匀地摊铺在路面形成的沥青封层。微表处主要适用于高速公路，一级、二级公路沥青路面的预防性养护罩面和车辙修复；水泥混凝土路面、桥面、隧道道面的罩面；新建或改（扩）建高速公路和一级、二级公路路面的表面磨耗层。

(2)稀浆封层

稀浆封层是指用适当级配的石屑或砂、填料（水泥、石灰、粉煤灰等）与乳化沥青、外掺剂和水，按一定比例拌和形成流动状态的沥青混合料，并采用专用的铺筑设备将其均匀地摊铺在路面上形成的沥青封层。主要适用于二级、三级、四级公路沥青路面的预防性养护罩面；新建或改（扩）建各等级公路的下封层。按照开放交通的快慢，稀浆封层可以分为快开放交通型稀浆封层和慢开放交通型稀浆封层。

微表处和稀浆封层的主要作用有以下几方面：

①混合料较细，具有较好的流动性，容易进入微裂缝，将路面填充密实成整体，因此具有封

闭裂缝和提高路面平整度的作用。

②混合料中集料级配合理,能均匀牢固密实地黏附在路面上,因此具有较好的水稳性,并有效防止水分渗透,保证基层稳定。

③集料的强度、压碎值、磨光值、含泥量等性能指标均达到标准要求,不论是酸性还是碱性石料,都能很好地黏附在路面上,有一定的耐磨性,在路面形成磨耗层。

④由于选择了坚硬且有棱角的集料,沥青又均匀地裹覆集料,设置封层后纹理深度较好,摩擦系数显著增加,使得路面具有良好的抗滑性能。

⑤可恢复路面性能,延长路面使用寿命,在路面养护中具有施工简单、造价低、功能恢复强的特点。

五、沥青路面结构选择

目前,我国沥青路面结构主要有半刚性基层沥青路面、粒料类基层沥青路面、沥青结合料类基层沥青路面和水泥混凝土基层沥青路面四大类。其中,半刚性基层沥青路面适用于各种交通荷载等级;粒料类基层沥青路面适用于重及以下交通荷载等级。沥青结合料类基层沥青路面适用于各种交通荷载等级;水泥混凝土基层沥青路面适用于重及以上交通荷载等级。

工作任务二 透层、黏层、封层路面施工

(1)了解透层、黏层、封层设置的位置、作用和适用范围。

(2)掌握透层、黏层、封层的施工技术。

(3)能够运用透层、黏层、封层的施工技术,从事透层、黏层、封层的施工。

沥青路面结构层之间根据不同的目的和作用需要设置透层、黏层和封层功能层。某项目沥青混凝土路面结构如图 4-2-1 所示。从图中可以看出,该路面包括微表处面层、改性乳化沥青稀浆封层、乳化沥青透层、半刚性基层等结构。

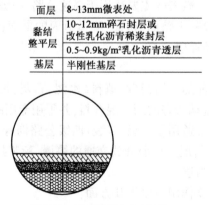

图 4-2-1 沥青混凝土路面结构

本任务要求学生能够进行相应的透层、黏层、封层等路面施工。

相关知识

一、透层施工技术(资源12)

1. 一般规定

(1)透层施工宜紧接在基层铺筑结束表面稍干后、沥青混合料底面层摊铺施工前进行。

(2)透层油在洒布前需要对基层进行各项验收,合格后方可进行洒布。

(3)用于半刚性基层的透层油宜紧接在基层碾压成型后表面稍变干燥、但尚未硬化的情况下喷洒。

(4)在无结合料粒料基层上洒布透层油时,宜在铺筑沥青层前1~2d洒布。

(5)沥青洒布前必须清扫下承层的路面,用森林灭火机(图4-2-2)除去灰尘,使表层干燥,遮盖路缘石及人工构造物,避免污染。

(6)在正式施工前,需要与监理工程师等有关人员根据有关设计文件,共同商定洒布时间以及是否撒布石屑等事项。

(7)在正式洒布前,应进行试洒布,以保证顺利施工。

(8)气温低于10℃或大风天气不得喷洒透层油,寒冷季节施工不得不喷洒时,可以分成两次喷洒。

图4-2-2 森林灭火机

(9)路面潮湿时不得喷洒透层油,用水洗刷后需待表面干燥后喷洒。即将降雨时不得喷洒透层油。

2. 施工准备

(1)原材料选择

透层沥青根据基层类型可选择渗透性好的液体沥青、乳化沥青、煤沥青三种,实际施工时,一般选择乳化沥青作为透层材料的情况居多。

透层沥青使用中,将慢凝石油沥青以及相应稠度的乳液制备成为慢破乳型透层材料。透层沥青生产过程中应通过调节沥青用量、稀释剂、乳化剂比例等方式得到适当的黏度,在使用改性沥青时,通常宜选择针入度小于100(0.1mm)的基质沥青。

透层用乳化沥青的蒸发残留物含量允许根据渗透情况适当调整,当使用成品乳化沥青时,可通过稀释剂得到要求的黏度。透层用液体沥青的黏度通过调节煤油或轻柴油等稀释剂的品种和掺量经试验确定。

沥青路面透层材料的规格和用量参见表4-2-1。

沥青路面透层材料的规格和用量表　　　　表4-2-1

用途	液体沥青		乳化沥青		煤沥青	
	规格	用量(L/m²)	规格	用量(L/m²)	规格	用量(L/m²)
无结合料粒料基层	AL(M)-1、2或3 AL(S)-1、2或3	1.0~2.3	PC-2 PA-2	1.0~2.0	T-1 T-2	1.0~1.5

续上表

用　　途	液体沥青		乳化沥青		煤沥青	
	规格	用量(L/m²)	规格	用量(L/m²)	规格	用量(L/m²)
半刚性基层	AL(M)-1 或 2 AL(S)-1 或 2	0.6～1.5	PC-2 PA-2	0.7～1.5	T-1 T-2	0.7～1.0

注：1. 表中用量是指包括稀释剂和水分等在内的液体沥青、乳化沥青的总量。乳化沥青中的残留物含量以50%为基准。
2. 由于沥青的密度为1.0～1.1g/cm³，1L=1000cm³，则表中沥青用量的单位1L/m²=1kg/m²。

(2) 施工机具与设备

①沥青洒布车：施工应根据行驶速度选用可自动控制喷洒量的沥青洒布车，如图4-2-3所示，同时还需要配备小型人工喷洒设备。当使用改性沥青等材料时，喷洒车应有加温、保温装置。

a) 沥青洒布车

b) 沥青同步碎石封层车

图4-2-3 沥青洒布车

②其他设备：如进行石屑撒布，还需要使用运输车、装载机、压路机等机械设备。

任务实施

按照"洒布车洒布沥青→人工补洒→撒布石屑→碾压→养护"的工艺流程完成透层施工。

1. 洒布车洒布沥青

(1) 基层表面过分干燥时，需要在洒布沥青前一天晚上在基层表面适量洒水，达到轻微湿润效果，第二天上午待表面干燥后立即进行按照透层沥青设计用量喷洒沥青的工作，以保证透层沥青顺利下渗。

(2) 沥青洒布车满载沥青运行时，应中速行驶。遇有弯道、斜坡时，应提前减速，尽量避免紧急制动。洒布前，应使罐内的热态沥青通过沥青泵，在管道内循环3～5min，并在沥青温度不低于100℃时，正式洒布。

(3) 沥青洒布车喷洒时，应在距喷洒起点5～10m处起步，到达喷洒起点时，迅速打开左、右管道三通阀，将操纵柄置于方位说明牌指示的位置上，开始喷洒沥青，按引导线指示的方向前进，如图4-2-4所示，并按喷洒作业要求，调整好相应的车速，平稳前进，不得任意摆动、猛转转向盘和变速，整个洒布宽度喷洒均匀，沥青按照表4-2-1中的用量喷洒。

(4) 小规模工程可采用机动或手摇沥青洒布车洒布沥青。使用的喷嘴应适用于沥青的稠度,喷出的沥青呈雾状,如图 4-2-5 所示,与洒油管成 15°~25°的夹角,洒油管的高度应使同一地点接收 2~3 个喷油嘴喷洒的沥青,如图 4-2-6 所示。

图 4-2-4　洒布车洒布沥青

图 4-2-5　喷嘴喷洒沥青

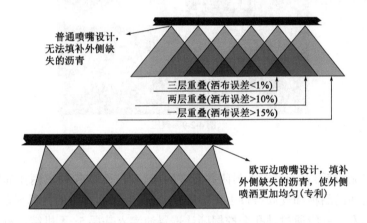

图 4-2-6　沥青洒布车喷油嘴的高度

(5) 在喷洒方向 10m 以内禁止人员停留。沥青洒布车在行驶时,严禁使用加热系统。洒布施工段应大于拟进行沥青混合料摊铺段 10m。洒布作业停止后,沥青洒布车应继续前进 4~8m 方可停车。

2. 人工补洒

透层油必须洒布均匀,有花白遗漏应人工补洒。沥青洒布车喷洒不均匀时,宜改用手工沥青撒布机喷洒。在铺筑沥青混合料面层前,对于局部多余沥青需要进行清理。

3. 撒布石屑

(1) 撒布石屑的部位:设计要求的施工部位;沥青喷洒过多需要吸油的部位;需要提前开放交通的施工段落。

(2) 撒布石屑应在洒布透层油后及时进行,可采用沥青同步碎石封层车(图 4-2-7)或人工方法撒布(图 4-2-8),且撒布均匀,石屑用量为 $2.0~3.0 m^3/1000 m^2$,粒径按设计选用,设计未规定时宜控制在 5~10mm。

4. 碾压

石屑撒布后,立即使用 1~2t 压路机碾压两边,如图 4-2-9 所示。

图 4-2-7 沥青同步碎石封层车洒布沥青和石屑

图 4-2-8 人工洒布石屑

图 4-2-9 碾压

5. 养护

透层油施工完成后,立即由专人封闭并看守洒布路段,严禁各种车辆及非施工人员进入。养护时间随透层油的品种和气候条件由试验确定,确保液体沥青中的稀释剂全部挥发,乳化沥青渗透且水分蒸发。一般通过钻孔会挖掘确认透层油渗入基层 5(无机结合料稳定类基层)~10mm(无结合料粒料基层),并与基层连接成为一体,即为养护完成,尽早铺筑沥青面层,以防工程车辆损坏透层。

二、黏层施工技术(资源 12)

1. 一般规定

(1)黏层施工一般在沥青混合料摊铺施工当天进行。

(2)对基层进行必要检查,检查项目为压实度、平整度、外观、断面高程和尺寸等,对于发现的问题和缺陷及时进行处理,保证基层密实、平整,无残留松散料。

(3)正式洒布前需要对基层进行清扫,可采用人工配合机械方式进行,必要时也可采用水车清洗,做到清扫后基层洁净、无浮尘、无松散、无杂物。

(4)在正式施工前,需要与监理工程师等有关人员根据设计文件,共同商量洒布时间等事项。

(5)喷洒黏层油前遮盖路缘石及人工构造物,避免污染,并进行试洒布,以保证洒布工作的顺利进行。

(6)气温低于 10℃ 或大风天气不得喷洒黏层油,寒冷季节施工不得不喷洒时,可以分两次喷洒。

（7）路面潮湿时不得喷洒黏层油，用水洗刷后需待表面干燥后喷洒。即将降雨时不得喷洒黏层油。

2. 施工准备

（1）原材料选择

黏层油宜采用快裂或中裂乳化沥青、改性乳化沥青，也可采用快、中凝液体石油沥青，其规格和质量应符合规范要求，所使用的基质沥青标号宜与主层沥青混合料相同。

黏层油品种和用量应根据下卧层的类型通过试洒确定，并符合表4-2-2的要求。当黏层油上铺筑薄层大空隙排水路面时，黏层油的用量宜增加到 $0.6\sim1.0\text{L/m}^2$。在沥青层之间兼作封层而喷洒的黏层油，宜采用改性沥青或改性乳化沥青，其用量宜不少于 1.0L/m^2。

沥青路面黏层材料的规格和用量表　　　　　　表4-2-2

下卧层类型	液体沥青		乳化沥青	
	规格	用量（L/m²）	规格	用量（L/m²）
新建沥青层或旧沥青路面	AL(R)-3～AL(R)-6 AL(M)-3～AL(M)-6	0.3～0.5	PC-3 PA-3	0.3～0.6
水泥混凝土	AL(M)-3～AL(M)-6 AL(S)-3～AL(S)-6	0.2～0.4	PC-3 PA-3	0.3～0.5

注：表中用量是指包括稀释剂和水分等在内的液体沥青、乳化沥青的总量。乳化沥青中的残留物含量以50%为基准。

（2）施工机具与设备

黏层油宜采用沥青洒布车（图4-2-10）喷洒，并选择适宜的喷嘴（图4-2-11），洒布速度和喷洒量保持稳定。当采用机动或手摇的手工沥青洒布机喷洒时，必须由熟练的技术工人操作，均匀洒布。

图4-2-10　沥青洒布车

图4-2-11　喷嘴

 任务实施

按照"洒布车洒布→人工补洒→养护"的工艺流程完成黏层施工。

1. 洒布车洒布

进行乳化沥青洒布前，喷洒车辆应根据实际要求事先做好喷洒量调整，确定行驶速度与流速之间的相对关系，洒布作业须有专人进行指挥，并在洒布施工段的起点和终点设置明显的标志，以便于控制喷洒车辆。

使用机械进行均匀喷洒,喷洒的黏层油必须呈均匀的雾状,在路面全宽度内均匀分布成一薄层,不得有花白漏空或呈条状,也不得堆积。喷洒不足的部位要补洒,喷洒过量的部位应予以刮除。使用机械进行喷洒时,在起步和停止阶段易于产生喷洒过量的情况,可在起步和停止位置铺设不透水塑料布予以解决。

2. 人工补洒

黏层油必须洒布均匀,有花白遗漏应使用人工手提式喷洒沥青机械进行人工补洒,如图4-2-12所示。对于机械喷洒不到的部位,如路缘石侧面、检查井周边,均需要人工涂刷。

图4-2-12 人工手提式喷洒沥青机械

3. 养护

喷洒黏层油后,立即由专人封闭并看守洒布路段,严禁各种车辆及非施工人员进入。

待乳化沥青破乳、水分蒸发完成,或稀释沥青中的稀释剂基本挥发完成后,紧跟着摊铺沥青混凝土面层,确保黏层不受污染。

三、封层施工技术(资源13)

1. 一般规定

(1)当气温在10℃及以下,风力大于5级及以上时不得进行微表处和稀浆封层施工。

(2)严禁在雨天施工,摊铺后尚未成型的混合料遇雨时应予铲除。

(3)上封层根据情况可选择乳化沥青稀浆封层、微表处改性沥青集料封层薄层磨耗层或其他适宜的材料。

(4)上封层的下卧层必须彻底清扫干净,对车辙、坑槽、裂缝进行处理或挖补。

(5)多雨潮湿地区的高速公路、一级公路的沥青面层空隙率较大,有严重渗水可能性,或铺筑基层不能及时铺筑沥青面层而需通行车辆时,宜在喷洒透层油后铺筑下封层。

(6)下封层宜采用层铺法表面处治或稀浆封层法施工。稀浆封层可采用乳化沥青或改性乳化沥青作结合料。下封层的厚度不宜小于6mm,且做到完全密水。

2. 施工准备

(1)原材料选择

①沥青。微表处必须采用改性乳化沥青,稀浆封层可采用普通乳化沥青或改性乳化沥青,其品种和质量应符合有关规定的要求。

②集料。稀浆封层和微表处应选择坚硬、粗糙、耐磨、洁净的集料。各项性能应符合现行施工技术规范的要求。其中微表处用通过4.75mm筛的合成矿料的砂当量不得低于65%,稀浆封层用通过4.75mm筛的合成矿料的砂当量不得低于50%。当用于抗滑表层时,还应符合现行施工技术规范对磨光值的要求。细集料宜采用碱性石料生产的机制砂或洁净的石屑。对集料中的超粒径颗粒必须筛除。

③矿料级配。根据铺筑厚度、处治目的、公路等级等条件,按照现行施工技术规范的规定选用合适的矿料级配。

④混合料。稀浆封层和微表处混合料中乳化沥青及改性乳化沥青的用量应通过配合比设计确定。混合料的质量应符合现行施工规范的技术要求。

(2)施工机具与设备

沥青混合料摊铺机、压路机等。

 任务实施

按照"修整清理→测量放线→摊铺→局部修整→初期养护→开放交通"的工艺流程完成封层施工,本任务为三层式封层结构。

1. 修整清理

微表处和稀浆封层施工前,应按照原路面的检查和要求对原路面进行处理,彻底清除原路面的泥土、杂物等。

2. 测量放线

在施工前安排技术人员根据摊铺机的作业宽度进行放样,施划引导线,以使摊铺机沿着引导线顺直行驶摊铺。

3. 摊铺

(1)根据施工路段的路幅宽度,调整摊铺槽宽度,应尽量减少纵向接缝数量,在可能的情况下,宜使纵向接缝位于车道线附近。两幅纵缝搭接的宽度不宜超过80mm,横向连接宜做成对接。

(2)符合要求的各种材料装入摊铺机后,将摊铺机开至施工地点,对准控制引导线放下摊铺槽,调整摊铺槽使其周边与原路面贴紧。

(3)按生产配合比和现场矿料的含水率情况,依次或同时按配合比输出矿料、填料、水、添加剂和乳液进行搅拌。拌和好的混合料流入摊铺槽,并分布于摊铺槽适时,开动摊铺机匀速前进,需要时可打开摊铺机下面的喷水管喷水湿润路面。

(4)摊铺速度以保持混合料摊铺量与搅拌量基本一致。微表处和快开放交通型稀浆封层施工时,保持摊铺槽中混合料的体积为摊铺槽容积的1/2左右;慢开放交通型稀浆封层施工时,保持摊铺槽中混合料的体积为摊铺槽容积的1/2~2/3。

(5)当摊铺机内任何一种材料快用完时,应立即关闭所有输送材料的控制开关,让搅拌器中的混合料拌完,并送入摊铺槽摊铺完后,摊铺机停止前进,提起摊铺槽,将摊铺机移出摊铺点,清洗摊铺槽。

(6)采用双层摊铺或者微表处车辙填充后再做微表处罩面时,首先摊铺的一层应至少在行车作用下成型24h,确认已经成型后方可在上面再继续第二层摊铺。当采用压路机碾压时,可根据实际情况缩短第一层的成型时间。微表处车辙填充时应调整摊铺厚度,使填充层横断面的中部隆起3~5mm(图4-2-13),以考虑行车压密作用。

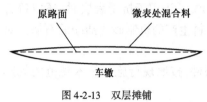

图4-2-13 双层摊铺

4. 局部修整

稀浆混合料摊铺后的局部缺陷,应及时使用橡胶耙等工具进行人工找平。找平的重点是个别超粒径粗集料产生的纵向刮痕,横向、纵向接缝出现的余料堆积或缺料。用3m直尺测量,接缝处的平整度应小于6mm。

5. 初期养护

(1)稀浆混合料摊铺后,安排专人看守,设置隔断交通的设施,在开放交通前禁止一切车辆和行人通行。

(2)微表处和稀浆封层混合料摊铺后一般不需要压路机碾压。在硬路肩、停车场等缺少或没有行车碾压的场合,或者为了满足某些特殊需要,可使用6~8t轮胎压路机对已破乳并初步成型的稀浆混合料进行碾压。

(3)稀浆封层用于下封层时,宜使用6~10t轮胎式压路机对已破乳并初步成型的稀浆混合料进行碾压。

6. 开放交通

所谓开放交通时间,是指稀浆混合料从摊铺至混合料黏聚力达到$2.0N \cdot m$的时间,当混合料满足开放交通的要求后应立即开放交通。微表处开放交通时间的长短依工程所处环境的不同而变化,通常在气温为24℃、湿度为50%(或更小)的状况下可以在1h内开放交通。按照开放交通的快慢,稀浆封层可以分为快开放交通型稀浆封层和慢开放交通型稀浆封层。

四、透层、黏层、封层质量控制和检查验收

1. 透层、黏层质量标准

透层、黏层在《公路工程质量检验评定标准 第一册 土建工程》(JTG F80/1—2017)中未规定明确的实测项目和标准,从方便施工和监理人员操作,保证施工质量的角度出发,建议按以下指标进行质量控制:

(1)一般项目

①透层、黏层的宽度不应小于设计规定值。

检查数量:每40m抽检一处。

检查方法:用尺量。

②透层油、黏层油与粒料洒布应均匀,不应有花白、漏洒、堆积、污染其他构造物现象。

检查数量:全数检查。

检查方法:观察。

(2)主要质量控制项目

透层、黏层所采用沥青的品种、标号应符合设计要求。

检查数量:按进场品种、批次,同品种、同批次检查不应少于1次。

检查方法:检查产品出厂合格证、出厂检验报告和进场复检报告。

2.微表处和稀浆封层质量标准

微表处和稀浆封层在《公路工程质量检验评定标准 第一册 土建工程》(JTG F80/1—2017)中未规定明确的实测项目和标准,从方便施工和监理人员操作,保证施工质量的角度出发,建议按以下指标进行质量控制:

(1)一般项目

宽度不应小于设计规定值。

检查数量:每40m抽检一处。

检查方法:用尺量。

(2)主要质量控制项目

①所采用沥青的品种、标号和粒料质量、规格符合规范要求,配合比控制准确。

检查数量:按进场品种、批次,同品种、同批次检查不应少于1次。

检查方法:检查产品出厂合格证、出厂检验报告和进场复检报告。

②微表处和稀浆封层检验要求见表4-2-3。

微表处和稀浆封层检验要求 表4-2-3

项	目	质量要求	检验频率	方 法
表观质量	外观	表面平整、密实、均匀、无松散、无花白料、无轮迹、无划痕	全线连续	目测
	横向接缝	对接、平顺	每条	目测
	纵接缝	宽度<800mm,平整度<6mm	全线连续	目测或3m直尺
	边线	任一30m长度范围内的水平波动不得超过±50mm	全线连续	目测或用尺量
抗滑性能	摆值FB	高速公路、一级公路≥45BPN	5个点/km	T 0964
	横向力系数	高速公路、一级公路≥54	全线连续	T 0965
	构造深度TD	高速公路、一级公路≥0.60mm	5个点/km	T 0961
渗水系数		≤10mL/min	3个点/km	T 0971
厚度		−10%	3个点/km	钻孔或其他有效方法

注:1.横向力系数和摆值任选其一作为检测要求。
　　2.当稀浆封层用于干封层时,抗滑性能不做要求。

工作任务三　层铺法施工

(1)熟悉层铺法原材料的技术要求。

(2)掌握层铺法的施工方法、施工工序及施工质量控制要点。

(3)能够进行沥青表面处治、沥青贯入式现场施工。

任务描述

图 4-3-1 是某三级公路沥青路面结构图,该路面结构包括沥青表面处治、沥青贯入式等结构层。

本任务要求学生能够进行沥青表面处治、沥青贯入式面层施工。

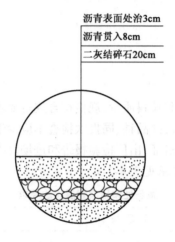

图 4-3-1 某沥青路面结构图

相关知识

一、沥青表面处治(资源 14)

1. 一般规定

(1)沥青表面处治适用于三级、四级公路的面层,旧沥青面层上加铺罩面或抗滑层、磨耗层等。

(2)沥青表面处治宜选择在干燥和较热的季节施工,并在温度低于 15℃ 以前半个月及雨季前结束,使表面处治层通过开放交通压实,成型稳定。

(3)沥青洒布前应遮盖路缘石及人工构造物等,避免污染。

(4)各工序应紧密衔接,每个作业段长度应根据施工能力确定,并在当天完成。

2. 施工准备

(1)选择施工方法

沥青表面处治结构层采用层铺法施工。

(2)原材料选择

沥青表面处治可采用道路石油沥青、乳化沥青、煤沥青铺筑,沥青标号应按现行施工技术规范相关规定进行选用。沥青表面处治所采用的集料最大粒径应与处治层的厚度相当。沥青表面处治施工后,应在路侧另备 S12(5~10mm)碎石或 S14(3~5mm)石屑、粗砂或小砾石 2~3m^3/1000m^2。沥青表面处治所使用的材料规格和用量应符合表 4-3-1 的规定。

(3)施工机具与设备

沥青表面处治施工的主要机械有沥青洒布车、石屑撒布机、压路机等。

沥青表面处治材料规格和用量　　　　　　表 4-3-1

沥青种类	类型	厚度(cm)	集料(m³/1000m²) 第一层 粒径规格	用量	第二层 粒径规格	用量	第三层 粒径规格	用量	沥青或乳化沥青(kg/m²) 第一次	第二次	第三次	合计用量
石油沥青	单层	1.0	S12	7~9					1.0~1.2			1.0~1.2
		1.5	S10	12~14					1.4~1.6			1.4~1.6
	双层	1.5	S10	12~14	S12	C			1.4~1.6	1.0~1.2		2.4~2.8
		2.0	S9	16~18	S12	7~8			1.6~1.8	1.0~1.2		2.6~3.0
		2.5	S8	18~20	S12	7~8			1.8~2.0	1.0~1.2		2.8~3.2
	三层	2.5	S8	18~20	S10	12~14	S12	7~8	1.4~1.6	1.2~1.4	1.0~1.2	3.8~4.4
		3.0	S6	20~22	S10	12~14	S12	7~8	1.8~2.0	1.2~1.4	1.0~1.2	4.0~4.6
乳化沥青	单层	0.5	S14	7~9					0.9~1.0			0.9~1.0
	双层	1.0	S12	9~11	S14	4~6			1.8~2.0	1.0~1.2		2.8~3.2
	三层	3.0	S6	20~22	S10	9~11	S12 S14	4~6 3.5~4.5	2.0~2.2	1.8~2.0	1.0~1.2	4.8~5.4

注:1. 煤沥青表面处治的沥青用量可比石油沥青用量增加 15%~20%。
2. 表中的乳液用量按乳化沥青蒸发残留物含量的 60% 计算,如沥青含量不同应加以折算。
3. 在高寒地区及干旱风沙大的地区,可超过高限 5%~10%。

任务实施

沥青表面处治层的施工一般采用"先油后料"的原则,现以三层式沥青表面处治为例介绍其施工程序及要求。

1. 清扫基层、喷洒透层油

(1)沥青表面处治应在安装路缘石后进行,如图 4-3-2 所示。基层表面预先清理干净,不得含有泥土等杂质,如图 4-3-3 所示。除阳离子乳化沥青外,不得在潮湿的集料、基层和旧路上浇洒沥青。

图 4-3-2　安装路缘石

图 4-3-3　清扫基层

(2)在清扫干净的碎(砾)石路面上或各类基层上铺筑沥青表面处治时,应先喷洒透层油,如图4-3-4所示。在旧沥青路面、水泥混凝土路面、块石路面上铺筑沥青表面处治路面时,可在第一层沥青用量中增加10%~20%,不再另洒透层油或黏层油。

2. 洒布沥青

(1)施工时采用沥青洒布车喷洒沥青。应先检查沥青洒布车,并将一定数量的沥青装入油罐,进行试洒,确定施工所需的喷洒速度和油量。每次喷洒前要保持喷油嘴干净,管道畅通,喷油嘴的角度一致并与洒油管成15°~25°的夹角,洒油管的高度应保证同地点接收两个或三个喷油嘴喷洒的沥青,不得出现花白条现象。集料撒布机在使用前应进行试撒布,确定撒布各种规格集料时应控制的下料间隙和行驶速度。

(2)当透层沥青充分渗透,或清扫干净完已作透层或封层的基层后,可按试洒沥青速度浇洒第一层沥青,如图4-3-5所示。沥青洒布温度应根据施工气温以及沥青标号确定。石油沥青的洒布温度宜控制在130~170℃,煤沥青宜控制在80~120℃,乳化沥青须在常温下施工,但乳液的加热温度最高不能超过60℃。

图4-3-4 浇洒透层油

图4-3-5 洒布沥青

(3)沥青的洒布速度应与石料撒布机的能力相匹配。沥青要洒布均匀,当沥青洒布后发现有空白缺边时,要立即进行人工补洒,发现有沥青积聚时应予以刮除。

(4)前后两车喷洒的接茬处要搭接良好。在每段接茬处,可用铁板或建筑纸等横铺在本段起洒点前及终点后,长度为1~1.5m。如果需要分数幅浇洒,纵向搭接宽度宜为10~15cm,浇洒第二、三层沥青的搭接缝应错开。

3. 撒布主层集料

(1)洒布主层沥青后要尽快趁热及时撒布集料,如图4-3-6所示。集料的撒布要求均匀、不重叠、厚度一致、不能暴露出沥青。当局部集料过多或过少时应采用人工方法,清扫多余的集料或适当找补。使用乳化沥青时,集料的撒布应在乳液破乳前完成。

(2)在两幅搭接处第一幅洒布沥青时需留出10~15cm的宽度不撒石料,待第二幅洒布沥青时一起撒布集料,如图4-3-7所示。

4. 碾压

撒布第一层集料后应立即采用6~8t钢筒双轮压路机碾压,碾压时轮迹重叠约30cm,从路边逐渐移至路中心,然后再从另一边开始移向路中心,完成后即为一遍,宜碾压3~4遍。碾压刚开始时速度应稍慢,一般不超过2km/h,以后可适当增加。

图 4-3-6 撒布集料

图 4-3-7 两幅搭接情况下撒布集料

5. 第二、三层施工

第二、三层施工的施工方法和要求与第一层相同,但可以采用 8~10t 压路机进行碾压。

6. 初期养护

除乳化沥青表面处治要等破乳水分蒸发并基本成型后方可开放交通外,沥青表面处治在碾压结束后即可开放交通。沥青表面处治路面开放交通后,应按照现行施工技术规范的要求控制交通,进行初期养护。

通车初期应限制行车速度不超过 20km/h,需设专人指挥交通,使路面全宽均匀碾压。如果发现局部有泛油现象,可在泛油处补撒与最后撒布集料相同的填缝料并扫匀。

7. 沥青表面处治路面施工过程中的质量控制

沥青表面处治路面施工过程中的质量控制应符合表 4-3-2 的规定。

沥青表面处治施工过程中质量控制要求　　　　表 4-3-2

项 目	检 查 频 度	质量要求或允许偏差	试 验 方 法
外观	随时	集料嵌挤密实,沥青洒布均匀,无花白料,接头无油包	目测
集料及沥青用量	每日 1 次,逐日评定	±10%	每日施工长度的实际用量与计划用量比较
沥青洒布温度	每车 1 次,逐点评定	符合规定要求	温度计测量
厚度	不少于每 2000m² 测 1 点,逐点评定	-5mm	按有关规定方法检测
平整度	随时,以连续 10 尺的平均值测定	10mm	3m 直尺
宽度	检测每个断面,逐个评定	±30mm	尺量
横坡	检测每个断面,逐个评定	±0.5%	水准仪

8. 沥青表面处治路面交工验收阶段的质量检查

沥青表面处治路面交工验收阶段的质量检查应符合表 4-3-3 的规定。

沥青表面处治面层实测项目 表 4-3-3

项次	项目		规定值或允许偏差	检查方法和频度
1	平整度	σ(mm)	≤4.5	平整度仪:全线每车道连续按每100m计算IRI或σ
		IRI(m/km)	≤7.5	
		最大间隙 h(mm)	≤10	3m 直尺:每200m 测 2 处 ×5 尺
2	弯沉值(0.01mm)		不大于设计验收弯沉值	按规定方法检测
3△	厚度	代表值	−5	按规定方法检测,每200m每车道测1点
		合格值	−10	
4	沥青总用量		±0.5%	每工作日每层洒布查1次
5	中线平面偏位(mm)		30	全站仪:每200m测2点
6	纵断高程(mm)		±20	水准仪:每200m测2个断面
7	宽度(mm)	有侧石	±30	尺量:每200m测4处
		无侧石	不小于设计值	
8	横坡(%)		±0.5	水准仪:每200m测2个断面

注:△为关键项目。

二、沥青贯入式

1. 一般规定

(1)沥青贯入式路面适用于三级及三级以下公路,也可作为沥青路面的联结层或基层。

(2)沥青贯入式路面宜选择在干燥和较热的季节施工,并宜在日最高温度降低至15℃以前半个月结束,使贯入式结构层通过开放交通碾压成型。

其他与沥青表面处治要求相同。

2. 施工准备

(1)选择施工方法

沥青贯入式结构层采用层铺法施工。

(2)原材料选择

①沥青。沥青贯入式可采用道路石油沥青、乳化沥青、煤沥青铺筑,沥青标号应按照现行施工技术规范相关规定进行选用。

②集料。沥青贯入层的集料应选择有棱角、嵌挤性好的坚硬石料,其规格和用量宜根据贯入层厚度按表4-3-4选用,其主层集料最大粒径应与贯入层厚度相当。沥青贯入式路面各层次沥青用量应根据施工气温及沥青标号等在规定范围内选用。

沥青贯入式路面材料规格和用量 表 4-3-4

(用量单位:集料为 $m^3/1000m^2$;沥青及沥青乳液为 kg/m^2)

沥青品种	石油沥青					
贯入层厚度	4cm		5cm		6cm	
规格和用量	规格	用量	规格	用量	规格	用量
主层石料	S5	45~30	S4	55~60	S5	66~76
第一遍沥青		2.0~2.3		2.6~2.8		3.2~3.4
第一遍嵌缝料	S10(S9)	12~14	S8	16~18	S8(S7)	16~18

续上表

沥青品种	石油沥青					
贯入层厚度	4cm		5cm		6cm	
规格和用量	规格	用量	规格	用量	规格	用量
第二遍沥青		1.4~1.6		1.6~1.8		1.6~1.8
第二遍嵌缝料	S12	5~6	S12(S11)	7~9	S12(S11)	7~9
第三遍沥青		1.0~1.2		1.0~1.2		1.0~1.2
封层料	S14	3~5	S14	3~5	S13(S14)	3~5
总沥青用量	4.4~5.1		5.2~5.8		5.8~6.4	
主层石料	S2	80~90	S5	40~45	S4	60~55
第一遍沥青		3.3~3.5		2.2~2.4		2.6~2.8
第一遍嵌缝料	S6(S8)	18~20	S9	12~14	S8	10~12
第二遍沥青		2.4~2.6		1.6~1.8		1.6~1.8
第二遍嵌缝料	S10(S11)	11~13	S12	7~8	S10	9~11
第三遍沥青		1.0~1.2		1.4~1.6		1.5~1.7
第三遍嵌缝料			S14	5~6	S12	7~9
第四遍沥青				0.8~1.0		1.2~1.4
第四遍嵌缝料					S14	5~16
第五遍沥青						0.8~1.0
封层料	S13(S14)	4~6	S13(S14)	4~6	S14	4~6
总沥青用量	4.4~5.1		5.2~5.8		5.8~6.4	

注:1. 煤沥青表面处治的沥青用量可比石油沥青用量增加15%~20%。
  2. 表中的乳液用量按乳化沥青蒸发残留物含量的60%计算,如沥青含量不同应予以折算。
  3. 在高寒地区及干旱风沙大的地区,可以超过高限5%~10%。

③材料规格和用量。在寒冷地带或当地施工季节温度较低,沥青针入度较小时,沥青用量宜用高限。在低温潮湿气候下用乳化沥青贯入时,应按乳液总用量不变的原则进行调整,上层较正常情况适当增加,下层较正常情况适当减少。

(3)施工机具与设备

沥青贯入式施工的主要机械有沥青洒布车、碎石摊铺机、石屑撒布机、压路机等。主层集料的施工可采用碎石摊铺机摊铺和钢筒式压路机碾压。

任务实施

沥青贯入式路面的施工一般采用"先料后油"的原则,施工工艺流程如下(实际施工时根据撒布嵌缝料和洒布沥青的遍数予以调整):

清扫基层→喷洒透层或黏层沥青(乳化沥青贯入式或沥青贯入式厚度小于5cm)→摊铺主层矿料→碾压→洒布第一遍沥青→撒布第一遍嵌缝料→洒布第二遍沥青→撒布第二遍嵌缝料→碾压→洒布第三遍沥青→撒封层料→初期养护

1. 清扫基层、喷洒透层油

乳化沥青贯入式路面必须浇洒透层或黏层沥青。当沥青贯入式路面厚度≤5cm时,应浇洒透层或黏层沥青。基层施工准备与沥青表面处治基层施工准备基本相同。

2. 摊铺主层集料

采用碎石摊铺机、平地机或人工摊铺主层集料,摊铺后禁止车辆及行人通行。

3. 碾压主层集料

撒布后应采用 6~8t 钢筒双轮压路机自路两侧向路中心碾压,碾压速度宜为 2km/h,每次轮迹重叠约 30cm。碾压一遍后检验路拱和纵向坡度,如不符合要求,须先调整找平再压,至集料无显著推移为止。然后选用重型的钢筒压路机(如 10~12t 压路机)进行碾压,每次轮迹重叠轮宽 1/2 左右,需碾压 4~6 遍,直至主层集料稳定并无显著轮迹为止。

4. 洒布第一层沥青

主层集料完成后即洒第一层沥青,施工方法与沥青表面处治基本相同。采用乳化沥青贯入时,为防止乳液下漏过多,可在主层集料碾压稳定后,先撒布一部分上一层嵌缝料,再洒布主层沥青。

5. 撒布第一层嵌缝料

当主层沥青洒布后,应立即采用集料撒布机或人工撒布第一层嵌缝料,要求撒布均匀,料不足处应该找补。当使用乳化沥青时,石料撒布必须在乳液破乳前完成。

6. 碾压第一层嵌缝料

立即采用 8~12t 钢筒式压路机进行碾压,轮迹重叠轮宽 1/2 左右,应碾压 4~6 遍,直至稳定为止。碾压时随压随扫,使嵌缝料均匀嵌入。如果因气温过高致使碾压过程中发生较大推移现象,要立即停止碾压,等待气温稍低时再继续碾压。

7. 第二、三层施工

第二、三层沥青洒布,第二层嵌缝料撒布及碾压施工与第一层施工相同。

8. 撒布封层料

按撒布嵌缝料的方法撒布封层料,采用 6~8t 压路机碾压 2~4 遍,然后开放交通。

其他施工程序和要求基本上与表面处治相同,要协调和处理好各道工序,要求当天已开工的路段当天完成,并注意保持施工现场的整洁和干净。沥青贯入式路面开放交通后,应按现行施工技术规范的要求控制交通,进行初期养护。

9. 沥青贯入式路面施工过程中的质量控制

沥青贯入式路面施工过程中的质量控制应符合表 4-3-5 的规定。

沥青贯入式路面施工过程中质量控制要求 表 4-3-5

项　　目	检查频度	质量要求或允许偏差	试验方法
外观	随时	集料嵌挤密实,沥青洒布均匀,无花白料,接头无油包	目测
集料及沥青用量	每日 1 次,总量评定	±10%	每日施工长度的实际用量与计划用量比较
沥青洒布温度	每车 1 次,逐点评定	符合规定要求	温度计测量
厚度	每 2000m² 测 1 点,逐点评定	-5mm 或设计厚度的 -8%	按有关规定方法检测

续上表

项 目	检 查 频 度	质量要求或允许偏差	试 验 方 法
平整度	随时,以连续10尺的平均值测定	8mm	3m 直尺
宽度	检测每个断面	±30mm	尺量
横坡	检测每个断面	±0.5%	水准仪

10. 沥青贯入式路面交工验收阶段的质量检查

沥青贯入式路面交工验收阶段的质量检查应符合表4-3-6 的规定。

沥青贯入式面层实测项目　　　　　　　　　表4-3-6

项次	项目		规定值或允许偏差	检查方法和频度
1	平整度	σ(mm)	≤3.5	平整度仪:全线每车道连续按每100m 计算 IRI 或 σ
		IRI(m/km)	≤5.8	
		最大间隙 h(mm)	≤8	3m 直尺:每200m 测2处×5尺
2	弯沉值(0.01mm)		不大于设计验收弯沉值	按规定方法检测
3△	厚度	代表值	$-8\%H$ 或 -5	按规定检查,每200m 测2点
		合格值	$-15\%H$ 或 -10	
4	沥青用量		±0.5%	每台班每层洒布检查1次
5	中线平面偏位(mm)		30	全站仪:每200m 测2点
6	纵断高程(mm)		±20	水准仪:每200m 测2个断面
7	宽度(mm)	有侧石	±30	尺量:每200m 测4点
		无侧石	不小于设计值	
8	横坡(%)		±0.5	水准仪:每200m 测2个断面
9△	矿料级配		满足生产比要求	按规定进行,每台班1次
10△	沥青含量		满足生产比要求	按规定进行,每台班1次

注:1. △表示关键项目。
　　2. H 为设计厚度。当 $H \geq 60$mm 时,按厚度百分率计算;当 $H < 60$mm 时,直接选用固定值。

工作任务四　热拌沥青混合料厂拌法施工

学习目标

(1)熟悉沥青类结构层原材料及混合料的技术要求。
(2)熟悉热拌沥青混合料面层的施工方法、施工工序及施工质量控制要点。
(3)能够编写热拌沥青混合料路面施工方案。
(4)能够进行热拌沥青混合料路面现场施工。

任务描述

某路面结构如图4-4-1 所示。要求学生在识读路面结构组成的基础上,针对每一结构层,能够选择合适的施工方法,编制施工方案,具备公路路面现场施工的能力。

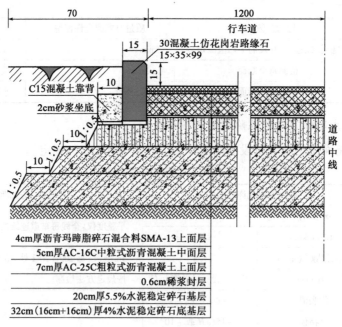

图 4-4-1 沥青路面结构图(尺寸单位:cm)

一、一般规定

《公路沥青路面施工技术规范》(JTG F40—2004)中对热拌沥青混合料结构层施工的一般规定如下:

(1)热拌沥青混料的分类

热拌沥青混合料(HMA)路面是指沥青与矿料在热拌状态下施工的沥青路面,它适用于各种等级公路的沥青面层。根据集料公称最大粒径、矿料级配、空隙率等,热拌沥青混合料的种类见表4-4-1。

热拌沥青混合料种类　　　　表4-4-1

混合料类型	密级配		密级配	开级配	半开级配	公称最大粒径(mm)	最大粒径(mm)
	连续级配		间断级配	间断级配			
	沥青混凝土	沥青稳定碎石	沥青玛蹄脂碎石	排水式沥青磨耗层	排水式沥青碎石基层	沥青碎石		
特粗式	—	ATB-40	—	—	ATBP-40	—	37.5	53.0
粗粒式	—	ATB-30	—	—	ATBP-30	—	31.5	37.5
	AC-25	ATB-25	—	—	ATBP-25	—	26.5	31.5
中粒式	AC-20	—	SMA-20	—	—	AM-20	19.0	26.5
	AC-16	—	SMA-16	OGFC-16	—	AM-16	16.0	19.0
细粒式	AC-13	—	SMA-13	OGFC-13	—	AM-13	13.2	16.0
	AC-10	—	SMA-10	OGFC-10	—	AM-10	9.5	13.2

续上表

混合料类型	密级配			开级配		半开级配	公称最大粒径（mm）	最大粒径（mm）
	连续级配		间断级配	间断级配		沥青碎石		
	沥青混凝土	沥青稳定碎石	沥青玛蹄脂碎石	排水式沥青磨耗层	排水式沥青碎石基层			
砂粒式	AC-5	—	—	—	—	AM-5	4.75	9.5
设计空隙率（%）	3~5	3~6	3~4	>18	>18	6~12	—	—

（2）各层沥青混合料的要求

各层沥青混合料应满足所在层位的功能性要求，便于施工，不容易离析。各层应连续施工并成为一个整体。当发现混合料组成及级配类型的设计不合理时应进行修改、调整，以确保沥青路面的使用性能。

（3）沥青面层集料粒径的要求

沥青面层集料的最大粒径宜从上至下逐渐增大，并应与压实层厚度相匹配。对密级配沥青混合料，沥青层一层的压实厚度不宜小于集料公称最大粒径的2.5~3倍，对沥青玛蹄脂碎石（SMA）和开级配抗滑磨耗层（OGFC）等嵌挤型混合料，不宜小于公称最大粒径的2~2.5倍，以减少离析，便于压实。

（4）沥青路面采用热拌沥青混合料时均需采用厂拌法施工，施工时不得在气温低于10℃（高速公路和一级公路）或5℃（其他等级公路），以及雨天、路面潮湿的情况下进行。寒冷季节遇大风降温，不能保证迅速压实时不得铺筑沥青混合料。沥青路面各层应连续施工，避免与可能污染沥青层的其他工序交叉干扰。

二、施工准备

1. 选择施工方法

热拌沥青混合料路面需采用厂拌法施工（资源15）。

2. 热拌沥青混合料路面原材料

沥青类结构层的原材料包括沥青、粗集料、细集料、填料等。施工中，选择符合质量标准的原材料，是保证沥青混合料质量和路面质量的基础。

（1）原材料要求

①施工中必须检查各种原材料的来源和质量。

对经招标程序购进的沥青、集料等重要材料，供货单位必须提交最新检测的正式试验报告。对首次使用的集料，应检查生产单位的生产条件、加工机械、覆盖层的清理情况。所有材料都应按有关规定取样检测，经质量认可后方可订货。

②材料运至现场后必须取样进行质量检验。

各种材料都必须在施工前或施工过程中以"批"为单位进行质量检验，经评定合格后方可使用，不得以供应商提供的检测报告或商检报告代替现场检测。不符合《公路沥青路面施工技术规范》（JTG F40—2004）要求的材料不得进场。

对各种矿料是以同料源、同一次购入并运至生产现场的相同规格材料为一"批"，对沥青是指从同一来源同一次购入且储入同一沥青罐的同规格的沥青为一"批"。材料试样的取样数量与频度应按现行试验规程的规定进行。

③沥青必须按品种标号分开存放。

除长期不使用的沥青可放在自然温度下存储外,沥青在储罐中的储存温度不宜低于130℃,并不得高于170℃。桶装沥青应直立堆放,加盖苫布。

使用成品改性沥青的工程,应要求供应商提供所使用的改性剂型号、基质沥青的质量检测报告。使用现场改性沥青的工程,应对试生产的改性沥青进行检测,质量不合格的不得使用。

④不同料源品种、规格的集料不得混杂堆放。

工程开始前或施工过程中,必须对集料存放场地的防雨和排水措施进行确认。采取适当的措施,防止对集料的污染。

沥青在储运使用及存放过程中应采取良好的防水措施,避免雨水及加热管道蒸汽进入沥青中。

(2)原材料选择

①沥青。

a.沥青的分类及要求。

沥青路面所用的沥青有道路石油沥青、煤沥青、乳化沥青、液体石油沥青、改性沥青、改性乳化沥青等种类。其技术要求及适用范围应符合《公路沥青路面施工技术规范》(JTG F40—2004)的规定。

道路石油沥青的标号分为160号、130号、110号、90号、70号、50号、30号7个,每个标号的道路石油沥青又分为A、B、C三个等级,各个沥青等级的适用范围见表4-4-2。

沥青等级及适用范围　　　　　　　　　　　　　　　　表4-4-2

沥青等级	适 用 范 围
A级	各个等级的公路,适用于任何场合和层次
B级	1.高速公路和一级公路沥青路面的下面层及以下的层次,二级及二级以下公路的各层次; 2.用作改性沥青、乳化沥青、乳化改性沥青、稀释沥青和基质沥青
C级	三级及三级以下公路的各个层次

b.沥青标号选择。

各类沥青路面选用的沥青标号,应根据公路等级、气候条件、交通条件、路面类型在结构层中的层位及受力特点、施工方法等结合当地的使用经验,经技术论证后确定。

一般而言,高标号沥青针入度大、延度大、软化点低,低温抗裂性好,适用于冬严寒区;而低标号沥青的针入度小、延度小、软化点高,高温稳定性好,适用于夏炎热区。有些地区夏炎热、冬严寒,高温稳定性与低温抗裂性矛盾,要优先考虑高温稳定性要求,即选用低标号沥青。

沥青的质量检测指标、技术要求及试验方法见《公路沥青路面施工技术规范》(JTG F40—2004)的规定。

②粗集料。

a.粗集料的分类及要求。

沥青路面所用的粗集料有碎石、破碎砾石、筛选砾石和矿渣等。高速公路和一级公路不得使用筛选砾石和矿渣。粗集料必须由具有生产许可证的采石场生产或施工单位自行加工。粗集料应洁净、干燥、坚硬、无风化、表面粗糙,其质量检测项目、技术要求及试验方法见《公路沥青路面施工技术规范》(JTG F40—2004)的规定。

b. 粗集料选择。

砾石是由天然砾石筛选而得。由于天然砾石是各种岩石经自然风化而成的不同尺寸的粒料,强度极不均匀,而且多为圆滑形状,因此,筛选砾石仅适用于交通量小的路面下面层、基层或联结层的沥青混合料,不宜用于防滑面层。在交通量大的沥青路面面层,若使用砾石拌和沥青混合料,则在砾石中至少应掺50%(按质量计算)大于5mm的碎石或经轧制的砾石。

当单一规格集料的质量指标达不到有关规定要求,而按照集料配合比计算的质量指标符合要求时,工程上允许使用。对受热易变质的集料,宜采用经拌和机烘干后的集料进行检验。

③细集料。

a. 细集料的分类及要求。

沥青路面所用的细集料有天然砂、机制砂和石屑。天然砂可采用河砂或海砂,通常可采用粗砂、中砂。机制砂宜采用专用的制砂机制造,并选用优质石料生产。石屑是指采石场破碎石料时通过4.75mm或2.36mm筛的筛下部分。细集料必须由具有生产许可证的采石场、采砂场生产。细集料应洁净、干燥、无风化、无杂质,并由适当的颗粒组成,其质量检测项目、技术要求及试验方法见《公路沥青路面施工技术规范》(JTG F40—2004)的规定。

b. 细集料选择。

热拌沥青混合料的细集料宜采用优质的天然砂或机制砂,但热拌密级配沥青混合料中天然砂的用量不宜超过集料总量的20%,沥青玛蹄脂碎石(SMA)和开级配抗滑磨耗层(OGFC)混合料不宜使用天然砂。石屑一般用于高速公路、一级公路沥青混凝土路面的面层及抗滑表层,用量不超过天然砂和机制砂的用量。

④填料。

沥青混合料的填料宜采用石灰岩或岩浆岩等憎水性石料经磨细后得到的矿粉,矿粉与沥青的黏附性要好,要求干燥、洁净,其质量检测项目、技术要求及试验方法见《公路沥青路面施工技术规范》(JTG F40—2004)的规定。为有比较大的表面积,矿粉必须磨细到一定的程度;为了使矿粉在拌和时易分散,不致在矿粉仓中成团,矿粉必须是干燥的,含水率不大于1%。

当采用水泥、石灰、粉煤灰作填料时,其用量不宜超过矿料总量的50%。高速公路和一级公路不宜采用粉煤灰作填料。

⑤纤维稳定剂。

沥青混合料中掺加的纤维稳定剂宜选用木质素纤维、矿物纤维等,木质素纤维的质量检测项目、技术要求及试验方法见《公路沥青路面施工技术规范》(JTG F40—2004)的规定。

纤维应在250℃的干拌温度下不变质、不发脆,使用纤维必须符合环保要求,不得危害身体健康。矿物纤维宜采用玄武岩等矿石制造,易影响环境及造成人体伤害的石棉纤维不得直接使用。纤维必须在混合料拌和过程中能充分分散均匀。纤维应存放在室内或有棚盖的地方,松散纤维在运输及使用过程中应避免受潮、结团。

纤维稳定剂的掺加比例以沥青混合料总量的质量百分率计算,通常沥青玛蹄脂碎石路面的木质素纤维不宜低于0.3%,矿物纤维不宜低于0.4%,纤维掺加量的允许误差不宜超过±5%。

(3)原材料的进场与保管

对原材料的进场与保管,按照《公路沥青路面施工技术规范》(JTG F40—2004)相关规定执行,归纳如下:

①招标及订货。

供货单位必须提交各种材料的质量检测报告。

②进货。

供货单位供应的材料有可能违背投标时的承诺,进货时必须重新检验,以"批"为单位进行检查,不符合规范技术要求的材料不得进场。

对各种矿料是以同一料源、同一次购入并运至生产现场的相同规格材料为一"批"。

对沥青是指从同一来源、同一次购入且储入同一沥青罐的同一规格的沥青为一"批"。

③使用及保管。

对材料进场后的储存、堆放、管理情况都必须重视,要避免以下错误做法:拌和厂对堆料场地及运输路线没有硬化,不同材料之间没有隔离,或者在装载机装料时将泥土混入材料,把本来不错的材料弄得很脏;桶装沥青无序堆放,不加盖苫布导致雨水从桶口漏入。

(4)原材料质量要求

沥青混合料在使用过程中,应按照表4-4-3所列的检查项目与频率对各种原材料进行抽检试验,质量应符合现行施工技术规范规定的技术要求。

原材料质量检查项目与频度   表4-4-3

材 料	检 查 项 目	检 查 频 度		试验规程规定的平行试验次数或一次试验的试样数
		高速公路、一级公路	其他公路	
粗集料	外观(石料品种、含泥量等)	随时	随时	—
	针片状颗粒含量	随时	随时	2~3
	颗粒组成(筛分)	随时	必要时	2
	压碎值	必要时	必要时	2
	磨光值	必要时	必要时	4
	洛杉矶磨耗值	必要时	必要时	2
	含水率	必要时	必要时	2
细集料	颗粒组成(筛分)	随时	必要时	2
	砂当量	必要时	必要时	2
	含水率	必要时	必要时	2
	松方单位重	必要时	必要时	2
矿粉	外观	随时	随时	—
	粒径<0.075mm颗粒含量	必要时	必要时	2
	含水率	必要时	必要时	2
石油沥青	针入度	每2~3d 1次	每周1次	3
	软化点	每2~3d 1次	每周1次	2
	延度	每2~3d 1次	每周1次	3
	含蜡量	必要时	必要时	2~3
改性沥青	针入度	每天1次	每天1次	3
	软化点	每天1次	每天1次	2
	离析试验(对成品改性沥青)	每周1次	每周1次	3
	低温延度	必要时	必要时	3
	弹性恢复	必要时	必要时	3
	显微镜观察(对现场改性沥青)	随时	随时	—

续上表

材料	检查项目	检查频度		试验规程规定的平行试验次数或一次试验的试样数
		高速公路、一级公路	其他公路	
乳化沥青	蒸发残留物含量	每2~3d 1次	每周1次	2
	蒸发残留物针入度	每2~3d 1次	每周1次	2
改性乳化沥青	蒸发残留物含量	每2~3d 1次	每周1次	2
	蒸发残留物针入度	每2~3d 1次	每周1次	3
	蒸发残留物软化点	每2~3d 1次	每周1次	2
	蒸发残留物的延度	必要时	必要时	3

3. 施工机具与设备

(1) 拌和设备

沥青混合料必须在拌和厂采用拌和设备拌制。拌和设备主要有间歇式拌和机(图4-4-2、资源16)和连续式拌和机(图4-4-3)。

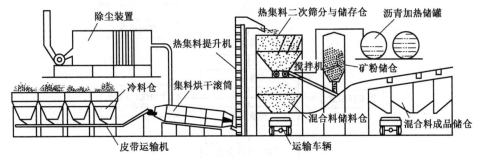

图4-4-2 间歇式拌和设备

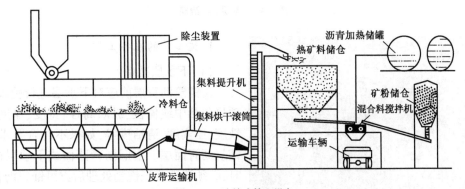

图4-4-3 连续式拌和设备

间歇式拌和设备即设备一锅一锅分开搅拌，每搅拌一锅为45~60s，产量随设备型号而定。连续式拌和设备即集料的加热、烘干和混合料的搅拌在同一个滚筒中连续进行。

(2) 摊铺设备

沥青混凝土摊铺机(图4-4-4)。

(3) 其他设备

自卸汽车、平地机、压路机等。

图4-4-4 沥青混凝土摊铺机

任务实施

（一）热拌沥青混合料厂拌法施工

热拌沥青混合料的施工工艺流程如图 4-4-5 所示。

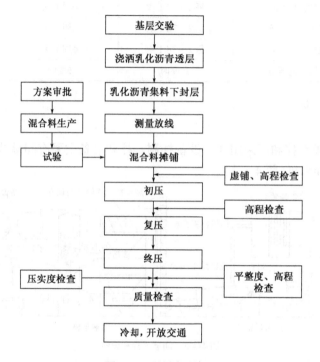

图 4-4-5 基层表面清理

图 4-4-6 热拌沥青混合料厂拌法施工工艺流程

1. 施工前的准备工作

（1）下承层准备

①铺筑沥青层前应对下承层进行验收，检查项目包括中线偏位、纵断高程、宽度、厚度、纵横坡度、压实度、清洁度等，如果不符合要求，不能铺筑沥青面层。当旧沥青路面或下承层被污染时，必须清洗或经铣刨处理后方可铺筑沥青混合料，如图 4-4-6 所示。

②基层表面稍干时应喷洒透层油。

③摊铺沥青混合料之前 2~3h，应均匀喷洒黏层油，在路面检查井等接触处，应涂刷黏层油；使用乳化沥青时，在破乳后方可摊铺混合料。

（2）施工温度的确定

石油沥青加热及沥青混合料施工温度应根据沥青标号及黏度、气候条件、铺装层的厚度来确定，见表 4-4-4。改性沥青混合料的施工温度通常宜较普通沥青混合料的施工温度提高 10~20℃。

热拌沥青混合料的施工温度（单位：℃）　　　表 4-4-4

施工工序		石油沥青的标号			
		50 号	70 号	90 号	110 号
沥青加热温度		160～170	155～165	150～150	145～155
矿料加热温度	间歇式拌和机	集料加热温度比沥青温度高 10～30			
	连续式拌和机	矿料加热温度比沥青温度高 5～10			
沥青混合料出料温度		150～170	145～165	140～160	135～155
混合料储料仓储存温度		储料过程中温度降低不超过 10			
混合料废弃温度		≥200	≥195	≥190	≥185
运输到现场温度		≥150	≥145	≥140	≥135
混合料摊铺温度	正常施工	≥140	≥135	≥130	≥125
	低温施工	≥160	≥150	≥140	≥135
开始碾压的混合料内部温度	正常施工	≥135	≥130	≥125	≥120
	低温施工	≥150	≥145	≥135	≥130
碾压终了的表面温度	钢轮压路机	≥80	≥70	≥65	≥60
	轮胎压路机	≥85	≥80	≥75	≥70
	振动压路机	≥75	≥70	≥60	≥55
开放交通的路表温度		≤50	≤50	≤50	≤45

注：1. 沥青混合料的施工温度采用具有金属探测针的插入式数显温度计测量。表面温度可采用表面接触式温度计测量。当采用红外线温度计测量表面温度时，温度计应进行标定。
　2. 表中未列入的 130 号、160 号及 30 号沥青的施工温度由试验确定。

(3) 施工机械的检查

施工前应对沥青混合料拌和楼、摊铺机、压路机等各种施工机械和设备进行调试，对机械设备的配套情况、技术性能、传感器计量精度等进行认真检查、标定，并得到监理工程师的认可。

(4) 配合比设计检查

①沥青混合料的配合比设计应通过目标配合比设计、生产配合比设计及生产配合比验证三个阶段，确定沥青混合料的材料品种及配比、矿料级配、最佳沥青用量。正式开工前，各种原材料的试验结果及据此进行的目标配合比设计和生产配合比设计结果，应在规定的期限内向建设单位及监理工程师提出正式报告，待取得正式认可后方可使用。

②经设计确定的标准配合比在施工过程中不得随意变更。生产过程中应加强跟踪检测，严格控制进场材料的质量。生产过程中如遇材料发生变化并经检测沥青混合料的集料级配、马歇尔技术指标不符合要求时，应及时调整配合比，使沥青混合料的质量符合要求并保持相对稳定，必要时重新进行配合比设计。

2. 测量放样

下面层施工采用路面内、外两侧架基准钢丝，中间设置导梁的方式控制纵横坡，确保平整度。下面层施工前，在验收合格的基层上恢复中线，并加密为 10m 一个中桩，复核水准点，每 200～300m 增设一个临时水准点，根据中桩及摊铺宽度定出边线，用石灰撒出控制宽度的标线，同时放出间距 10m 的整桩及曲线控制桩，在白线以外 25～30cm 处打水泥钢钉并测出高程，再根据水泥钢钉的实测高程、设计高程、松铺系数（松铺系数为 1.15～1.25，应根据混合料类型由试验段试铺试压确定）等推算出该点的钢丝架设高度。然后安排工人把控制钢丝的钢钎打在水泥钢钉以外,并按照测量人员提供的高度架设调平钢丝。钢丝纵向必须顺畅、圆滑,如果有异常点,复核后应重新调整基准钢丝的高度。施工中如果钢丝被扰动或撞断都需重新设置。基准钢丝架设要牢固,不能任意碰撞,并要有专人巡回检查,发现异常立即恢复。同时安排专人拉线以及架设、移动中间的导梁。

3. 混合料拌和

沥青路面的质量与沥青混合料的质量密切相关,而沥青混合料拌制的质量直接关系着沥青混合料的质量。因此,沥青混合料的拌制是沥青路面施工中非常重要的一个环节。

(1) 拌和机的选用

《公路沥青路面施工技术规范》(JTG F40—2004)规定,沥青混合料必须在拌和厂(场、站)采用拌和设备拌制,拌和设备主要有间歇式拌和机和连续式拌和机。工程实践证明,采用间歇式拌和机更符合我国国情。因此,高速公路和一级公路的沥青混凝土宜采用间歇式拌和机,同时必须配备计算机设备,以便在拌和过程中逐盘采集并打印各个传感器测定的材料用量和沥青混合料的拌和量、拌和温度等各项参数。如果要采用连续式拌和机,则必须保证原材料是均匀一致的,否则很难保证配合比。

间歇式搅拌设备的结构如图 4-4-7 所示,三维(3D)模拟如图 4-4-8 所示,由冷料系统、除尘系统、搅拌塔、粉料供给系统、沥青系统、干燥系统、控制室和成品料储存系统等组成。

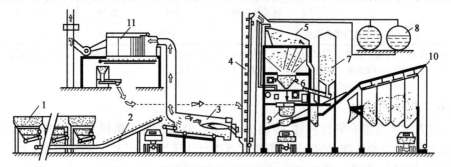

图 4-4-7 间歇式沥青混合料拌和设备总体结构图
1-集料储存及配料装置;2-冷集料带式输送机;3-冷集料烘干、加热筒;4-热集料提升机;5-热集料筛分及储存装置;6-热集料计量装置;7-粉料供给及计量装置;8-沥青供给系统;9-搅拌器;10-成品料储存仓;11-除尘器

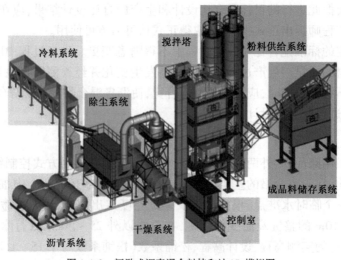

图 4-4-8 间歇式沥青混合料拌和站 3D 模拟图

(2)沥青混合料的拌制程序(资源17)

沥青混合料拌制的工艺流程如图4-4-9所示。

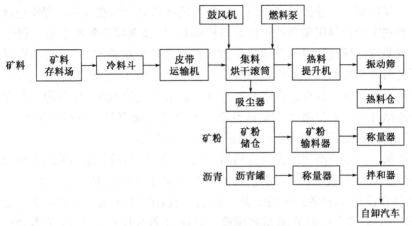

图4-4-9 沥青混合料拌制的工艺流程

①冷料仓装矿料的规格应按粒径从大到小沿送料方向依次排列,由前向后依次是大粒径碎石料斗、中或细料斗、砂料斗。位于冷料仓底部的喂料器控制每种集料的流出数量,进行计量,然后通过输送带把集料送入干燥筒。

②间歇式拌和机均采用逆流加热方式,在干燥筒内将集料烘干并加热至工作温度,且烘干集料的残余含水率不大于1%。每天在开始工作时,应先将干燥筒预热5~15min,然后再上料;每天工作结束时,应使干燥筒在空腹状态下连续转动15min左右再停止。

③烘干加热好的矿质混合料,由提升机首先送到筛分装置进行筛分,将热矿料按不同粒径重新分级,以便在拌和之前能进行精确计量和准确控制级配。筛分好的各种规格集料分别储存在不同的热料仓,热料仓的编号顺序一般由细到粗分别为1号仓、2号仓、3号仓、4号仓等。

④热集料从热料仓卸出后,存放在称量斗,累计称出进入斗内的集料质量。各热料仓向称量斗内卸料顺序依次是粗集料、中等规格集料、细集料。

⑤矿粉供给系统将矿粉储存于筒仓内,然后通过输送装置将筒仓内矿粉输送至计量装置并进行计量。

⑥沥青供给系统主要用于对熔化后的液态沥青进行储存、保温,并适时定量地供应给搅拌器。搅拌器将称量好的各种规格的集料、矿粉和沥青均匀地拌和成所需要的成品。每次工作结束时,必须用热矿料径向清洗搅拌器,以去除搅拌器内残留的沥青。

(3)拌制混合料的工作要点

①取料。集料与沥青混合料取样应符合现行试验规程的要求。从沥青混合料运输车上取样时必须在设备取样台分几处采集一定深度下的样品。

②进料。集料进场应在料堆顶部平台卸料,经推土机推平后,铲运机从底部按顺序竖直装料,减小集料离析。

③投料顺序。沥青混合料拌和时的投料顺序为:先将各种规格的热集料放入搅拌器干拌3~5s,然后加入沥青拌和几秒,最后加入矿粉继续拌和。

④试拌。通过试拌和抽样检验确定混合料的配合比及其总重、适宜的沥青用量、拌和时间、矿料和沥青加热温度,以及沥青混合料出厂的温度。

⑤拌和时间。通常各种材料全部投入后的纯拌和时间为35~45s,每一个循环周期为45~60s。

⑥沥青混合料的拌和温度包括矿料温度、沥青温度以及拌和后混合料的温度。根据不同的沥青品种和不同的沥青混合料确定混合料拌和温度及出厂温度,其施工温度可参考表4-4-4。

⑦拌和过程控制。高速公路和一级公路使用的沥青混合料在拌和过程中应逐盘采集并打印各个传感器测定的材料用量和沥青混合料拌和量、拌和温度等各种参数。每个台班结束时打印一个台班的统计量,按"沥青路面质量过程控制及总量检验方法"进行沥青混合料生产质量及铺筑厚度的总量检验。总量检验的数据有异常波动时,应立即停止生产,分析原因。

⑧沥青混合料储存。储存过程中沥青混合料温降不大于10℃,且不能有沥青滴漏。普通沥青混合料的储存时间不得超过72h,改性沥青混合料的储存时间不得超过24h,沥青玛蹄脂碎石(SMA)和开级配抗滑磨耗层(OGFC)混合料应随拌随用。

⑨出厂检测。拌好的沥青混合料应均匀一致,无花白、离析和结团成块等现象。每班抽样做沥青混合料性能、矿料级配、沥青用量、材料加热温度等探测,具体见表4-4-5。每班拌和结束时,需要清洁拌和设备,放空管道中的沥青。沥青混合料出厂时应逐车检测沥青混合料的质量和温度,记录出厂时间,签发运单,做好各项检查记录,不符合技术要求的沥青混合料禁止出厂。

热拌沥青混合料的检查频度和质量要求　　　　表4-4-5

项　目		检查频度及单点检验评价方法	质量要求或允许偏差		试 验 方 法
			高速公路、一级公路	其他公路	
混合料外观		随时	观察集料粗细、均匀性、离析、油石比、色泽,有无冒烟、花白料、油团等各种现象		目测
拌和温度	沥青、集料的加热温度	逐盘检测评定	符合规范规定		传感器自动检测、显示并打印
	混合料出厂温度	逐车检测评定	符合规范规定		传感器自动检测、显示并打印,出厂时逐车人工检测
		逐盘测量记录,每天取平均值评定	符合规范规定		传感器自动检测、显示并打印
矿料级配（筛孔）	0.075mm	逐盘在线检测	±2%(2%)	—	计算机采集数据并计算
	≤2.36mm		±5%(4%)	—	
	≥4.75mm		±6%(5%)	—	
	0.075mm	逐盘检查,每天汇总一次,取平均值评定	±1%	—	总量检验
	≤2.36mm		±2%	—	
	≥4.75mm		±2%	—	
	0.075mm	每台拌和机每天1~2次,以两个试样的平均值评定	±2%(2%)	±2%	抽提筛分与标准级配比较的差
	≤2.36mm		±5%(3%)	±6%	
	≥4.75mm		±6%(4%)	±7%	
沥青用量（油石比）		逐盘在线监测	±0.3%	—	计算机采集数据并计算
		逐盘检查,每天汇总一次,取平均值评定	±0.1%	—	总量检验
		每台拌和机每天1~2次,以两个试样的平均值评定	±0.3%	±0.4%	拌和厂取样离心法抽提

续上表

项　　目	检查频度及单点检验评价方法	质量要求或允许偏差		试验方法
		高速公路、一级公路	其他公路	
马歇尔试验:空隙率、稳定度、流值	每台拌和机每天1~2次,以4~6个试件的平均值评定	符合规范规定	符合规范规定	拌和厂取样成型试验
浸水马歇尔试验	必要时	符合规范规定	符合规范规定	拌和厂取样成型试验
车辙试验	必要时	符合规范规定	符合规范规定	拌和厂取样成型试验

注:1. 单点检验是指试验结果以一组试验结果的报告值为一个测点的评价依据,一组试验(如马歇尔试验、车辙试验)有多个试样时,报告值的取用按《公路工程沥青及沥青混合料试验规程》(JTG E20—2011)的规定执行。
　　2. 对高速公路和一级公路,矿料级配和油石比必须进行总量检验和抽提筛分的双重检验控制,互相校核。表中括号内的数字是对沥青玛蹄脂碎石(SMA)的要求。油石比抽提试验应事先进行空白试验标定,提高测试数据的准确度。

沥青混合料拌制过程中的异常现象及处理措施

(1)每天拌和的第一盘沥青混合料易出现废料。其主要原因是拌和设备刚开始启动,集料和沥青预加热没有达到规定的温度。解决措施是适当减少进入干燥滚筒的材料数量和提高开始时的火焰温度,保证在开机时粗、细集料和沥青的加热温度略高于规定值。

(2)热料仓中出现超尺寸颗粒。其主要原因可能是最大筛孔的振动筛破损或振动筛上超尺寸颗粒从边框空隙落到下层筛网。有时也极易造成油包等现象。解决措施是检查振动筛,调整冷料仓的上料速度。

(3)出现花白料。其主要原因可能是料温偏低、拌和时间偏短、吸尘不理想造成填料偏多。解决措施是升高集料的加热温度,或增加拌和时间,或减少矿粉用量。

(4)枯料。其原因可能是原材料中细集料的含水率偏大,造成在干燥滚筒中细集料加热温度达到规定值,而粗集料的温度大大超过了规定值。解决措施是避免料场中细集料受雨淋(对细集料进行覆盖或设雨棚),允许使用含水率大于7%的细集料。

(5)没有色泽。其主要原因是沥青加热温度过高,当沥青温度超过180℃时极易老化。解决措施是控制沥青的加热温度在施工规定的温度界限内。

(6)矿料颗粒组成明显变化。其引起的原因可能是冷料颗粒组成发生了较大变化或振动筛网上热料过多,来不及正常筛分就进入热料仓,最终导致热料仓中集料颗粒组成发生了较大的变化。解决措施是检查原因,采取相应的措施,或重新确定混合料的配合比。

4.混合料运输

(1)运输车辆选择

①混合料宜采用较大吨位的自卸汽车运输,要求每台汽车的载质量不小于15t。运料车的运力应稍有富余,施工过程中摊铺机前方应有运料车等候(图4-4-10)。在铺筑高速公路和一级公路时,等候的运料车多于5辆后方可开始摊铺。

图 4-4-10 运料车排队卸料

图 4-4-11 覆盖苫布

②汽车应有紧密、清洁、光滑的金属底板和墙板,底板应涂一薄层防黏剂,但不得有余液积聚在车箱底部。防黏剂可以采用洗衣粉水、废机油水、柴油与水的混合液等,但不得直接使用柴油。汽车必须备有用于保温、防雨、防污染用的苫布,其大小应能覆盖整个车箱;当气温较低时,可一直覆盖到卸料结束,如图 4-4-11 所示。

(2)装料

装料时汽车应按照前、后、中的顺序来回移动,避免混合料级配离析。无论运距远近、气温高低,装完料后必须覆盖保温苫布(图 4-4-12),以防混合料温度离析。

a)覆盖苫布

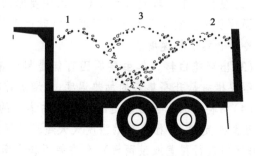

b)移动卸料

图 4-4-12 卸料
注:1、2、3 表示装料顺序。

(3)卸料

①运料车进入摊铺现场时,轮胎上不得沾有泥土等可能污染路面的脏物,否则宜设水池洗净轮胎后再进入工程现场。

②运料车不得超载运输或紧急制动、急弯掉头,以免造成透层、封层损伤。

③沥青混合料在摊铺地点凭运料单接收,如果混合料不符合施工温度的要求,或已经结团成块,或已遭雨淋,则不得铺筑。

④摊铺过程中运料车应在摊铺机前 100~300mm 处停住,空挡等候,由摊铺机推动前进,开始缓缓卸料,避免撞击摊铺机。在有条件时,运料车可将混合料卸入转运车经二次拌和后再

向摊铺机连续均匀地供料,如图 4-4-13 所示。

⑤运料车每次卸料时必须倒净,尤其是对改性沥青或沥青玛蹄脂碎石(SMA)混合料,如有剩余,应及时清除,防止硬结。

5. 混合料摊铺

(1)摊铺机选择

摊铺作业是沥青路面施工的关键工序之一,热拌沥青混合料应采用沥青混凝土摊铺机摊铺。

①摊铺机的受料斗应涂刷薄层隔离剂或防黏结剂,以防止沥青混合料黏结。

图 4-4-13 转运车转运

②每次摊铺前,均应检测并调整熨平板,确保平直。摊铺机开工前应提前 0.5~1h 预热熨平板,使其温度不低于 100℃,以免出现黏料现象。

③选择熨平板的振捣或夯锤压实装置时,应使其具有适宜的振动频率和振幅,以提高路面的初始压实度,防止因温度下降过快而影响碾压质量。

④摊铺机应采用自动找平方式。沥青混合料摊铺机的自动调平装置,包括纵坡调平和横坡调平两种。纵坡调平是指在摊铺机一侧的地面上设置一个水平的纵坡基准线作为基准,摊铺时比照该基准线进行,使该侧摊铺始终保持设定高程,以满足纵坡的设计要求。横坡调平是指在纵坡控制的基础上,用熨平板的另侧横坡控制器控制,横坡控制器安装在摊铺机熨平板上,以满足路拱横坡的要求。下面层或基层宜采用钢丝绳引导的高程控制方式,按每 10m 一个断面,每个断面 3 个点测量下承层顶面高程,根据中线和高程测量结果挂导线,弯道处应适当加密。钢丝绳的张拉力不应小于 1kN。

⑤上面层宜采用平衡梁或雪橇式摊铺厚度控制方式,中面层根据情况选用找平方式。直接接触式平衡梁的轮子不得黏附沥青。铺筑改性沥青或沥青玛蹄脂碎石(SMA)路面时宜采用非接触式平衡梁。

(2)混合料摊铺(资源 18)

①摊铺宽度。

要提高摊铺的平整度,应控制摊铺宽度,避免全幅摊铺,做好摊铺机的接缝工作。在铺筑高速公路和一级公路沥青混合料时,一台摊铺机的铺筑宽度不得超过 6(双车道)~7.5m(三车道以上),通常应采用两台或多台摊铺机前后错开 10~20m 成梯队方式同步摊铺,两幅之间应有 30~60mm 宽度的搭接,并避开车道轮迹带,上下层的搭接位置应错开 200mm 以上,如图 4-4-14 所示。

②摊铺速度。

摊铺机必须缓慢、均匀、连续不间断地摊铺,不得随意变换速度或中途停顿,以提高平整度,减少混合料的离析;摊铺速度宜控制在 2~6m/min,对改性沥青混合料及沥青玛蹄脂碎石(SMA)混合料宜放慢至 1~3m/min。摊铺速度要根据混合料拌和站的供给能力、摊铺宽度和厚度等确定,以保证摊铺机匀速连续作业。

③摊铺温度。

每天施工开始阶段宜采用较高温度的混合料,摊铺时可先摊铺第二或第三车的沥青混合料,然后再摊铺第一车的沥青混合料。沥青混合料的摊铺温度要求见表4-4-4,摊铺温度的检测如图4-4-15所示。应对每车沥青混合料的温度、吨数、厚度进行记录,保证施工质量。

a) 单机铺筑

b) 双机铺筑

图4-4-14 沥青混合料摊铺

④摊铺厚度。

沥青混合料摊铺碾压过程中有松铺厚度和压实厚度两种。沥青混合料的松铺厚度 = 松铺系数 × 压实厚度。沥青混合料的松铺系数应根据混合料类型并由试铺试压确定。一般沥青混凝土的松铺系数为1.15~1.35,沥青碎石的松铺系数为1.15~1.30。

摊铺机后设专人用插尺或其他工具插入摊铺层测量松铺厚度,并按《公路沥青路面施工技术规范》(JTG F40—2004)规定的方法以使用的混合料总量与面积校验平均厚度。压实完毕后,用高程法检测压实厚度,计算松铺系数。

⑤摊铺技术要点。

a. 摊铺机开工前应提前0.5~1h预热,熨平板的温度不低于100℃,摊铺机的受料斗应涂刷一薄层隔离剂或防黏剂。

b. 将摊铺机按所铺路段的宽度、厚度、路拱坡度等施工参数调整好。摊铺工作开始前应事先准备好2~3块坚固的长方形垫木。垫木的宽度为5~10cm,长度与熨平板的纵向尺寸相同或稍长,厚度为计算的松铺厚度。垫木顶面高程即为摊铺后的松铺层表面高程。

c. 将自卸汽车装运的沥青混合料缓缓卸入受料斗,并由摊铺机顶推其前行。

d. 通过刮板输送器和螺旋摊铺器将沥青混合料连续均匀地向后、向左、向右输送和摊铺。摊铺机的螺旋布料器应相应于摊铺速度调整到保持一个稳定的速度均衡地转动,两侧应保持有不少于送料器2/3高度的混合料,以减少摊铺过程中混合料的离析,如图4-4-16所示。

图4-4-15 摊铺温度检测

图4-4-16 摊铺机螺旋布料器布料

e. 摊铺好的沥青混合料经熨平装置振捣梁的初步捣实、熨平板的振动,整形、熨平形成具有一定平整度和初步密实的沥青混合料摊铺层。摊铺过程中熨平板的振捣或夯锤压实装置应具有适宜的振动频率和振幅,以提高路面的初始压实度。摊铺机必须缓慢、均匀、连续不间断地摊铺,摊铺速度应控制在 2～6m/min 的范围内,不得随意变换速度或中途停顿,以提高平整度,减少混合料的离析。

f. 摊铺过程中当发现混合料出现明显的离析、波浪、裂缝、拖痕时应分析原因,予以消除。摊铺过程中应随时检查摊铺层厚度及路拱横坡,检测已铺厚度的方法有基线量取、采用自制钢钎插入测定、水准仪实测法,并通过使用的混合料总量与面积校验平均厚度。

g. 在路面狭窄部分、平曲线半径过小的匝道或加宽部分,以及小规模工程不能采用摊铺机铺筑时,可用人工摊铺混合料。用机械摊铺的混合料,宜用人工反复修整。当不得不由人工进行局部找补或更换混合料时,需仔细操作,特别严重的缺陷应整层铲平。

6. 混合料的压实及成型

压实是沥青面层施工的最后一道工序,是保证沥青混合料质量的重要环节。压实要在有效的压实时间内完成,即从摊铺后混合料温度降至80℃所经过的时间内完成。沥青路面的压实度采取重点对碾压工艺进行过程控制,适度钻孔抽检压实度的方法。碾压工艺的控制包括压路机选型与组合、碾压方式、压路机与摊铺机的距离、碾压温度、碾压速度、压路机洒水(雾化)情况、碾压段长度、掉头方式等。

(1) 碾压机械的选型与组合

用于沥青面层碾压的压路机主要有光轮压路机、轮胎压路机、振动压路机和组合式压路机,如图 4-4-17 所示。结合实际工程,考虑摊铺机的生产率、混合料特性、摊铺厚度、施工现场

a) 振动压路机

b) 轮胎压路机

c) 双机作业

d) 三机作业

图 4-4-17 压路机及碾压现场

的具体条件等因素,选择压路机的种类、大小和数量。高速公路施工时,压路机的数量不宜少于5台。当施工气温低、风大碾压层较薄时,压路机数量应适当增加。

(2)混合料的压实

①碾压原则。

沥青路面的碾压原则是紧跟摊铺机且转向折返阶梯状(常规的碾压模式见图4-4-18)、慢速碾压、高频率、低振幅、先轻后重、先低后高、轮迹重叠无漏压。

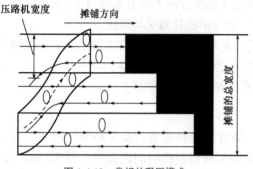

图4-4-18 常规的碾压模式

②压实厚度。

沥青混凝土压实层的最大厚度不宜大于10cm,沥青稳定碎石混合料的压实层厚度不宜大于12cm,但当采用大功率压路机且经试验证明能达到压实度时允许增大到15cm。

③压实温度。

沥青混合料的碾压温度应符合要求,并根据沥青混合料类型、压路机、气温、层厚度情况经试压确定。在不产生严重推移和裂缝的前提下,初压、复压、终压都应在尽可能高的温度下进行,同时不得在低温状况下做反复碾压,使石料棱角磨损、压碎,破坏集料嵌挤。

④碾压速度。

路面的压实效果,一方面取决于压实设备的质量,另一方面取决于压实力的作用时间,当压实设备确定后,作用时间就成为影响压实效果的关键因素。如果在碾压过程中碾压速度不均匀,或在某一断面停留时间过长,则会造成压实度不均匀,影响平整度。因此,应保持碾压速度恒定,不能忽快忽慢,因为碾压速度过慢,会导致压实效率过低;碾压速度过快,会严重影响压实表面的平整度。适当的碾压速度,对减少碾压时间、提高作业效率有十分重要的意义。

在施工中压路机应以慢而均匀的速度碾压,碾压段的长度应尽量缩短,通常不超过60~80m,压路机的机型、作业速度和碾压遍数等参数可参考表4-4-6。

压路机碾压速度   表4-4-6

工序	作业速度(km/h)		碾压遍数	机 型
	适宜	最大		
初压	2~3	4	1~2	钢筒式压路机或振动压路机(静压)
复压	3~5	6	4~6	振动压路机(振压)
	3~4.5	5	4~6	轮胎压路机
终压	3~6	6	不少于2遍,到无明显轮迹为止	钢筒式压路机或振动压路机(静压)

⑤碾压段长度。

碾压段长度过短,压路机掉头次数过多,影响平整度及碾压效率;碾压长度过长,温度损失较大而很难达到压实度要求。碾压段的长度应经试验段试铺确定,一般可为30~40m,并在初压、复压、终压段落设置明显标志(图4-4-19),做到不漏压、不超压。

⑥压实作业程序。

热拌沥青混合料的碾压通常分为初压、复压和终压三个阶段。

a. 初压。

初压又称为稳压,是压实的基础,其目的是整平和稳定混合料,同时为复压创造有利条件。因此,应注意压实的平整度。初压应紧跟在摊铺机后进行,并保持较短的初压区长度,以尽快使表面压实,减少热量损失。通常可采用 6~10t 钢轮压路机,静压 1~2 遍,如图 4-4-20 所示。碾压时应将压路机的驱动轮面向摊铺机,从外侧向中心碾压;在超高路段则由低向高碾压;在坡道上应将驱动轮从低处向高处碾压。相邻碾压带应重叠 1/3~1/2 轮宽,压完全幅为一遍。初压折返路线宜采用曲线方式,且减速慢行。初压后应检查平整度、路拱,有严重缺陷时应进行修整乃至返工。

图 4-4-19 在碾压段设置标志

图 4-4-20 初压

b. 复压。

复压是压实的主要阶段,其目的是使混合料密实稳定、成型。混合料的密实程度取决于复压,因此复压应在较高的温度下紧跟在初压后面进行,且不得随意停顿,如图 4-4-21 所示。压路机碾压段的总长度应尽量缩短,通常不超过 60~80m。采用不同型号的压路机组合碾压时宜安排每一台压路机做全幅碾压,防止不同部位的压实度不均匀。

密级配沥青混凝土的复压应优先采用重型的轮胎压路机进行揉搓,以增加泌水性,其总质量不宜小于 25t,相邻碾压带应重叠 1/3~1/2 的碾压轮宽度,压完全幅为一遍。碾压 4~6 遍,至要求的压实度为止。对以粗集料为主的较大粒径的混合料,尤其是大粒径沥青稳定碎石基层,应优先采用 10t 振动压路机复压。厚度小于 30mm 的薄沥青层不宜采用振动压路机碾压。层厚较大时应选用低频率大振幅,以产生较大的激振力;厚度较薄时宜采用高频率低振幅,以防

图 4-4-21 复压

止集料破碎。相邻碾压带重叠宽度为 100~200mm。振动压路机折返时应先停止振动。当采用三轮钢筒式压路机时,总质量不宜小于 12t,相邻碾压带应重叠后轮的 1/2 宽度,并不应小于 200mm。

对路面边缘、加宽及港湾式停车带等大型压路机难于碾压的部位,可采用小型振动压路机或振动夯板补充碾压。

c. 终压。

终压的目的是既要消除复压过程中表面遗留的不平整,又要保证路面的平整度。因此,终

压不宜采用重型压路机在高温下完成。终压应紧跟在复压后进行,终压可选用6~8t双轮钢筒式压路机或关闭振动的6~10t振动压路机,不得少于2遍,碾压至无明显轮迹为止,如图4-4-22所示。

⑦压实质量控制。

碾压的基本要求是保证摊铺层达到规定的压实度和平整度。因此,要做到以下几点:

a.碾压过程中碾压轮应保持清洁,若有沥青混合料黏轮应立即清除。对钢轮可涂刷隔离剂或防黏结剂,但严禁涂刷柴油。当采用向碾压轮喷水(可添加少量表面活性剂)的方法时必须严格控制喷水量,且呈雾状,不得漫流,以防混合料降温过快。

图4-4-22 终压

b.碾压过程中,压路机每次应由两端折回的位置成阶梯形随摊铺机向前推进,使折回处不在同一断面上。压路机不得在未碾压成型的路段上转向、掉头、加水或停留。

c.沥青玛蹄脂碎石路面宜采用振动压路机或钢轮压路机。

d.在近路缘石处司机要小心驾驶,放慢速度,避免出现路缘石被压坏或移位现象,但也要防止漏压。

e.碾压按"紧跟、慢压、高频、低幅"的原则进行,应严格控制压实速度。在纵坡较大的路段、弯道路段等特殊路段碾压时,应放慢碾压速度。

f.碾压过程中,应严格控制压实温度。初压温度过高,压路机的轮迹明显,沥青料前后推移大,不稳定;复压温度过高会引起胶轮压路机黏结细集料,影响表面级配;温度过低,则不易碾压密实和平整。实践证明,在温度不够大的情况下,即使反复碾压也不能达到要求的压实度,因此保持碾压温度是压实质量控制的关键。

沥青混合料碾压过程中,碾压异常现象产生的原因及解决措施

"推移"现象产生的原因及处理措施:级配没有形成骨架结构,应进行调整;碾压温度过高,应降低到正常温度碾压;油石比过大,应及时调整;长大纵坡振动碾压易出现推移,应降低碾压速度,多采用静压和胶轮碾压,并增加碾压遍数以满足压实度的要求;桥面薄层铺装下层采用振动碾压宜出现推移,应采用静压和胶轮碾压,并增加碾压遍数以满足压实度的要求。

"微裂缝"产生的原因及处理措施:低温过分振动碾压或桥面振动碾压。低温下禁止振动碾压,宜采用胶轮搓揉碾压以消除微裂缝;油石比过小,应及时调整;"推移"现象连带产生的"微裂缝"现象,应采取相应措施解决。

7.接缝处理

接缝包括纵向接缝和横向接缝(施工缝)两种。接缝处理(图4-4-23)的好坏直接影响路面的平整度和耐久性。采用宽幅摊铺机全幅摊铺,可避免纵向接缝,但横向接缝不可避免。

沥青路面施工中接缝必须紧密、连接平顺，不得产生明显的接缝离析。上下层的纵缝应错开150mm（热接缝）或300mm（冷接缝）以上。相邻两幅及上、下层的横向接缝均应错开1m以上。

(1) 纵向接缝

纵向接缝有热接缝和冷接缝两种。

热接缝施工一般是指使用两台以上摊铺机成梯队同步摊铺沥青混合料，两条相邻摊铺带的混合料都处于压实前的热状态，所以热接

图4-4-23 接缝处理

缝易于处理，且连接强度好。热接缝的压实方法为：将先摊铺的靠中间部分留下100～200mm宽暂不碾压，将其作为后续摊铺部分的基准面。待后续摊铺部分碾压时采用跨缝碾压以消除痕迹。

冷接缝是指施工中由于设备以及场地条件等限制，有时不可避免地形成的一种纵向接缝形式。冷接缝施工时，应在先摊铺带靠接缝一侧设置挡板，挡板的高度与铺筑层的压实厚度相同，以使压路机能压实边部并形成一个垂直面。在不设置挡板的情况下，碾压后的边部会成为一斜面，在摊铺相邻带之前应将呈斜面的部分切割掉，在切割面上涂少量沥青，摊铺相邻带沥青混合料时应重叠在已铺带上5～10cm，借此加热接缝边部的冷沥青混合料，然后按规定碾压。

冷接缝有两种碾压方法：压路机位于热混合料上，由边缘向中间进行碾压，接缝处留下100～150cm，再做跨缝碾压；碾压开始时，压路机大部分在已压实路面上行走，碾压新热铺混合料宽度为150mm左右，然后逐次递进碾压新铺部分。

(2) 横向接缝

横向接缝通常是指每天的工作缝或由于摊铺中断时间较长而出现的接缝。横向接缝的形式有平接缝、斜接缝和阶梯接缝。

横向接缝宜采用垂直的平接缝。高速公路和一级公路的表面层横向接缝应采用垂直的平接缝，以下各层和其他等级公路的各层均可采用自然碾压形成的斜接缝。沥青层较厚时也可采用阶梯形接缝。

斜接缝搭接的长度宜为0.4～0.8m，接缝处应洒少量沥青，搭接平整，充分压实。阶梯形接缝的台阶经铣刨而成，并洒黏层沥青，搭接长度不宜小于3m。

平接缝施工方法：施工结束时，摊铺机在接缝端部约1m处将熨平板稍微抬起驶离现场，人工将端部混合料铲齐后再予以碾压。然后用3m直尺检查平整度，找出表面纵坡或铺层厚度开始发生变化的横断面，趁尚未冷透，用切割机将此断面切割成垂直面，并将切缝靠端部一侧已铺的不符合平整度要求的尾部铲除。在预先处理好的接缝处，在切缝端面涂刷黏层沥青，摊铺机第一次布满料时不前行，用热料预热横向冷接缝至少10min（最好达到30min），并用温度最高的一车料开始推铺。新铺面与已铺的冷面重叠5cm，整平接缝并对齐，趁热进行横向碾压，压路机大部分钢轮位于已压实的混合料层上，跨缝伸入新铺面宽15～20cm，每压一遍向新铺混合料移动150～200mm，直至全部在新铺层上为止，然后再改为纵向碾压。

8. 开放交通

待沥青混合料路面推铺层自然冷却完全、混合料表面温度低于50℃后,方可开放交通。当需要提早开放交通时,可洒水冷却降低混合料的温度。

(二)热拌沥青混合料面层施工质量控制和检查验收

沥青路面施工质量控制,是指为了确保合同和有关技术规范所规定的质量标准而采用的一系列监控措施、手段和方法。沥青路面施工质量控制包括各类材料的质量检验、铺筑试验段、施工过程中的质量管理与质量控制,以及各工序间的检查及工程交工后的检查验收。

1. 施工准备阶段的质量管理与控制

热拌沥青混合料是施工准备阶段的质量管理与控制,详见表4-4-4和表4-4-5。

2. 施工过程中质量管理与控制

施工单位在施工过程中应随时对施工质量进行自检。监理工程师或质量监督人员也应进行抽检或旁站检验,并对施工单位的自检结果进行检查认定。当施工人员、监理工程师、监督人员发现有异常情况时,应立即报告或追加试验检测。热拌沥青混合料路面施工过程中工程质量检查的内容、频度、质量标准应符合表4-4-7的要求。

热拌沥青混合料路面施工过程中工程质量控制标准　　　　表4-4-7

项　　目		检查频度及单点检验评价方法	质量要求或允许偏差		试　验　方　法
			高速公路、一级公路	其他公路	
外观		随时	表面平整密实,不得有明显轮迹、裂缝、推挤、油汀、油包等缺陷,且无明显离析		目测
接缝		随时	紧密平整、顺直、无跳车		目测
		逐条缝检测评定	3mm	5mm	3m 直尺检测
施工温度	摊铺温度	逐车检测评定	符合规范规定		温度计量测
	碾压温度	随时	符合规范规定		插入式温度计实测
厚度	每一层次	随时 厚度50mm以下 厚度50mm以上	设计值的5% 设计值的8%	设计值的8% 设计值的10%	施工时用插入法量测松铺厚度及压实厚度
	每一层次	1个台班区段的平均值 厚度50mm以下 厚度50mm以上	-3mm -5mm	—	总量检验
	总厚度	每2000m² 一点单点评定	设计值的-5%	设计值的-8%	钻芯法
	上面层	每2000m² 一点单点评定	设计值的-10%	设计值的-10%	
压实度		每2000m² 检查1组,逐个试件评定并计算平均值	实验室标准密度的97%(98%) 最大理论密度的93%(94%) 试验段密度的99%(99%)		现场钻芯或挖坑
平整度 (最大间隙)	上面层	随时,接缝处单杆评定	3mm	5mm	3m 直尺检测
	中下面层	随时,接缝处单杆评定	5mm	7mm	3m 直尺检测

续上表

项　　目		检查频度及单点检验评价方法	质量要求或允许偏差		试 验 方 法
			高速公路、一级公路	其他公路	
平整度（标准差）	上面层	连续测定	1.2mm	2.5mm	连续式平整度仪
	中面层	连续测定	1.5mm	2.8mm	
	下面层	连续测定	1.8mm	3.0mm	
	基层	连续测定	2.4mm	3.5mm	
宽度	有侧石	检测每个断面	±20mm	±20mm	直尺检测
	无侧石	检测每个断面	不小于设计宽度	不小于设计宽度	
纵断面高程		检测每个断面	±10mm	±15mm	横断面仪或水准仪
横坡度		检测每个断面	±0.3%	±0.5%	横断面仪或水准仪
沥青面层上的渗水系数，不大于		每1km不少于5点，每点3处取平均值	300mL/min（普通密级配沥青混合料） 200mL/min（SMA混合料）		沥青路面渗水仪

3. 交工验收阶段的质量检验

沥青混合料路面工程完工后，施工单位、监理单位和建设单位应按相同的工程项目划分进行工程质量的监控和管理。施工单位应将全线以每1~3km作为一个评定路段，每一侧行车道按规定频度随机选取测点，对沥青面层进行全线自检，将单个测定值与表中的质量要求或允许偏差进行比较，计算合格率，然后计算一个评定路段的平均值、极差、标准差及变异系数。施工单位应在规定时间内提交全线检测结果及施工总结报告，申请交工验收。热拌沥青混合料路面交工验收阶段的检查项目、检查频度、质量要求见表4-4-8。

热拌沥青混合料路面交工验收实测项目　　　　表4-4-8

项次	检 查 项 目		规定值或允许偏差		检测方法与频率
			高速公路、一级公路	其他公路	
1△	压实度(%)		≥实验室标准密度的96%（*98） ≥最大理论密度的92%（*94） ≥试验段密度的98%（*99）		按规定方法检查，每200m测2点；核子（无核）密度仪每200m测1处，每处测5点
2	平整度	σ(mm)	≤1.2	≤2.5	平整度仪：全线每车道连续按每100m计算IRI或σ
		IRI(m/km)	≤2.0	≤4.2	
		最大间隙h(mm)	—	≤5	3m直尺：每200m测2处×5尺
3	弯沉值(0.01mm)		≤设计验收弯沉值		按规定方法检查
4	渗水系数(mL/min)	SMA路面	≤120		渗水试验仪；每200m测1处
		其他沥青混凝土路面	≤200		

续上表

项次	检查项目		规定值或允许偏差		检测方法与频率
			高速公路、一级公路	其他公路	
5	摩擦系数		满足设计要求	—	摆式仪:每200m测1处;横向力系数检测车:全线连续按规定评定
6	构造深度		满足设计要求	—	铺砂法:每200m测1处
7△	厚度(mm)	代表值	总厚度:$-5\%H$ 上面层:$-10\%h$	$-8\%H$	按规定方法检查,每200m测1点
		合格值	总厚度:$-10\%H$ 上面层:$-20\%h$	$-15\%H$	
8	中线平面偏位		20	30	全站仪:每200m测2点
9	纵断高程(mm)		±10	±15	水准仪:每200m测2个断面
10	宽度(mm)	有侧石	±20	±30	尺量:每200m测4个断面
		无侧石	≥设计值		
11	横坡度(%)		±0.3	±0.5	水准仪:每200m测2个断面
12△	矿料级配		满足生产配合比要求		按要求进行,每台班1次
13△	沥青含量		满足生产配合比要求		按要求进行,每台班1次
14	马歇尔稳定度		满足生产配合比要求		按要求进行,每台班1次

注:1. 表内压实度,高速公路和一级公路应先用2个标准评定,其他公路选用1个标准进行评定,带*号者是指SMA路面。

2. 表中沥青层厚度仅规定负允许偏差。H为沥青层总厚度,h为沥青层上面层厚度;其他公路的厚度代表值和合格值允许偏差按总厚度计,当$H \leq 60mm$时,允许偏差分别为$-5mm$和$-10mm$;当$H > 60mm$时,允许偏差分别为$-8\%H$和$-15H$。

3. △为关键项目。

学习情境小结

(1)沥青路面是用沥青材料作结合料黏结矿料修筑的面层与各类基层和垫层组成的路面结构。由于使用黏结力较强的沥青材料作结合料,因而增强了集料间的黏结力,提高了混合料的强度和稳定性,使路面的使用质量和耐久性都得到了提高。

(2)沥青路面结构层之间根据不同的目的和作用需设置透层、黏层和封层。

(3)沥青路面施工方法有层铺法和厂拌法。热拌沥青混合料路面是指沥青与矿料在加热状态下施工的沥青路面,适用于各种等级公路的沥青面层,应采用厂拌法施工。沥青表面处治、沥青贯入式采用层铺法施工。

(4)沥青路面的厂拌法施工过程主要包括试拌、拌和、运输、摊铺、碾压等工序,内容繁杂、实践性强。在实际施工过程中参考现行沥青路面施工及验收规范,按正确的施工工艺、方法、科学地组织施工,确保工程质量与进度。

学习效果反馈

一、名词解释

1. 透层;2. 黏层;3. 封层;4. 微表处;5. 稀浆封层

二、思考与练习题

1. 简述沥青路面的分类及其特点。
2. 简述沥青混凝土路面透层施工技术要点。
3. 简述沥青混凝土路面黏层施工技术要点。
4. 简述沥青混凝土路面微表处和稀浆封层(三层式)施工技术要点。
5. 简述沥青表面处治层施工工序及要求。
6. 简述沥青贯入式施工工序及要求。
7. 简述热拌沥青混合料施工工艺流程及质量控制要点。
8. 简述沥青混凝土路面施工时的温度要求。
9. 简述热拌沥青混合料面层对材料的要求。
10. 厂拌法沥青混凝土路面碾压分为哪几个阶段?各阶段的作用是什么?
11. 简述热拌沥青混合料路面施工过程中需检测的项目。
12. 简述热拌沥青混合料路面交工验收阶段需检测的项目。

三、案例分析

案例一

【任务描述】

某二级公路,K5+800~K10+700 为干燥路段,路面结构从上而下分别为 9cm 沥青混凝土、20cm 厚水泥稳定碎石、30cm 厚填隙碎石。面层沥青混合料采用拌和楼集中拌和,15t 以上自卸汽车运输,混凝土摊铺机进行摊铺。

施工过程出现下列事件:

事件一:一辆运输车配备的覆盖棚布,在运输混合料的途中,遭遇大风被吹掉,沥青混合料运至施工现场的温度为 108℃。

事件二:部分混合料温度较高,导致碾压发生黏轮现象。

【任务实施】

根据场景,回答下列问题:

1. 该路面结构中的填隙碎石属于(　　)。
   A. 下基层　　　　　　　　　B. 底基层
   C. 垫层　　　　　　　　　　D. 防冻层
2. 该路面等级属于(　　)。
   A. 次高级路面　　　　　　　B. 高级路面
   C. 一级路面　　　　　　　　D. 二级路面

3. 对事件一中的混合料,正确的处理方式是( )。
    A. 废弃   B. 重新加热再摊铺
    C. 按正常的混合料摊铺   D. 与较高温度的沥青混合料混合后再摊铺
4. 针对事件二,较好的处理方式是( )。
    A. 更换压实机具   B. 冷却后再碾压
    C. 向碾压轮喷洒雾状水   D. 向碾压轮喷洒线状水

案例二

【任务描述】厂拌法热拌沥青混合料路面施工方案编写

【任务实施】

一、工程概况

赤(赤峰)大(大板)高速公路是国家规划的丹东—锡林浩特高速公路的一段,南起赤峰市新城区,与规划建设中的赤朝、赤承高速公路相连,北止巴林右旗查干花嘎查,与省际大通道相接。赤大高速公路从2005年开工建设,历时三年时间,共投资近30亿元,主线全长150km,设计速度100km/h,为全立交、全封闭、双向四车道的建设标准。

赤大高速路面第五合同段,全长25km,沥青混凝土下面层厚度为6cm,工程量为571683m^2。

二、施工任务划分及队伍安排

本合同段组织建立专门的下面层施工队伍进行下面层施工,配备专业的测量工程师、试验工程师、质检工程师、技术负责人等。

三、工期安排

沥青混凝土下面层于2006年8月1日开工,2006年9月30日完成。

四、总体施工方案

本合同段沥青混凝土下面层工程量为571683m^2,施工过程中准备采用M3000型沥青混凝土拌和设备进行拌和,15台15t以上的自卸汽车将混合料运至施工现场,2台ABG423型摊铺机进行摊铺,采用2台英格索兰DD130振动压路机、1台英格索兰DD110振动压路机、1台轮胎压路机、1台1.8t振动压路机进行碾压成型。

五、施工方法及施工工艺

1. 准备工作

(1)技术准备

施工前组织技术人员及施工人员进行现场勘察,认真审阅施工图纸,做好图纸会审与设计交底工作,编制切实可行的施工方案,对所有的施工人员做好技术交底工作。

(2)施工材料准备

下面层集料采用玄武岩或石灰岩碎石,压碎值不大于28%,针片状含量不大于15%。矿粉采用石灰岩磨制的石灰石粉,质量满足规范要求,亲水系数小于1,含水率不大于1%,视密度不小于2.5t/m^3。

(3)施工机械准备

2台ABG423摊铺机联合作业,2台英格索兰DD130振动压路机、1台英格索兰DD110振动压路机、1台轮胎压路机、1台1.8t振动压路机、1台ZL50型装载机。

2. 试验段施工

沥青混凝土下面层正式开工前,铺筑200m试验段,进行沥青混凝土的试拌、试铺、试压试验。并据此制定正式的施工程序,以确保良好的施工质量和路面施工的顺利进行。

试验路段的质量检测:面层宽度用钢尺丈量,路面平整度用3m直尺检测。用水准仪实测横向、纵向高程,计算横坡度、纵断高程。厚度由现场钻孔取芯量测。

试验路段要确定以下数据:

(1)确定拌和温度、拌和时间、验证矿料级配和沥青用量。

(2)确定摊铺温度、摊铺速度。

(3)确定压实温度、压路机类型、压实工艺及压实遍数。

(4)检测试验段施工质量,不符合要求时找出原因,采取纠正措施,重新铺筑试验路段,直到满足要求为止。

(5)根据试验路段的试验结果,制定适宜的工艺流程。

3.喷洒透层油

在喷洒透层油之前,要对基层表面进行必要的清扫和修补,使基层表面无明显的离散、松散和大量的浮尘、浮砂等。透层油在摊铺沥青混合料之前,把液体乳化沥青透层油,用沥青洒布车直接喷洒到基层表面。在通常情况下透层油的洒布量为:乳化沥青 $0.4L \sim 0.7L/m^2$。透层油洒布时应没有雾、雨、风的影响,洒布的基层表面温度应高于10℃,风速适度,使沥青材料不会因被风刮而洒布不均匀。

4.沥青混合料的拌和和运输

拌和好的沥青混合料应均匀,无花白料、离析、结团结块、沥青过热发焦等现象。用电子数字显示测温计测定的出厂温度应符合要求,在各项指标检验合格后,才可以出场。

沥青混合料运输采用15台15t以上自卸载重汽车,车槽内均匀地涂刷隔离剂。拌和设备自动装料后,加苫布覆盖,装运沥青混凝土的车辆应经地磅过秤,同时测定出场温度,运往施工现场指定地点,由专人检查验收签认。从拌和机向运料车放料时,每卸一斗挪动一下汽车的位置,以减少粗细集料的离析现象。

5.沥青混合料的摊铺

(1)为保证摊铺质量,使用2台ABG423型摊铺机同步整幅进行摊铺。摊铺机前后相距5~10m,重叠5~10cm摊铺,以免出现纵向搭缝。

(2)利用平衡梁控制路面平整度,开始摊铺3~6m长后,立即检测摊铺面高程和横向坡度,不符合设计要求时,要适当调整熨平板的高度和横坡,直到合格,再继续摊铺。

(3)正常施工时摊铺温度为110~130℃,不得超过165℃,低温施工时不低于120~140℃,不超过175℃。设专职质检员在摊铺现场量测到达工地的沥青混凝土温度。

(4)正常施工时,摊铺机每前进10m,随车检测人员应检测一次摊铺面高程和坡度。

(5)在实际的摊铺作业中摊铺机的速度不宜过快,控制在每分钟行进3~5m。

(6)在运输车载重靠斗时,较大的碰挤会影响摊铺机的正常工作状态,对摊铺机产生不利影响。连续摊铺时,运料车要在摊铺机前10~30cm处停住,不得撞击摊铺机。卸料时挂空挡,靠摊铺机推行,并设专人指挥车辆。

6.碾压

面层选用英格索兰DD110双轮振动压路机、英格索兰DD130双轮振动压路机进行碾压,先稳压,后振压,最后使用英格索兰双轮压路机进行追压和整平。

碾压方法如下:

(1)初压:碾压采用英格索兰DD110、英格索兰DD130振动压路机各稳压一遍,以由边缘向中间、由低向高的顺序碾压,温度控制在 100～120℃,速度为 1.5～2km/h。初压后检查平整度、路拱及油面表观,必要时及时修整。

(2)复压:DD130 振动压路机进行振动碾压一遍,其后使用胶轮压路机追压一遍,温度不低于 80℃,速度控制在 5km/h。

(3)终压:采用英格索兰 DD130 振动压路机静压一遍,赶光一遍,以消除轮迹,确保表面平整度,终压压实温度不低于 70℃,速度控制在 2.5～3km/h。

碾压时应注意如下事项:

(1)碾压时压路机由路边向中间碾压,有超高的地段由内侧向外侧,纵向进退式进行,相邻碾压带应重叠 1/3～1/2 轮宽,双轮压路机每次重叠为 30～70cm,压完全幅为一遍。

(2)边缘有路缘石支挡时,紧靠支挡碾压,当边缘无支挡时,用耙子将边缘的混合料稍稍耙高,然后将压路机外侧轮伸出边缘 10cm 以上碾压,也可以在边缘先空出 30～40cm 宽,待压完第一遍后,将压路机大部分质量位于已压实过的混合料上面再压边缘,以减少向外排移。

(3)压路机每次应由两端折回的位置梯形地随摊铺向前推进,使折回处不在同一个断面上,这样可避免在相同横断面换向造成压痕。变更碾压道时,要在碾压区内较冷的一端进行,振动压路机倒车时应先停止振动,并在向另一方向运动后再开始振动,以避免混合料形成鼓包。在摊铺机连续摊铺的过程中,压路机不得随意停顿。

(4)碾压时应将驱动轮面向摊铺机,以减少波纹或裂缝。压路机线及碾压方向不应突然改变而导致混合料产生推移,压路机起动、停止必须减速缓慢进行。

(5)压路机不得在新铺混合料上掉头、左右移动位置、紧急制动,或从碾压完毕的路段进出。

(6)对压路机无法压实的拐弯死角等处,用小型振动压路机或振动夯压实。

(7)压路机碾压过程中有沥青混合料黏轮现象时,可向碾压轮洒少量水或加洗衣粉的水,严禁洒柴油。

(8)为保证碾压质量,设专人测量油温、控制碾压遍数,同时用插旗的办法严格控制摊铺、初压、复压及终压时间。碾压方法必须遵循紧跟、快上、高频、低幅的原则。

7. 接缝

路面铺筑工作应合理组织,尽量减少接缝。纵向接缝采用热茬接缝,相邻两摊铺机边缘挡板应重叠 5～10cm,横向接缝施工采用直茬热接缝,即在前一天摊铺结束时在接茬处加设挡板(与该层等厚),再次摊铺前使用切割机切除毛茬部分,在切割面刷涂黏结沥青,然后摊铺新料。开始接茬时,用热沥青混凝土对旧茬进行 10min 预热。在接茬处应进行横向碾压。

8. 养护

当沥青混凝土面层温度降到大气温度时,即可开放交通。

六、使用及运营情况

在建设单位、施工单位、监理单位的共同努力下,对施工的各个环节进行严格把关,加强施工管理,严格按施工规范要求进行质量控制,赤大高速公路于 2007 年 12 月 6 日全线通车。在运营过程中,路面没有出现各种病害,运营情况良好。

学习情境五　水泥混凝土路面面层施工

工作任务一　认知水泥混凝土路面

学习目标

(1)掌握水泥混凝土路面分类。
(2)知道水泥混凝土路面的路用性能。

任务描述

水泥混凝土路面是以水泥与水拌和而成的水泥浆为结合料,以碎(砾)石、砂为集料,掺入适当的外加剂,拌和成水泥混凝土混合料,运输至现场,经摊铺、振捣、养护而达到一定强度的路面。本任务要求学生能选择水泥混凝土路面的类型。

相关知识

一、水泥混凝土路面

水泥混凝土路面是以水泥与水拌和而成的水泥浆为结合料,以碎(砾)石、砂为集料,掺入适当的外加剂,拌和成水泥混凝土混合料,运输至现场,经摊铺、振捣、养护而达到一定强度的路面。水泥混凝土路面适用于高速公路、一级公路、二级公路、三级公路、四级公路。

二、水泥混凝土路面的特性

所谓混凝土路面,是指除接缝区和局部范围(边缘和角隅)外不配置钢筋的混凝土路面。与其他类型路面相比,混凝土路面具有以下优点:

(1)强度高。混凝土路面具有很高的抗压强度和较高的抗弯拉强度以及抗磨耗能力。

(2)稳定性好。混凝土路面的水稳性、热稳性均较好,特别是它的强度能随时间的延长而逐渐提高,不存在沥青路面的"老化"现象。

(3)平整度和粗糙度好。尽管水泥混凝土路面设有接缝,但它的表面很少有起伏、波浪变形,通行各种重型车辆时均能保持良好的平整度。同时,路面在潮湿时仍能保持足够的粗糙度而保证车辆不打滑,并且能够使车辆保持较高的安全行车速度。

(4)维修费用少,运输成本低。由于水泥混凝土路面坚固耐久,维修的工作量小,故所需的维修费用少,而且路面平整、行车阻力小,能够提高车速,减少燃料消耗,降低运输成本。

(5)有利于夜间行车。混凝土路面色泽鲜明,能见度好,对夜间行车有利。

混凝土路面也存在一些缺点,主要有以下几方面:

(1)对水泥和水的需用量大。修筑 0.2m 厚、7m 宽的混凝土路面,每 1000m 要耗费水泥 400～500t 和水约 250t,尚不包括养护用水在内,这给水泥供应不足和缺水地区带来较大困难。

(2)有接缝。混凝土路面要建造许多接缝,这些接缝不仅增加了施工和养护的复杂性,还容易引起跳车现象,影响行车的舒适性。同时接缝又是路面的薄弱点,如处理不当,将导致路面板边和板角处破坏。

(3)开放交通较迟。混凝土路面施工完成后,要经过28d的封闭潮湿养护,才能开放交通,如需要提前开放交通,应采取特殊措施。

(4)修复困难。混凝土路面损坏后,开挖很困难,修补工作量也很大,且影响交通。

三、水泥混凝土路面的路用性能要求

(1)水泥混凝土面层应具有足够的强度、耐久性,表面抗滑、耐磨、平整。应从材料、施工工艺上严格执行《公路水泥混凝土路面技术细则》(JTG F30—2014)的规定。

(2)水泥混凝土面板的弯拉强度远小于抗压强度,当弯拉应力超过混凝土面板弯拉强度时,面板将产生断裂破坏。普通水泥混凝土路面配合比设计的强度指标是弯拉强度而不是抗压强度。

(3)面板顶面底面的温度变化使板体内产生温度翘曲应力,板的平面尺寸越大,翘曲应力越大。在车辆荷载作用下,混凝土面板产生弯曲,当轮载作用于面板中部时,面板顶面出现压应力而底面承受弯拉应力;当轮载作用于板角时,面板底面承受压应力而顶面出现弯拉应力。在重复荷载作用下混凝土面板反复承受弯拉应力与压应力的作用,应考虑荷载疲劳应力与温度疲劳应力的综合作用进行混凝土面板厚度的设计。

(4)水泥混凝土是一种脆性材料,它在断裂时的相对拉伸变形很小,在弯曲断裂时的表面相对拉伸变形只有1/10000~3/10000,所以在荷载作用下,土基、基层的变形情况对混凝土面板的影响很大,不均匀的变形会致使面板与基层脱空,板体由此而产生断裂。因此,在水泥混凝土面层摊铺前,应对基层进行检查处理,并洒水湿润(防止混凝土面层失水产生裂缝);施工时注意接缝设置、切缝时间、养护,以防裂缝及断板。

(5)水泥混凝土路面表面构造应采用刻槽、压槽、拉槽或拉毛等方法制作,以满足表面抗滑的要求。

四、其他混凝土路面

1. 钢筋混凝土路面

钢筋水泥混凝土路面是指为防止可能产生的裂缝缝隙张开,板内配置纵、横向钢筋或钢筋网的水泥混凝土路面。当混凝土板的平面尺寸较大,或预计基层有可能产生不均匀沉陷,或者板下埋有地下设施等情况时,宜采用钢筋水泥混凝土路面。

2. 连续配筋水泥混凝土路面

连续配筋水泥混凝土路面是指沿纵向配置连续的钢筋,除了在与其他路面交接处或邻近构造物附近设置胀缝以及由于施工需要设置施工缝外,一般不设横向接缝的水泥混凝土面层。该路面一般适用于高速公路或一级公路和机场混凝土道面等重载交通。

3. 碾压水泥混凝土路面

碾压水泥混凝土路面是指采用含水率较低的特干硬性水泥混凝土拌和物,使用摊铺机摊铺、压路机压实,达到高密度、高强度的路面。碾压水泥混凝土路面较其他路面能节省大量的水泥,且施工速度快,养护时间短,强度高,具有很好的社会经济效益,但碾压水泥混凝土表面

平整度差。因此,碾压水泥混凝土路面一般适用于二级及二级以下公路,或用作其他道路的下面层。

4.钢纤维水泥混凝土

钢纤维水泥混凝土是指在混凝土中掺入一些低碳钢、不锈钢或其他纤维,使其成为一种均匀而多向配筋的混凝土路面。钢纤维水泥混凝土的抗疲劳、抗冲击能力和防止裂缝的能力较好,且厚度比普通水泥混凝土路面减薄35%～45%,缩缝间距可以增至15～20m,胀缝与纵缝可以不设。

5.复合式混凝土路面

复合式混凝土是指采用两层或两层以上不同强度或不同类型混凝土铺筑而成的路面。

工作任务二　水泥混凝土路面施工

(1)了解水泥混凝土路面的材料要求。
(2)熟悉水泥混凝土路面的施工方法及适用条件。
(3)能够运用《公路水泥混凝土路面施工技术细则》(JTG/T F30—2014)的要求,从事水泥混凝土路面的施工。

某公路起终点桩号为K132+000～K162+131,设计车速为80km/h,路基宽25m,全长28.1km,合同工期335d。路面结构形式:28cm水泥混凝土路面,路面宽度为24.0m;浆砌片石路肩宽度为0.5m,路面基层为16cm级配砾石,底基层宽度为25m。水泥混凝土面层采用混凝土搅拌楼拌和、滑模摊铺机摊铺,并采用8t以内自卸汽车运输。

本任务要求学生能够编写水泥混凝土路面施工方案,并能按照标准和规范进行水泥混凝土路面的施工。

一、一般规定

《公路水泥混凝土路面施工技术细则》(JTG/T F30—2014)中对水泥混凝土路面施工的一般规定如下:

(1)水泥混凝土面层适用于各等级公路路面。
(2)水泥混凝土面层施工如遇下列天气条件之一者,必须停工,不得强行铺筑。
①现场降雨或下雪。
②风力达到6级及6级以上的强风天气。
③现场气温高于4℃,或拌和物摊铺温度高于35℃。
④摊铺现场连续5昼夜平均气温低于5℃或夜间最低气温低于-3℃。

(3)特殊天气条件施工(雨期施工、刮风天施工、高温期施工、低温期施工)应按照《公路水泥混凝土路面施工技术细则》(JTG/T F30—2014)的相关规定执行。

二、施工准备

1. 施工方法选择

水泥混凝土面层铺筑的技术方法有小型机具施工、三辊轴机组施工、滑模摊铺机施工和碾压混凝土机械施工。适用范围见表5-2-1。

水泥混凝土路面各施工方法的适用范围   表5-2-1

施工方式	适用范围
小型机具施工	可用于三级、四级公路水泥混凝土面层的施工,不得用于隧道水泥混凝土面层与桥面铺装施工
三辊轴机组施工	可用于二级及二级以下公路的水泥混凝土路面面层、桥面和隧道混凝土面层的施工,也可用于高速公路、一级公路硬路肩、匝道、收费广场边板、封闭式中央分隔带、弯道超高加宽段硬路肩及局部异形板等的施工
滑模摊铺机施工	宜用于高速公路和一级、二级公路普通水泥混凝土面层、配筋混凝土面层、纤维混凝土面层、钢筋混凝土桥面、隧道混凝土面层、混凝土路缘石、路肩石及护栏等滑模施工
碾压混凝土机械施工	可用于二级、三级、四级公路混凝土面层与高速公路、一级公路复合式路面碾压混凝土下面层施工

(1)小型机具施工

小型机具施工工艺是水泥混凝土路面施工方式中传统的施工方式。小型机具施工是采用固定模板,人工布料,手持振捣棒、振动板或振动梁振实,滚杠、修整尺、抹刀整平水泥混凝土路面的施工工艺。小型机具施工技术简单成熟,施工便捷,不需要大型设备,主要靠人工,因此一般用在县乡公路,三级、四级公路,等外公路,旅游公路,村镇内道路与广场建设中,如图5-2-1所示。

(2)三辊轴施工

三辊轴机组施工工艺的机械化程度适中,设备投入少,技术容易掌握,不少地方在使用。三辊轴机组施工采用振捣机具和三辊轴整平机配合铺筑水泥混凝土面层,如图5-2-2所示。其特征是需要在边缘架设模板,模板同时兼具三辊轴整平机轨道的功能。

图5-2-1 小型机具施工

图5-2-2 三辊轴施工

(3)滑模摊铺机施工

滑模摊铺技术已经成为高等级公路水泥混凝土路面施工中广泛采用的工程质量最高、施工速度最快、装备最现代化的高新成熟技术。滑模摊铺机施工采用滑模摊铺机铺筑水泥混凝土面层,其特征是不架设边缘固定模板,布料、摊铺、振捣密实、挤压成型、抹面修饰等施工流程在摊铺机行进过程中连续完成,如图5-2-3所示。

(4)碾压混凝土施工(图5-2-4)

碾压混凝土机械施工采用特干硬性水泥混凝土,用沥青混凝土或基层摊铺机摊铺,用压路机振动碾压密实。目前该技术尚存在一些未彻底解决的问题,如裂缝、离析、局部早期损坏成坑、板底密实度不佳和动态平整度不高等。因此,碾压混凝土仅适用于二级及二级以下水泥混凝土路面或复合式路面下面层施工。

图5-2-3 滑模摊铺机施工

图5-2-4 碾压混凝土施工

2.原材料选择

水泥混凝土的基本组成材料有水泥、水、粗集料、细集料、外加剂和矿物掺和料6种。水泥混凝土质量,除了与配合比和搅拌质量有关外,与原材料的质量和技术指标也有很大关系。

(1)原材料质量要求

①水泥。

a.技术要求。

极重、特重、重交通荷载等级公路面层混凝土应采用旋窑生产的道路硅酸盐水泥,也可采用旋窑硅酸盐水泥或普通硅酸盐水泥;中、轻交通荷载等级公路面层混凝土可采用矿渣硅酸盐水泥。低温天气施工或有快通要求的路段可采用早强型水泥,高温期施工宜采用普通水泥。

面层水泥混凝土所采用的技术要求除应满足现行规范的规定外,各龄期的实测抗折强度、抗压强度尚应符合表5-2-2的规定。

各交通等级路面水泥龄期的抗折强度、抗压强度   表5-2-2

混凝土设计弯拉强度标准值(MPa)		5.5①		5.0		4.5		4.0	
龄期(d)		3	28	3	28	3	28	3	28
水泥实测抗折强度(MPa)	≥	5.0	8.0	4.5	7.5	4.0	7.0	3.0	6.5
水泥实测抗压强度(MPa)	≥	23.0	52.5	17.0	42.5	17.0	42.5	10.0	32.5

注:①本栏也适用于设计弯拉强度为6.0MPa的纤维混凝土。

b.化学成分。

各交通荷载等级公路面层水泥混凝土用水泥的成分应符合表5-2-3的规定。

各交通等级公路面层水泥混凝土用水泥的化学成分　　　　表 5-2-3

项次	水泥成分		极重、特重、重交通荷载等级	中、轻交通荷载等级
1	熟料游离氧化钙含量(%)	≤	1.0	1.8
2	氧化镁含量(%)	≤	5.0	6.0
3	铁铝酸四钙含量(%)	≤	15.0~20.0	12.0~20.0
4	铝酸三钙含量(%)	≤	7.0	9.0
5	三氧化硫含量[①](%)	≤	3.5	4.0
6	碱含量 $Na_2O + 0.658K_2O$(%)	≤	0.6	怀疑有碱活性集料时,0.6;无碱活性集料时,1.0
7	游离子含量[②](%)	≤	0.06	0.06
8	混合料种类		不得掺窑灰、煤矸石、火山灰、烧黏土、煤渣,有抗盐冻要求时,不得掺石灰岩粉	不得掺窑灰、煤矸石、火山灰、烧黏土、煤渣,有抗盐冻要求时,不得掺石灰岩粉

注:①三氧化铝含量在硫酸盐腐蚀场合为必测项目,无腐蚀场合为选测项目。
　　②游离子含量在钢筋混凝土和钢纤维混凝土面层中为必测项目,水泥混凝土面层为选测项目。

化学成分中,游离氧化钙和氧化铝含量高会降低混凝土的疲劳寿命。铁铝酸四钙含量过低会降低水泥混凝土的弯拉强度,过高会导致路面难以抹面、平整度差。铝酸三钙含量高时,一是会导致水泥凝结硬化速度过快、发热量过大,易产生裂缝;二是会降低抗折强度;三是会过量吸附外加剂,降低水泥对外加剂的适应性。因此,实际工程中应对路用水泥中掺加混合材料进行限制,防止面层开裂,提高疲劳动荷性能和耐久性。

c. 物理指标。

根据交通等级的不同,选择物理性能不同的水泥,各交通荷载等级公路面层水泥混凝土用水泥的物理指标应符合表 5-2-4 的规定。

各交通荷载等级公路面层水泥混凝土用水泥的物理指标要求　　　　表 5-2-4

项次	水泥物理性能			极重、特重、重交通荷载等级	中、轻交通荷载等级
1	出磨时安定性			雷式夹或蒸煮法检验均必须合格	蒸煮法检验必须合格
2	凝结时间(h)	初凝	≥	1.5	0.75
		终凝	≤	10	10
3	标准稠度需水量(%)		≤	28.0	30.0
4	比表面积(m²/kg)			300~450	300~450
5	细度(80μm 筛的筛余量,%)		≤	10.0	10.0
6	28d 干缩率(%)		≤	0.09	0.10
7	耐磨性(m²/kg)		≤	2.5	3.0

d. 水泥选择。

面层水泥混凝土选用水泥时,除应满足表 5-2-2~表 5-2-4 的各项要求外,还应对拟选用厂家水泥进行混凝土配合比对比试验,根据所配置的混凝土弯拉强度、耐久性和工作性,选择适宜的水泥品种和强度等级。

采用滑模摊铺机铺筑时,宜选用散装水泥。高温期施工时,散装水泥的入罐最高温度不宜高于60℃;低温期施工时,水泥进入搅拌缸前的温度不宜低于10℃。

②掺和料。

水泥混凝土中使用的掺和料主要有低钙粉煤灰、硅灰和矿渣粉。

a. 粉煤灰是煤粉燃烧后收集到的灰粒,其主要成分是活性氧化硅和氧化铝。研究表明,粉煤灰渗入混凝土后,不仅可节约水泥,而且能与水泥长短互补,完成混凝土的减水剂、释水剂、增塑剂等一系列复合功能,具有明显的技术经济效益。

粉煤灰质量不应低于表5-2-5中Ⅱ级粉煤灰的要求,不得掺用高钙粉煤灰或Ⅲ级及Ⅲ级以下低钙粉煤灰,粉煤灰进货应有等级检验报告。

低钙粉煤灰分级和质量标准 表5-2-5

粉煤灰等级	细度(45μm气流筛的筛余量,%)	烧失量(%)	需水量(%)	含水率(%)	游离氧化钙含量(%)	SO_3(%)	混合砂浆强度活性指数 7d	混合砂浆强度活性指数 28d
Ⅰ	≤12.0	≤5.0	≤95.0	≤1.0	<1.0	≤3.0	≥75	≥80(75)
Ⅱ	≤25.0	≤8.0	≤105.0	≤1.0	<1.0	≤3.0	≥70	≥80(62)
Ⅲ	≤45.0	≤15.0	≤115.0	≤1.0	<1.0	≤3.0	—	—

注:混合砂浆的强度活性指数为掺粉煤灰的砂浆与水泥砂浆的抗压强度比的百分数,不带括号的数值适用于所配制混凝土强度等级不小于C40时;当配置的混凝土等级小于C40时,混合砂浆强度活性指数应满足28d括号中数值的要求。

b. 硅灰是从冶煤金属硅或硅铁合金的烟道中收集到的极细、高水硬活性硅质灰粉,其细度比水泥高1~2个数量级,密度很小,单位质量体积很大。主要用于高强与超高强混凝土。由于需水量很高,必须与高效减水剂或超塑化剂共同掺用,在一般施工条件下要求缓凝时,应使用高效缓凝剂。高温施工时,不宜掺用硅粉。其质量应符合表5-2-6的要求。

矿渣粉、硅灰的质量标准 表5-2-6

质量标准 种类	质量标准 等级	比表面积(m^2/kg)	密度(g/cm^3)	烧失量(%)	流动度比(%)	含水率(%)	氯离子含量(%)	玻璃体含量(%)	游离氧化钙含量(%)	SO_3(%)	混合砂浆强度活性指数(%) 7d	混合砂浆强度活性指数(%) 28d
磨细矿渣粉	S105	≥500	≥2.80	≤3.0	≥95.0	≤1.0	<0.06	≥85.0	<1.0%	≤4.0	≥95	≥105
磨细矿渣粉	S95	≥400	≥2.80	≤3.0	≥95.0	≤1.0	<0.06	≥85.0	<1.0%	≤4.0	≥75	≥75
硅灰		≥15000	≥2.10	≤6.0	—	≤3.0	<0.06	≥90.0	<1.0%			≥105

c. 磨细矿渣是从冶铁高炉排出,经高温水淬处理后,并经与水泥相同工序磨细后得到的超细矿渣。由于矿渣本身具有自硬化能力,水化反应速度快,因此其一般用于制作高强混凝土。使用矿渣硅酸盐水泥时不得再掺加矿渣粉。其质量应符合表5-2-6的要求。

③粗集料与再生粗集料。

a. 粗集料技术要求。

粗集料是指混凝土中粒径大于5mm的碎石、砾石和碎砾石。粗集料应使用质地坚硬、耐久、干净的碎石、破碎卵石或卵石。极重、特重、重交通荷载等级公路面层用粗集料质量不应低于表5-2-7中Ⅱ级的要求;中、轻交通荷载等级公路面层用粗集料可使用Ⅲ级粗集料。

b. 再生粗集料技术要求。

中、轻交通荷载等级公路面层水泥混凝土可使用再生粗集料,其质量应符合表5-2-8的规定。再生集料可单独或掺配新集料后使用,但应进行配合比试验验证,确定混凝土性能满足设计要求。

碎石、碎卵石和卵石质量标准　　　　　表 5-2-7

项　目			技 术 要 求		
			Ⅰ级	Ⅱ级	Ⅲ级
碎石压碎指标(%)		≤	18.0	25.0	30.0
卵石压碎指标(%)		≤	21.0	23.0	26.0
坚固性(按质量损失计,%)		≤	5.0	8.0	12.0
针片状颗粒含量(按质量计,%)		≤	8.0	15.0	20.0
含泥量(按质量计,%)		≤	0.5	1.0	2.0
泥块含量(按质量计,%)		≤	0.2	0.5	0.7
吸水率①(按质量计,%)		≤	1.0	2.0	3.0
硫化物及硫酸盐(按 SO_3 质量计,%)		≤	0.5	1.0	1.0
洛杉矶磨耗损失③(%)		≤	28.0	32.0	35.0
有机物含量(比色法)			合格	合格	合格
岩石抗压强度(MPa)②	岩浆岩	≥	100		
	变质岩		80		
	沉积岩		60		
表观密度(kg/m³)		≥	2500		
松散堆积密度(kg/m³)		≥	1350		
空隙率(%)		≤	47		
碱活性反应②			不得有碱活性反应或疑似碱活性反应		

注：①有抗冰冻、抗盐冻要求时,应检验粗集料吸水率。
②硫化物及硫酸盐含量、碱活性反应、岩石抗压强度在粗集料使用前应至少检验一次。
③洛杉矶磨耗损失、磨光值仅在要求制作露石水泥混凝土面层时检测。

再生粗集料的质量标准　　　　　表 5-2-8

项　目		技 术 要 求		
		Ⅰ级	Ⅱ级	Ⅲ级
压碎指标(%)	≤	21.0	30.0	43.0
坚固性(按质量损失计,%)	≤	5.0	10.0	15.0
针片状颗粒含量(按质量计,%)	≤	10.0	10.0	10.0
微粉含量(按质量计,%)	≤	1.0	2.0	3.0
泥块含量(按质量计,%)	≤	0.5	0.7	1.0
吸水率①(按质量计,%)	≤	3.0	5.0	8.0
硫化物及硫酸盐(按 SO_3 质量计,%)	≤	2.0	2.0	2.0
氯化物含量(以氯离子质量计,%)	≤	0.06	0.06	0.06
洛杉矶磨耗损失②(%)	≤	35	40	45
杂物含量(按质量计,%)	≤	1.0	1.0	1.0
表观密度(kg/m³)	≥	2450	2350	2250
空隙率(%)	≤	47	50	53

注：①当再生粗集料中碎石的岩石品种变化时,应重新检测上述指标。
②硫化物机硫酸盐含量、氯化物含量、洛杉矶磨耗损失在再生粗集料使用前应至少检验一次。

c. 粗集料与再生粗集料级配。

粗集料与再生粗集料不得使用不分级配的统料,应按最大公称粒径的不同采用 2~4 个单粒级的集料,进行掺配并符合表 5-2-9 合成级配及单粒级配范围的要求。碎石最大公称粒径不宜大于 31.5mm,卵石最大公称粒径不宜大于 19mm,碎卵石最大公称粒径不宜大于 26.5mm,碎卵石或碎石中粒径小于 75μm 的石粉含量不宜大于 1%。

粗集料级配范围　　　　　　　　　　　　　　　　　　　　表 5-2-9

类型	粒径 (mm)	方孔筛尺寸(mm)							
		2.36	4.75	9.50	16.0	19.0	26.5	31.5	37.5
		累计筛余(以质量计,%)							
合成级配	4.75~16	95~100	85~100	40~60	0~10				
	4.75~19	95~100	85~95	60~75	30~45	0~5	0		
	4.75~26.5	95~100	90~100	70~90	50~70	25~40	0~5	0	
	4.75~31.5	95~100	90~100	75~90	60~75	40~60	20~35	0~5	0
单粒级配	4.75~9.5	95~100	80~100	0~15	0				
	9.5~16		95~100	80~100	0~15	0			
	9.5~19		95~100	85~100	40~60	0~15	0		
	16~26.5			95~100	55~70	25~40	0~10	0	
	16~31.5			95~100	85~100	55~70	25~40	0~10	0

④ 细集料。

细集料是指粒径小于 5mm 的天然砂、机制砂或混合砂。

a. 细集料的技术要求。

细集料应使用质地坚硬、耐久、洁净的天然砂或机制砂,不宜使用再生细集料。极重、特重、重交通荷载等级公路面层水泥混凝土用天然砂的质量标准不应低于表 5-2-10 规定的 Ⅱ 级,中、轻交通荷载等级公路面层水泥混凝土可使用 Ⅲ 级天然砂。机制砂宜采用碎石作为原料,并用专用设备生产。极重、特重、重交通荷载等级公路面层水泥混凝土用机制砂的质量标准不应低于表 5-2-11 规定的 Ⅱ 级,中、轻交通荷载等级公路面层水泥混凝土可使用 Ⅲ 级机制砂。

天然砂的质量标准　　　　　　　　　　　　　　　　　　　　表 5-2-10

项　目		技 术 要 求		
		Ⅰ	Ⅱ	Ⅲ
坚固性(以质量损失计,%)		6.0	8.0	10.0
含泥量(按质量计,%)	≤	1.0	2.0	3.0
泥块含量(按质量计,%)	≤	0	0.5	1.0
氯化物含量(氯离子质量计,%)	≤	0.02	0.03	0.06
云母含量(以质量计,%)	≤	1.0	1.0	2.0
硫化物及硫酸盐含量(按 SO_3 质量计,%)	≤	0.5	0.5	0.5
天然砂、机制砂含泥量(以质量计,%)	<	1.0	2.0	3.0
天然砂单粒级最大压碎指标(%)	<	20	25	30

续上表

项 目		技 术 要 求		
		Ⅰ	Ⅱ	Ⅲ
天然砂、机制砂含泥块量(以质量计,%)		0	<1.0	<2.0
机制砂 MB 值<1.4 或合格石粉含量(以质量计,%)	<	3.0	5.0	7.0
机制砂 MB 值≥1.4 或不合格石粉含量(以质量计,%)	<	1.0	3.0	5.0
有机物含量(比色法)		合格	合格	合格
轻物质(以质量计,%)	<	1.0	1.0	1.0
机制砂母岩抗压强度		火成岩不应小于100MPa;变质岩不应小于80MPa;水成岩不应小于60MPa		
表观密度(kg/m³)	>	2500		
松散堆积密度(kg/m³)	>	1300		
空隙率(%)	<	47		
碱-集料反应		经碱-集料反应试验后,由砂配制的试件无裂缝、酥裂、胶体外溢等现象,在规定试验龄期的膨胀率应小于0.10%		

机制砂的质量标准　　表5-2-11

项 目		技 术 要 求		
		Ⅰ	Ⅱ	Ⅲ
机制砂单粒级最大压碎指标(%)	<	20	25	30
机制砂吗母岩的抗压强度(MPa)	≥	80.0	60.0	30.0
坚固性(以质量损失计,%)		6.0	8.0	10.0
含泥量(按质量计,%)	≤	1.0	2.0	3.0
泥块含量(按质量计,%)	≤	0	0.5	1.0
天然砂单粒级最大压碎指标(%)	<	20	25	30
天然砂、机制砂含泥块量(以质量计,%)		0	<1.0	<2.0
机制砂 MB 值<1.4 或合格石粉含量(以质量计,%)	<	3.0	5.0	7.0
机制砂 MB 值≥1.4 或不合格石粉含量(以质量计,%)	<	1.0	3.0	5.0
有机物含量(比色法)		合格	合格	合格
硫化物及硫酸盐(按 SO_3 质量计,%)	<	0.5	0.5	0.5
轻物质(以质量计,%)	<	1.0	1.0	1.0
机制砂母岩抗压强度		火成岩不应小于100MPa;变质岩不应小于80MPa;水成岩不应小于60MPa		
表观密度(kg/m³)	>	2500		
松散堆积密度(kg/m³)	>	1300		
空隙率(%)	<	47		
碱-集料反应		经碱-集料反应试验后,由砂配制的试件无裂缝、酥裂、胶体外溢等现象,在规定试验龄期的膨胀率应小于0.10%		

b. 细集料的级配。

天然砂按细度模数分为Ⅰ区粗砂(3.1~3.7)、Ⅱ区中砂(2.3~3.0)和Ⅲ区细砂(1.6~2.2)。为提高路表面的抗滑和抗磨性能,路用混凝土一般选用中砂,也可使用细度模数在2.0~3.7之间的砂。机制砂按细度模数分为Ⅰ级砂(2.3~3.1)和Ⅱ、Ⅲ级砂(2.8~3.9),面层水泥混凝土与使用的机制砂,细度模数宜在2.3~3.1之间。施工中,混凝土同一配合比用砂的细度模数变化范围不应超过0.3,否则应调整配合比中的砂率。

⑤水。

饮用水可直接使用,对水质有疑问时,应检验其硫酸盐含量(SO_4^{2-} < 0.0027mg/mm³)、含盐量(≤0.005mg/mm³)、pH值(≥4)以及是否含油污、泥和其他有害杂质,检验合格后方可使用。

⑥外加剂。

外加剂是指在拌和混凝土时掺入,用以改善混凝土性质的物质。常用外加剂主要有三种:

a. 减水剂主要是在混凝土坍落度不变时,能减少拌和用水的外加剂。

b. 缓凝剂、速凝剂是在不影响混凝土的物理力学性质条件下,调节混凝土凝结时间的外加剂。

c. 引气剂是改善混凝土和易性、减少泌水和离析、提高混凝土抗冻、抗渗和抗蚀等性能的外加剂。

在路面和桥面混凝土选用减水剂时,应选择减水率大、坍落度损失小、可调控凝结时间的复合型减水剂。高温施工时,应选用引气缓凝减水剂,低温施工时使用引气早强减水剂。

无论使用何种外加剂,首先必须检验其与水泥的适应性,使用与水泥相适应的外加剂品种。各种外加剂的产品质量应符合《公路水泥混凝土路面施工技术细则》(JTG F30—2014)的有关规定。

(2)原材料检验

将同料源、规格、品种的原材料作为一批,分批量检验和存储。原材料的检验项目和批量应符合表5-2-12的规定。

混凝土原材料的检测项目和频率　　表5-2-12

材料	检测项目	检查频率	
		高速公路、一级公路	其他公路
水泥	抗折强度、抗压强度、安定性	机铺1500t一批	机铺1500t、小型机具500t一批
	凝结时间、标稠需水量、细度	机铺2000t一批	机铺3000t一批
	f-CaO、MgO、SO_3含量,铝酸三钙、铁铝酸四钙、干缩率、耐磨性、碱度、混合材料种类及数量	每合同段不少于3次,进场前必测	
	温度、水化热	冬、夏季施工随时检测	
掺和料	活性指数、细度、烧失量	机铺1500t一批	机铺1500t、小型机具500t一批
	需水量比、SO_3含量	每合同段不少于3次,进场前必测	
粗集料	级配,针片状、超径颗粒含量,表观密度、堆积密度、空隙率	机铺2500m³一批	机铺5000m³、小型机具1500m³一批
	含泥量、泥块含量	机铺1000m³一批	机铺2000m³、小型机具1000m³一批

续上表

材料	检测项目	检查频率	
		高速公路、一级公路	其他公路
粗集料	压碎值、岩石抗压强度	每种粗集料每合同段不少于2次	
	碱-集料反应	怀疑有碱活性集料进场前测	
	含水率	降雨或湿度变化随时测,且每日不少于2次	
砂	细度模数、表观密度、堆积密度、空隙率、级配	机铺2000m³一批	机铺4000m³、小型机具1500m³一批
	含泥量、泥块、石粉含量	机铺1000m³一批	机铺2000m³、小型机具500m³一批
	坚固性	每种砂每合同段不少于3次	
	云母含量、轻物质与有机物含量	目测有云母或杂质时测	
	硫化物及硫酸盐、海砂中氯离子含量	必要时测,淡化海砂每合同段3次	必要时测,淡化海砂每合同段2次
	含水率	降雨或湿度变化随时测,且每日不少于4次	降雨或湿度变化随时测,且每日不少于3次
外加剂	减水率、缓凝时间、液体外加剂含固量和相对密度、粉状外加剂的不溶物含量	机铺5t一批	机铺5t、小型机具3t一批
	引气剂的引气量、气泡细密程度和稳定性	机铺2t一批	机铺3t、小型机具1t一批
纤维	抗拉强度、弯折性能或延伸率、长度、长径比、形状	开工前或有变化时,每合同段3次	
	杂质、质量及其偏差	机铺50t一批	机铺50t、小型机具30t一批
养护材料	有效保水率、抗压强度比、耐磨性、耐热性、膜水溶性、含固量、成膜时间、薄膜或成膜连续不透气性	开工前或有变化时,每合同段不少于3次,每5t一批	
水	pH值、含盐量、硫酸根及杂质含量	开工前和水源有变化时测	

注:1. 当原材料规格、品种、生产厂、来源变化时或开工前,所有原材料项目均应检验。
　　2. 机铺是指滑模、轨道、三辊轴机组和碾压混凝土摊铺,数量不足一批时,按一批检验。

(3)原材料的存储要求

严禁使用受潮的水泥。散装水泥和粉煤灰应使用罐仓存储,但不得混罐。罐仓中宜储备不少于3d生产需要的水泥与掺和料。施工前,宜储备不少于正常施工10d用量的粗、细集料。砂石料场要硬化,不同规格的砂石料应用隔离设施隔开,并设标识牌,严禁混杂,并应架设顶棚以保证其含水率稳定。

3. 施工机具与设备

(1)小型机具施工

小型机具的性能应稳定可靠,操作简易,维修方便,机具配套应与工程规模、施工进度相适应。选配的成套机械、机具应符合表5-2-13的要求。

小型机具施工配套机械、机具的配置　　表 5-2-13

工作内容	主要施工机械、机具	
	名称及规格	数量及生产能力
钢筋加工	钢筋锯断机、折弯机、电焊机	根据需要定规格和数量
测量	水准仪、经纬仪	根据需要定规格和数量
架设模板	与路面厚度等高 3m 长槽钢模板、固定钢钎	数量不少于 3d 摊铺用量
拌和	强制式拌和楼,单车道≥50m³/h,双车道≥75m³/h	总搅拌生产能力及拌和楼的数量根据施工规模和进度由计算确定
	装载机	2~3m³
	发电机	≥120kW
	供水泵和蓄水池	单车道≥100m³,双车道≥200m³
运输	5~10t 自卸汽车	数量由匹配计算确定
振实	插入式振捣棒,功率≥1.1kW	每车道不少于 3 根
	振动板,功率≥2.2kW	每车道不少于 2 台
	振动梁,安装两个振动器的功率≥1.1kW	1 根
	现场发电机功率≥30kW	不少于 2 台
整平饰面	滚杠直径为 100~125mm,表面光滑的无缝钢管	每个作业面 2 根
	叶片式或圆盘式抹面机	每车道不少于 1 台
	3m 刮尺	每车道不少于 2 根
	手工抹刀	每米宽不少于 1 把
抗滑构造	工作桥	不少于 3 个
	人工拉毛齿耙、压槽器	根据需要定数量
切缝	软锯缝机	根据需要定数量
	手推锯缝机	根据进度定数量
磨平	水磨石磨机	需要处理欠平整部位时
灌缝	灌缝机具	根据需要定规格和数量
养护	洒水车 4.5~8.0t	按需要定数量
	压力式喷洒机或喷雾器	根据需要定规格和数量
	工地运输车 4~6t	按需要定数量

(2) 三辊轴施工机具

三辊轴整平机应由振动辊、驱动辊和甩浆辊组成,材质应为三根等长度、同直径无缝钢管,并有足够的刚度和耐磨性。三辊轴整平机的长度应比实际铺筑的面层宽度至少长出 0.6m,两端应搭在两侧模板顶面。

三辊轴机组(图 5-2-5)铺筑混凝土面板时,必须同时配备一台安装插入式振捣棒组的排式振捣机(图 5-2-6)。振捣机应由机架、行走机构和一排振捣棒组成,并配备螺旋布料器和松方控制刮板,具备自行或推行功能。

(3) 滑模摊铺机施工机具

①滑模摊铺机。

高速公路、一级公路施工时宜选配能一次摊铺不少于两个车道宽度的滑模摊铺机;二级公路路面的最小摊铺宽度不得小于单个车道的设计宽度。硬路肩宜选配可连体摊铺路缘石的中、小型多功能滑模摊铺机。

图 5-2-5　三辊轴机组

图 5-2-6　排式振捣机

②布料机械。

滑模摊铺路面时,可配备一台挖掘机或装载机辅助布料。当采用前置钢筋支架法设置缩缝传力杆的路面、钢筋混凝土路面、桥面和桥头搭板时,应选配适宜的布料机械,如侧向上料的布料机;侧向上料的供料机;带侧向上料机构的滑模摊铺机;挖掘机加料斗,侧向供料;吊车加短便桥钢凳,车辆直接卸料;吊车加料斗,起吊布料。

③抗滑构造施工机械。

可采用拉毛养护机或人工软拉槽制作抗滑沟槽。当工程规模大、日摊铺进度快时,宜采用拉毛养护机。高速公路、一级公路宜采用刻槽机进行硬刻槽,其刻槽作业宽度不宜小于500mm,所配备的硬刻槽机的数量及刻槽能力应与滑模摊铺进度匹配。

④切缝机械。

滑模摊铺混凝土路面的切缝可使用软锯缝机、支架式硬锯缝机和普通锯缝机。配备的锯缝机数量及切缝能力应与滑模摊铺进度相适应。

⑤滑模摊铺系统的配套机械。

滑模摊铺机施工的主要配套机械设备宜符合表 5-2-14 的要求。

滑模摊铺机施工的主要配套机械设备　　　　表 5-2-14

工作内容	主要施工机械设备	
	名　称	机型及规格
钢筋加工	钢筋锯断机、折弯机、电焊机	根据需要定规格和数量
测量基准线	水准仪、经纬仪、全站仪	根据需要定规格和数量
	基准线、线桩及紧线器	300 个桩、5 个紧线器、3000m 基准线
搅拌	强制式拌和楼	≥50m³/h,数量由计算确定
	装载机	2~3m³
	发电机	≥120kW
	供水泵和蓄水池	≥250m³
运输	运输车	4~6m³,数量由匹配计算确定
	自卸汽车	4~24m³,数量由匹配计算确定
摊铺	布料机、挖掘机、吊车等布料设备	根据需要定规格和数量
	滑模摊铺机一台	技术参数见相关规定
	手持振捣棒、整平梁、模板	根据人工施工接头需要定

续上表

工作内容	主要施工机械设备	
	名　称	机型及规格
抗滑	拉毛养护机一台	与滑模摊铺机同宽
	人工拉毛齿耙、工作桥	根据需要定规格和数量
	硬刻槽机：刻槽的宽度≥500mm，功率≥7.5kW	数量与摊铺进度匹配
切缝	软锯缝机	根据需要定规格和数量
	普通锯缝机或支架式硬锯缝机	根据需要定规格和数量
	移动发电机	12~60kW，数量由施工需要定
磨平	水磨石磨机	需要处理欠平整部位时
灌缝	灌缝机或插胶条工具	根据需要定规格和数量
养护	压力式喷洒机或喷雾器	根据需要定规格和数量
	工地运输车	4~6t，按需要定数量
	洒水车	4.5~8t，按需要定数量

(4) 碾压混凝土施工机具

碾压混凝土主要的施工设备有沥青混凝土摊铺机、钢轮压路机、振动压路机、轮胎压路机等，其他与滑模施工基本相同。

任务实施

下面分滑模摊铺机施工、三辊轴机组施工、小型机具施工、碾压混凝土路面施工4部分完成任务实施。

(一)滑模摊铺机施工

滑模摊铺机的施工工艺流程为：施工准备→混凝土拌和→混凝土运输→混凝土布料→滑模摊铺、振捣、抹面→接缝制作→抗滑构造制作→整修养护→灌填缝料→验收及开放交通。具体施工工艺流程如图5-2-7所示(资源19)。

1. 基层准备

水泥混凝土面层铺筑前，宜至少提供足够机械连续施工10d以上的合格基层，并应对基层进行全面的破损检查。当基层存在裂缝等破坏时，应采取措施处理修复，并对基层清扫干净、洒水湿润。

2. 基准线设置

滑模摊铺混凝土路面的施工应设置基准线。基准线采用拉线方法进行设置。基准线的设置形式有单向坡双线式、单向坡单线式和双向坡双线式。基准线的设置应满足下列要求：

(1) 基准线的宽度。除应保证摊铺宽度外，还应满足两侧650~1000mm横向支距的要求。

(2) 基准线桩纵向间距。直线段不宜大于10m，桥面铺装、隧道路面及竖曲线和平曲线路段宜为5~10m。基准线桩的最小距离不宜小于2.5m。

(3) 固定线桩时，基层顶面到夹线臂的高度宜为450~750mm。基准线桩夹线臂夹口到桩的水平距离宜为300mm。基准线桩应固定牢固。

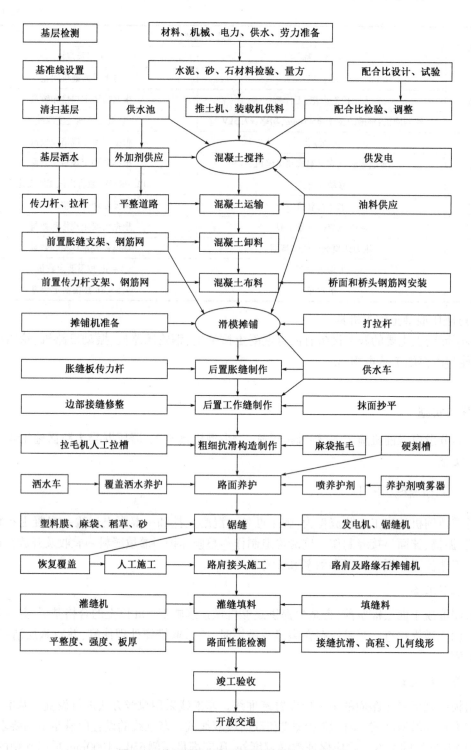

图 5-2-7 水泥混凝土路面滑模摊铺机施工工艺流程

(4)单根基准线的最大长度不宜大于450m。

(5)基准线宜使用钢绞线。采用直径为2.0mm的钢绞线时,张线拉力不宜小于1000N;采用直径为3.0mm的钢绞线时,张线拉力不宜小于2000N。

（6）基准线的设置精度应符合表5-2-15的规定。

滑模摊铺机水泥混凝土路面基准线精度要求　　　　　表5-2-15

项　目		规　定　值	最大允许偏差
中线平面偏位(mm)		10	20
路面宽度偏差(mm)		+15	+20
面板厚度(mm)	代表值	-3	-5
	极值	-8	-10
纵断面高程偏差(mm)		±5	±10
横坡偏差(%)		±0.01	±0.15
左右幅连接纵缝高差(mm)		±1.5	±2

（7）基准线设置后，应避免扰动、碰撞和振动。在多风季节施工时，宜缩小基准线桩的间距。

3．混凝土拌和

（1）拌和设备

①拌和楼生产能力。搅拌场应设置在摊铺路段的中间位置。拌和楼的最小生产能力应满足表5-2-16的规定。一般可配备2~3台拌和楼，最多不宜超过4台，拌和楼的规格和品牌尽可能统一。

拌和楼最小生产能力配置　　　　　表5-2-16

摊铺宽度	滑模摊铺	碾压混凝土	三辊轴机组摊铺	小型机具摊铺
单车道3.75~4.5m	≥150	≥100	≥5	≥50
双车道7.5~9m	≥300	≥200	≥100	≥75
整幅宽>12.5m	≥400	≥300	—	—

②拌和机型选择。间歇搅拌楼精确度高于连续楼，弃料少，宜优先选配间歇搅拌楼，其中强制双卧轴或行星立轴是搅拌效果最好的，如图5-2-8所示。自落式小滚筒搅拌机体积计量不准，加水量易失控，导致强度失控，混凝土拌和物质量和匀质性无法保证。采用这种方式铺筑的路面表面砂浆和水泥浆的聚积程度不同，表面色泽不均匀。

a）双卧式

b）立轴式

图5-2-8　水泥混凝土搅拌设备

③搅拌楼的配套设备。每台搅拌楼应配齐自动供料、称量、计量、砂石含水率反馈控制、外加剂加入装置、计算机控制自动配料操作系统设备和打印设备。每套搅拌楼应配备3~4个砂石料仓、1~2个外加剂池、3~4个水泥及粉煤灰罐仓。供应不足或运距较远时,应储备吨包装水泥,同时准备水泥仓库和拆包及输送入罐设备。搅拌场应配备适量的装载机或推土机供应砂石料。

(2)拌和技术要求

①拌和楼的标定和校验。每台拌和楼在投入生产前,必须进行标定和试拌。在标定有效期满或拌和楼搬迁安装后,均应重新标定。施工中应每15d校验一次拌和楼的计量精度。拌和楼配料的计量偏差不得超过表5-2-17的规定。采用计算机自动控制的拌和楼时,应使用自动配料生产,并按需要打印对应路面摊铺桩号的混凝土配料的统计数据及偏差。

拌和楼(机)配料计量允许偏差(单位:%)　　　　　表5-2-17

材料名称	水泥	掺和料	纤维	细集料	粗集料	水	外加剂
高速公路、一级公路每盘	±1	±1	±2	±2	±2	±1	±1
高速公路、一级公路累计每车	±1	±1	±2	±2	±2	±1	±1
其他公路	±2	±2	±2	±3	±3	±2	±2

②搅拌时间。搅拌时间应根据拌和物的黏聚性、匀质性及搅拌机类型,经试拌确定,且总搅拌时间、纯搅拌时间应满足相关规定。一般情况下,单立轴式搅拌机总搅拌时间宜为80~120s,纯搅拌时间不应短于40s;行星立轴和双卧轴式搅拌机总搅拌时间宜为60~90s,纯搅拌时间不应短于35s;连续双卧轴拌和楼总搅拌时间宜为80~120s,纯搅拌时间不应短于40s。为保证搅拌产量,最长总拌和时间不应超过高限值的2倍。

③砂石料拌和要求。混凝土拌和过程中,不得使用沥水、夹冰雪、表面污染尘土和局部暴晒过热的砂石料。拌和楼应配备砂石含水率自动反馈控制系统,每台班应至少检测3次粗、细集料含水率,并根据含水率变化,快速反馈,严格控制加水量和粗细集料用量。

④外加剂掺加要求。外加剂以稀释溶液加入。可溶解的外加剂应溶解拌匀后加入搅拌锅,并扣除溶液中的加水量。不可溶解的粉末外加剂加入前应过0.30mm筛,可与集料同时加入,并适当延长纯搅拌时间。

⑤引气混凝土拌和要求。拌和引气混凝土时,拌和楼(机)一次的搅拌量不应大于其额定搅拌量的90%。纯拌和时间应控制在含气量最大或较大时。

⑥粉煤灰等掺和料掺加要求。粉煤灰或其他掺和料应采用与水泥相同的输送、计量方式加入。加入粉煤灰的水泥混凝土拌和物的纯搅拌时间应比不掺的延长15~25s。

⑦其他规定。拌和第一盘拌和物之前,应润湿搅拌锅。每台班结束后应清洗搅拌锅,更换严重磨损的搅拌叶片。拌和楼卸料时,自卸汽车每装一盘拌和物应挪动一次车位,搅拌锅出口与车箱底板之间的卸料落差不应大于2.0m。

(3)混凝土拌和物的质量要求

在混凝土搅拌过程中,拌和物的质量检验项目和频率应符合表5-2-18的规定。

拌和物出料温度宜控制在10~35℃。拌和物应均匀一致,有生料、干料、严重离析或外加剂、粉煤灰成团现象的非均质拌和物不得用于路面摊铺。一台拌和楼的每盘之间、各拌和楼之间,拌和物的坍落度偏差应小于10mm。拌和楼(机)出口混凝土拌和物的坍落度应根据铺筑最适宜的坍落度值加上运输过程中坍落度的经时损失值确定,并应根据运距长短、气温高低随时进行微调。

混凝土拌和物的质量检验项目和频率　　　　表 5-2-18

检查项目	检测频率		试验方法
	高速公路、一级公路	其他公路	
水灰比及稳定性	5000m³ 抽检1次,有变化随时测		JTG E30—2005 T 0529
坍落度及其损失率	每工班测3次,有变化随时测		JTG E30—2005 T 0522
振动黏度系数	试拌、原材料和配合比有变化时测		JTG F30—2014
纤维体积率	每工班测2次,有变化随时测	每工班测1次,有变化随时测	JTG F30—2014
含气量	每工班测2次,有抗冻要求不少于3次	每工班测1次,有抗冻要求不少于3次	JTG E30—2005 T 0526
泌水率	每工班测2次		JTG E30—2005 T 0528
表观密度	每工班测1次		JTG E30—2005 T 0525
温度、凝结时间、水化发热量	冬、夏季施工,气温最高、最低时,每工班至少测1~2次	冬、夏季施工,气温最高、最低时,每工班至少测1次	JTG E30—2005 T 0527
改进VC值	每工班测3次,有变化随时测		
离析	随时观察		
压实度、松铺系数	每工班测3次,有变化时测		JTG E30—2005 T 0525

4. 混凝土运输

(1) 运输设备

混凝土运输车辆应选车况优良、载质量为5~20t的自卸汽车,如图5-2-9所示。远距离运输或摊铺钢筋混凝土路面及桥面时,宜选混凝土罐车,如图5-2-10所示。运输车辆的数量应根据施工进度、运量、运距及路况确定,其总运力应比总拌和能力略有富余。

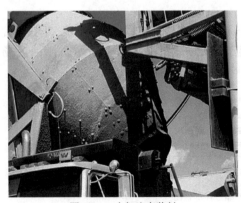
图5-2-9　自卸汽车装料

图5-2-10　水泥混凝土罐车装料

(2) 运输时间

根据混凝土的初凝时间和施工时的气温来控制混凝土运输允许的最长时间。不掺缓凝剂的混凝土拌和物从搅拌机出料到运抵现场的允许最长时间应符合表5-2-19的规定。不满足时,可采用通过试验调整缓凝剂的剂量等措施,保证到达现场的拌和物工作性能满足要求。

混凝土拌和物出料到运抵现场允许最长时间 　　　　表 5-2-19

施工气温(℃)	滑模摊铺(h)	三辊轴机组摊铺、小型机具摊铺(h)	碾压铺筑(h)
5～9	1.5	1.2	1.0
10～19	1.25	1.0	0.8
20～29	1.0	0.75	0.6
30～35	0.75	0.4	0.4

(3)运输技术要求

①装车前,要清洗干净车箱,洒水湿壁,排干积水。装料时,为减少拌和物离析,自卸汽车应挪动位置,搅拌楼卸料落差不应大于2m。

②混凝土运输过程中应防止漏浆、漏料和污染路面。车辆起步和停车应平稳。自卸汽车运输应减小颠簸,最大运输距离不应超过20km,超过此运距时,应采用搅拌车运输混凝土。

③混凝土运输过程中应防止漏浆、漏料和污染路面。夏天、雨天或冬季施工时,应遮盖自卸汽车上的混凝土。

④车辆行驶和卸料过程中,当碰撞了模板或基准线时,应重新测量纠偏。

5.混凝土卸料、布料

用滑模摊铺机摊铺水泥混凝土时,必须由专人指挥车辆均匀卸料,严禁碰撞摊铺机和前场施工设备及测量仪器。布料机与滑模机之间的距离应控制在5～10m。卸料完毕,车辆应迅速离开。

(1)布料高度。滑模摊铺机前的正常料位高度应在螺旋布料器叶片最高点以下,不得缺料。布料要均匀,特别注意两侧边角的料要充足。卸料、布料应与摊铺速度相协调。

(2)松铺系数控制。当坍落度在10～50mm时,布料松铺系数宜控制在1.08～1.15。布料机与滑模摊铺机之间施工距离宜控制在5～10m。

(3)钢筋结构保护。摊铺钢筋混凝土路面、桥面或搭板时,严禁任何机械开始钢筋网。

6.滑模机械摊铺(资源20)

滑模摊铺机最大的特点是将水泥混凝土路面一次铺筑成型并达到密实、平整、外观符合标准的要求,因此摊铺是滑模摊铺机施工中的关键工序之一,如图5-2-11所示。摊铺现场如图5-2-12所示。

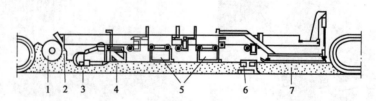

图 5-2-11　滑模摊铺机摊铺过程示意图
1-螺旋布料器;2-刮平器;3-振动器;4-刮平板;5-振捣板;6-光面带;7-混凝土面层

(1)滑模摊铺机的施工参数设定及校准

①振捣棒位置设定。振捣棒下缘位置应在挤压板最低点以上,振捣棒的横向间距宜为350～450mm,均匀排列;两侧最边缘振捣棒与摊铺边沿距离不宜大于250mm。

②挤压底板前倾角。挤压底板前倾角宜设置为3°左右。提浆夯板位置宜在挤压底板前

缘以下 5~10mm 之间。

③超铺高程及搓平梁的设置。两边缘超铺高程，根据拌和物稠度宜在 3~8mm 间调整。搓平梁前沿宜调整到与挤压板后沿高程相同，搓平梁后沿比挤压底板后沿低 1~2mm，与路面高程相同。

④首次摊铺位置校准。滑模摊铺机首次摊铺路面时，应挂线对其铺筑位置、几何参数和机架水平进行调整和校准，保证正确无误后，方可开始摊铺。

图 5-2-12 滑模机摊铺

⑤摊铺参数复核。在开始摊铺的 5~10m 应在铺筑行进中对摊铺出的路面高程边缘厚度、中线、横坡度等参数进行复核测量。所摊铺的路面精确度应控制在表 5-2-15 规定的范围内。

(2)铺筑作业技术要点

①控制摊铺速度。滑模摊铺机应缓慢、匀速、连续不间断地作业。严禁料多追赶、随意停机等待、间歇摊铺。滑模摊铺速度应根据板厚、混凝土工作性、布料能力、振捣排气效果等确定，可在 0.75~2.5m/min 之间选择，宜采用 1m/min。

②松方高度板的调整。应随时调整松方高度板，以控制进料位置，开始时宜略设高些，以保证进料。正常摊铺时应保持振捣仓内的料位高于振捣棒 100mm 左右，料位高低的上下波动宜控制在 ±30mm。

③振捣频率的控制。正常摊铺时，振捣频率可在 100~183Hz 之间调整，宜为 150Hz。应防止拌和物过振、欠振或漏振。可根据拌和物的稠度大小，采取调整摊铺的振捣频率或速度等措施。摊铺机起步时，应先开启振捣棒振捣 2~3min，再缓慢平稳推进。摊铺机脱离拌和物后，应立即关闭振捣棒组。

④纵坡施工。上坡时，挤压底板的前仰角宜适当调小，并适当调小抹平板压力；下坡时，前仰角宜适当调大，并适当调大抹平板压力。

⑤弯道施工。摊铺小半径水平弯道时，弯道外侧的抹平板到摊铺边缘的距离应向内调整，两侧的加长侧模应采用可水平转动的铰连接，不得固接。

⑥插入拉杆。当进行单车道摊铺时，应视路面设计要求配置一侧或双侧打纵缝拉杆的机械装置。当进行两个以上车道摊铺时，除侧向打入拉杆的装置外，还应在纵缝位置中间配置一个拉杆自动插入装置，如图 5-2-13 所示。打入拉杆位置必须在板厚中间，中间和侧向拉杆的高低和左右误差应控制在 ±2mm。

⑦抹面与表面砂浆厚度的控制。软拉抗滑构造的表面砂浆层厚度宜控制在 4mm 左右，硬刻槽路面的表面砂浆宜控制在 2~3mm。除露石混凝土路面外，滑模摊铺水泥混凝土面层表面不应裸露粗集料。

⑧抗滑纹理做毕，应立即保湿养护。养护龄期不应少于 5d，且混凝土强度满足要求后，才允

图 5-2-13 拉杆自动打入

许摊铺相邻车道。

（3）摊铺问题处理

①摊铺中应经常检查振捣棒的工作情况和位置。当面层出现条带状麻面现象时,应停机检查振捣棒是否损坏,如损坏,应更换。摊铺后,当路面上出现发亮的砂浆条带时,必须调高振捣棒的位置,使其底缘在挤压底板的后缘高度以上。

②当摊铺宽度大于7.5m时,若发现左右两侧拌和物的稠度不一致,则摊铺速度应按偏干一侧进行微调,并将偏稀一侧的振捣棒频率调小。

③路面一旦出现横向拉裂现象,应从如下几方面进行检查处理：

a. 当拌和物局部或整体过于干硬、离析,集料粒径过大时,不适宜滑模摊铺；或在该部位摊铺速度过快,振捣频率不够,混凝土未振动液化而拉裂,此时应降低摊铺速度,提高振捣频率。

b. 应检查挤压底板的位置和前仰角的设置是否变化,前倒角时必定拉裂,前仰角过大,也可能拉裂,应在行进中调整前两个水平传感器,即改变挤压底板为适宜的前仰角以消除拉裂现象。

c. 拌和物较干硬或等料停机时间较长,起步摊铺速度过快,也可能拉裂路面。停机等待时间不得超过当时气温下混凝土初凝时间的4/5,若超过此时间,则应将滑模摊铺机迅速开出摊铺工作面,并做施工缝。

（4）自动抹平板抹面

滑模摊铺过程中应采用自动抹平板装置进行抹面。对局部麻面或少量缺料部位,可在挤压板后或搓平梁前补充适量拌和物,由搓平梁或抹平板机械修整。滑模摊铺的混凝土面层在下列情况下,可用人工进行局部修整。

①用人工操作抹面抄平器,精整摊铺后表面的小缺陷,但不得在整个表面加薄层修补路面高程。

②对纵缝边缘出现的局部倒边、塌边、溜肩现象,应顶侧模或在上部支方铝管进行边缘补料修整。

③对起步和纵向施工接头处,应采用水准仪抄平并采用大于3m的靠尺边测边修整。

（5）滑模摊铺结束后的工作

①滑模摊铺结束后,必须及时清洗滑模摊铺机,进行当日维护。

②宜在第二天硬切横向施工缝,也可当天软做施工横缝。

③应丢弃端部的混凝土和摊铺机振动仓内遗留下的纯砂浆,两侧模板应向内各收进20~40mm,收口长度宜比滑模摊铺机的侧模板略长。施工缝的部位应设置传力杆,并应满足面层平整度、高程、横坡和板长的质量要求。

7. 接缝施工

（1）横向接缝传力杆施工

①横向缩缝施工。缩缝传力杆的施工方法可采用前置钢筋支架法或传力杆插入装置法（DBI）,如图5-2-14所示。采用前置钢筋支架法时,如图5-2-15所示,钢筋支架应有足够的额刚度,并预先加工好钢筋支架,传力杆无沥青涂层一端焊接在支架上,另一端绑扎在支架上；摊铺之前在基层表面放样接缝位置和支架固定点,将钢筋支架抬到接缝位置,在固定点钻孔,在钻好的孔中打入木钉,在木钉中打入圆钢钉将支架固定,用脚轻推传力杆支架,以不摆动为准；传力杆定位准确后,手持振捣棒振实传力杆高度以下的混凝土,然后机械摊铺。采用传力杆插入装置法置入钢筋时,应在路侧缩缝切割位置做标记,保证缩缝位于传力杆中部。

a) 前置钢筋支架法

b) 传力杆插入装置法

图 5-2-14 横向缩缝传力杆施工方法

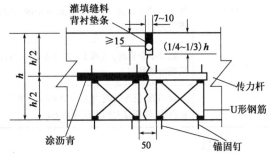

图 5-2-15 横向缩缝前置法钢筋支架构造(尺寸单位:mm)

②横向胀缝施工。滑模施工时,对于胀缝采用前置钢筋支架法,如图 5-2-16 所示。施工时,应预先加工、安装、固定胀缝钢筋支架,将传力杆无沥青涂层的一端焊接在支架上,接缝板夹在两支架之间,摊铺前运至现场,用钢钎将支架和接缝板固定在基层上,并用手持振捣棒振实胀缝板两侧的混凝土厚滑模摊铺机再摊铺。在混凝土未硬化时,剔除胀缝板上部的混凝土,嵌入木条,整平表面。填缝之前,凿去木条,涂黏结剂,嵌入胀缝专用多孔橡胶条或灌填缝料,当胀缝宽度不一致或有啃边、掉角等现象时,必须灌缝。

a) 前置钢筋支架法

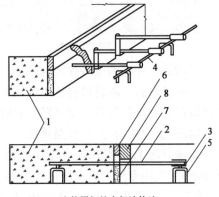
b) 前置钢筋支架法构造

图 5-2-16 横向胀缝前置钢筋支架法施工
1-先浇的混凝土;2-传力杆;3-金属套筒;4-钢筋;5-支架;6-压缝板条;7-嵌缝板;8-胀缝模板

③横向施工缝施工。每天摊铺结束或摊铺中断时间超过 30min 时,应设置横向施工缝,横向施工缝在缩缝处采用平缝加传力杆,在胀缝处与其相同。

(2)纵向接缝处拉杆施工

①纵向缩缝施工。纵向缩缝处应采用专用的拉杆插入装置插入拉杆。

②纵向施工缝施工。采用滑模施工时,纵向施工缝的拉杆采用摊铺机的侧向拉杆装置插入。采用固定模板施工时,在振实过程中从侧模预留孔中手工插入拉杆。

(3)切缝

缩缝的切缝方式有硬切缝、软硬结合切缝和软切缝三种,如图 5-2-17 所示。切缝方式的选用应由施工期间该地区路面摊铺完毕到切缝时的昼夜温差确定,见表 5-2-20。

切缝方式及要求　　　　表 5-2-20

昼夜温差(℃)	缩缝切缝方式与时间	缩缝切割深度
<10	硬切缝:切缝时机应以切缝时不啃边为开始,纵缝可略晚于横缝,所有纵、横缩缝最晚切缝时间均不得超过 24h	缝中无拉杆、传力杆时,深度为 1/4～1/3 板厚,最浅 60mm;缝中有拉杆、传力杆时,深度为 1/3～2/5 板厚,最浅 80mm
10～15	软硬结合切缝:每隔 1～2 条提前软切缝,其余用硬切缝补切	硬切缝深度同上。软切深度不应小于 60mm;不足者应硬切补深到 1/3 板厚,已断开的缝不补切
>15	软切缝:抗压强度为 1～1.5MPa,人可行走时开始软切,软切缝时间不应超过 6h	软切缝的深度不应小于 60mm,未断开的接缝,应硬切补深到不小于 2/5 板厚

(4)灌缝

养护期满后应及时灌缝,如图 5-2-18 所示。

图 5-2-17　切缝

图 5-2-18　灌缝

①清缝。灌缝前应清除缝内杂物,保证缝壁及缝内清洁、干燥。

②灌缝材料。灌缝材料使用常温聚氨酯和硅树脂等时,应按规定比例将两组分材料按 1h 灌缝量混合拌均匀后再使用;使用加热填缝料时应将填缝料加热至规定温度,加热过程中应将填缝料融化,搅拌均匀,并保温使用。

③灌缝施工。灌缝时,灌注深度为 2～3cm,最浅的不得小于 1.5cm。高速公路和一级公路灌缝时,先用专用工具挤压嵌入直径 9～12mm 的多孔泡沫塑料背衬垫条,再灌缝、缩缝切缝、填缝,垫条细部尺寸如图 5-2-19 所示。二级、三级公路使用胶泥类、沥青类等填缝料时,最浅灌入深度不得小于 3cm。填缝料灌注顶面时,在夏天应与板面齐平,在冬季应低于板面 1～2mm。灌缝必须饱满、均匀、厚度一致并连续贯通,填缝料不得缺失开裂或渗水。

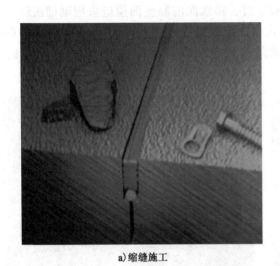
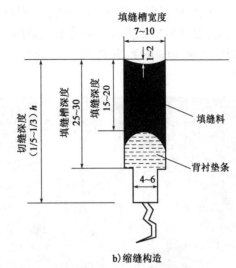

a) 缩缝施工　　　　　　　　　b) 缩缝构造

图 5-2-19　缩缝前置钢架支架施工方法(尺寸单位:mm)

④养护。灌缝后,要封闭交通进行养护,当填缝料为常温料时,低温天气养护期为 24h,高温天气养护期为 12h;当填缝料为热料时,低温天气养护期为 2h,高温天气养护期为 6h。

8.抗滑构造制作

(1)软拖制作细观抗滑构造

摊铺完毕或整平表面后,应使用钢支架拖挂 1~3 层叠合麻布、帆布、棉布洒水湿润后,软拖制作微观抗滑结构,如图 5-2-20 所示。布片接触路面长度以 0.7~1.5m 为宜。细度模数偏大的粗砂,长度取小值;细度模数偏小的中砂,长度取大值。

(2)宏观抗滑构造制作

宏观抗滑构造的制作可以采用拉毛或硬刻槽。抗滑槽可采用等间距或非等间距,为降低噪声应采用非等间距抗滑槽。一般路段可采用横向槽或纵向槽,在弯道和要求减噪的路段应采用纵向槽。

①拉毛制作。中、轻交通荷载等级公路水泥混凝土面层可使用拉槽法制作宏观抗滑构造。当日施工进度超过 500m 时,可选用拉毛机进行抗滑构造制作,制作时应在混凝土表面泌水完毕 20~30min 内及时进行。拉槽深度为 2~3mm,宽度为 3~5mm,槽间距为 15~25mm,如图 5-2-21 所示。

图 5-2-20　叠合麻布软拖　　　　　图 5-2-21　拉毛

②硬刻槽制作。极重、特重和重交通荷载等级公路水泥混凝土面层应采用刻槽法制作宏观构造,如图 5-2-22 所示。当采用硬刻槽方式制作抗滑构造时,应在摊铺后 3d 开始(路面抗压强度达到 40% 时),并在两周内完成。硬刻槽后应随即将路面冲洗干净,并恢复路面养护。

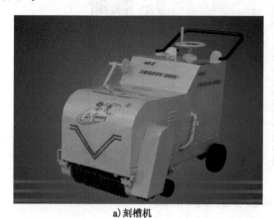

a) 刻槽机　　　　　　　　　b) 硬刻槽

图 5-2-22　硬刻槽

9. 养护

混凝土路面铺筑完成或抗滑构造软拉完毕后应及时养护。

(1)养护方式选择

面层养护应合理选择养护方式,保证混凝土强度增长的需要,防止养护过程中产生微裂缝与裂缝。机械摊铺的各种混凝土路面、桥面及搭板应采用喷洒养护剂同时保湿覆盖的方式养护。在雨期或用水充足的情况下也可采用覆盖保湿膜、土工布、麻袋、草袋等洒水保湿养护,如图 5-2-23 所示。保持混凝土表面始终处于潮湿状态。

图 5-2-23　保湿养护

(2)养护时间

养护时间根据混凝土抗弯拉强度增长情况而定,不宜小于设计抗弯拉强度的 80%,应特别注意前 7d 的保湿养护。一般养护天数宜为 14~21d。高温天时不宜少于 14d,低温天时不宜少于 21d。掺粉煤灰的混凝土路面,最短养护时间不宜少于 28d,低温天应适当延长。

(3)养护期保护

养护初期,禁止通行,在达到设计强度的 40% 后,行人方可通行。面板达到设计弯拉强度后,方可开放交通。

(二)三辊轴机组施工(资源 21)

三辊轴机组施工流程为:施工准备→施工放样及模板安装→钢筋安装→混凝土拌和与运输→混凝土布料→排式振捣机振捣→拉杆安装→人工找补→三辊轴整平→真空脱水→精平饰面→抗滑构造制作→养护→切缝→填缝。具体施工工艺流程如图 5-2-24 所示。

三辊轴机组是小型机具的改进形式,是将小型机具施工时的振动梁和滚杠合并安装在有驱动力轴的一台设备上。它具有横纵向整平、浅表层振实、压实和提浆功能,不具备将中、下层混凝土振捣密实的功能。为了保证混凝土的密实度,用振捣机振实。

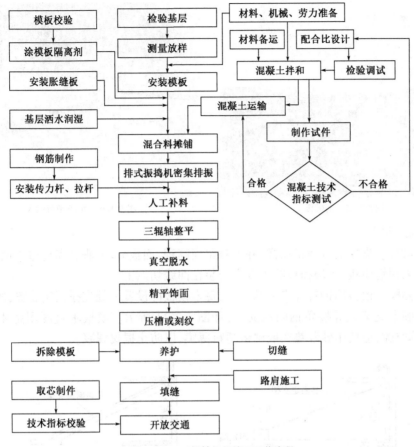

图 5-2-24 三辊轴机组施工工艺流程

1. 基层准备

布料前应将基层清扫干净,并洒水润湿。

2. 施工放样

在下承层上测量放样模板及摊铺位置,每 20m 布设中桩及边桩,每 100m 布设临时水准点,核对路面高程,面板分块、胀缝和构造物位置。

3. 模板安装

(1)模板尺寸及要求

①模板要求。水泥混凝土面板、桥面板和加铺层的施工模板应采用有足够刚度的钢材或槽钢制成。不应使用木模板、塑料模板等其他易变形的模板,如图 5-2-25 所示。模板安装应平整、顺适、稳固。相邻模板连接应紧密平顺,不得错茬与错台。在振捣机、三辊轴整平机、滚杠等设备、机具往复作用下,不得出现推移、变形、跑模等现象。

②模板尺寸。模板高度应为面层设计厚度,可采用三角形木块调整高度。直线段模板长度不宜小于 3m,小半径弯道及竖曲线部位可配备长度为 3m 的短模板。模板总量不宜少于两次周转的需要,一般不少于 3~5d 的需要量,模板加工与矫正精度应满足规定要求。纵向施工

缝侧模应钻拉杆插入孔,如图 5-2-26 所示,每米长度应设置不少于一处支撑固定装置;横向工作缝端模板应设置传力杆插入孔和定位套管。

图 5-2-25　钢模板

图 5-2-26　模板预留插入孔

(2)模板安装

①测量放样。支模前应测量放样,并核对路面高程,面板分块、胀缝和构造物位置。纵、横曲线路段应采用短模板,每块横板的中点应安装在曲线切点上。

②安装侧模。模板用钢钎固定在基层上,每米模板应设置一处支撑固定装置,固定装置可用焊接钢筋固定支架或焊接角钢固定支架,如图 5-2-27 所示。模板垂直度用垫木楔方法调整;模板底部空隙,应使用砂浆垫实或铺垫塑料薄膜,以防止振捣漏浆。

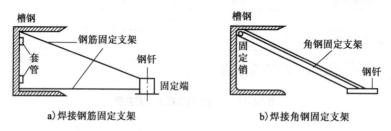
图 5-2-27　侧模固定示意图

③安装端模。横向施工缝端模板采用焊接钢制或槽钢模板,应按设计规定的传力杆直径和间距设置传力杆插入孔和定位套管,如图 5-2-28 所示。两边缘传力杆到自由边距离不宜小于 150mm。每 1m 设置一个垂直固定孔套。

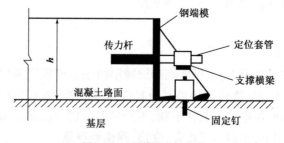
图 5-2-28　端模固定示意图

(3)模板检查

模板安装应在混凝土面层铺筑之前完成,并满足封模砂浆固化要求。模板安装后依照摊铺厚度进行调整检测,检验合格后,应在模板内壁涂脱模剂或隔离剂。模板固定后,底部空隙宜采用干硬性砂浆填堵。相邻模板接头应粘贴胶带密封,并不得漏浆。模板安装精度应符合规定。

(4)模板拆除

模板拆除时,面层混凝土抗压强度不应小于8.0MPa。缺乏强度实测数据时,边侧模板的最早允许拆模时间可根据昼夜平均气温、水泥品种查表5-2-21确定。模板拆除应使用专用工具,不得损坏板边、板角,不得造成传力杆和拉杆松动或变形。应清除被拆下模板上黏附的砂浆,并矫正变形。

水泥混凝土面层的最早允许拆模时间　　表5-2-21

昼夜平均气温(℃)	-5	0	5	10	15	20	25	>30
硅酸盐水泥、R型水泥(h)	240	120	60	36	34	28	24	18
道路、普通硅酸盐水泥(h)	360	168	72	48	36	30	24	18
矿渣硅酸盐水泥(h)	—	—	120	60	50	45	36	24

注:最早允许拆模时间从混凝土面层精整成型后开始计算。

4. 混凝土拌和及运输

与滑模摊铺施工要求相同。

5. 卸料

应有专人指挥车辆,均匀、多堆卸料。

6. 布料及松铺控制

(1)布料可用人工、装载机或挖掘机布料。布料速度应与摊铺速度相适应,不适应时应配备适当的布料机械。

(2)应根据铺筑时拌和物的实测坍落度,初选松铺系数。坍落度为10~30mm的松铺系数为1.20~1.25;坍落度为30~50mm的松铺系数为1.15~1.20;坍落度为50~70mm的松铺系数为1.10~1.15。坍落度大时取低值,坍落度小时取高值。超高路段,横坡高侧取高值,横坡低侧取低值。

(3)纵坡路段宜向上坡方向铺筑。

7. 振捣

(1)混凝土摊铺长度超过10m时,应立即开始进行振捣密实。排式振捣机应匀速缓慢、连续不间断地振捣作业。排式振捣机连续拖行振捣时,作业速度宜控制在4m/min,振捣时间一般为15~30s。振捣后的混凝土面层应成为连续均匀的整体,并达到所要求的密实度,以拌和物表面不露粗集料、液化表面不再冒气泡并泛出水泥浆为准。

(2)振捣机振实后,料位应高于模板顶面5~15mm,局部坑洼不得低于模板顶面。过高时应铲除,过低时应及时用混凝土补料。

8. 安装拉杆

混凝土振实后,应立即安装纵缝拉杆。在单车道施工时,应在侧模预留孔中插入拉杆;在双车道施工时,应使用拉杆插入机在中间纵缝部位插入拉杆,插入拉杆深度控制在1/2板厚处。

9. 三辊轴整平机作业

(1)作业单元的划分。作业单元的长度宜为 10～30m,施工开始或施工温度较高时用低值。振捣机振实与三辊轴整平两道工序之间的间隔时间不宜超过 15min。

(2)料位高差的控制。在三辊轴整平机作业时,应有专人处理轴前料位的高低情况。

(3)滚压方式。三辊轴整平机在一个作业单元长度内应采用前进振动、后退静滚方式作业。

(4)滚压遍数。振动滚压遍数并非越多越好,应经过试铺确定,不应过振。滚压遍数与坍落度及料位高差的关系可参见表 5-2-22。

滚压遍数与坍落度及料位高差的关系　　　　表 5-2-22

坍落度(mm)	料位高差(mm)					
	$L=9m, d=168mm, m=2095kg$			$L=12m, d=219mm, m=3800kg$		
	2	4	6	2	4	6
1.5	3	5	8	1	2	2
4.0	2	3	5	1	1	2
6.0	1	2	3	1	1	1

注:1.前进振动、后退静滚的一次往返,为一遍。
　　2. L 为三辊轴长度,d 为直径,m 为质量。

(5)整平。滚压完成后,应升起振动辊,用甩浆辊抛浆整平一遍,再用整平轴前、后静滚整平,直到平整度符合要求、表面砂浆厚度均匀为止。表面砂浆厚度宜控制在 $(4±1)mm$。过厚的稀浆应及时刮除丢弃,不得用于路面补平。

10. 精平饰面

整平后要及时精平饰面,可采用 3～5m 刮尺,在纵、横两个方向精平饰面,纵向不少于 3 遍,横向不少于 2 遍,速度要均匀,每次推拉要一次完成不停顿。也可采用旋转抹面机密实精平饰面 2 遍,直到平整度符合要求为止。

三辊轴机组施工水泥混凝土路面振捣、整平、精平饰面如图 5-2-29 所示。

图 5-2-29　三辊轴机组施工现场

11. 接缝施工、抗滑构造制作、养护

施工要求同滑模摊铺机。

(三)小型机具施工(资源22、资源23)

小型机具施工工艺流程为:施工准备→施工放样及模板安装→钢筋安装→混凝土拌和与运输→混凝土布料→振实→整平饰面→真空脱水→精平饰面→抗滑构造制作→养护→切缝→填缝。具体工艺流程如图5-2-30所示。

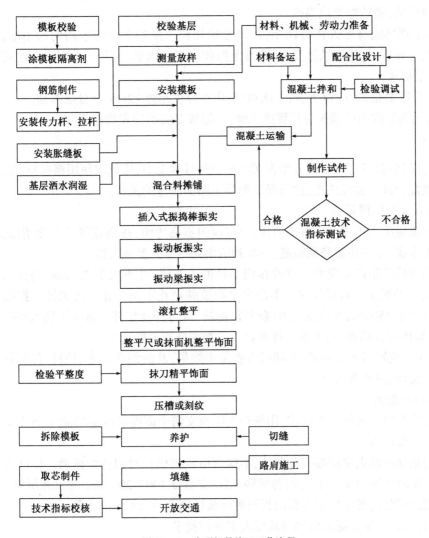

图5-2-30 小型机具施工工艺流程

1. 基层准备

与三辊轴机组施工要求相同。

2. 施工放样、模板安装

与三辊轴机组施工要求相同。

3. 混凝土拌和及运输

与滑模摊铺机施工要求相同。

4. 布料

(1) 小型机具铺筑宽度≤4.5m,铺筑能力不宜小于20m/h。

(2) 混凝土拌和物摊铺前,应对模板的位置及支撑稳固情况,传力杆、拉杆的安设等进行全面检查,用厚度标尺板检测板厚,修复破损基层并洒水润湿。

(3) 人工摊铺混合料的坍落度宜控制在5~20mm,松铺系数一般控制在1.10~1.25。坍落度高时取低值,横坡高侧取高值。

(4) 施工现场应有专人指挥卸车,尽量准确卸料。混凝土应卸成均匀的小堆,以方便摊铺。采用人工布料时,应用铁锹反扣,严禁抛掷和耧耙。如果混凝土有离析现象,应用铁锹翻拌均匀,严禁加水。

(5) 面板厚度在22cm以下,可一次摊铺;面板厚度超过22cm,应分层摊铺。

(6) 已铺筑好的面层端头应设置施工缝,不能被振实的拌和物应废弃。

5. 振捣

混凝土摊铺均匀后,应立即开始振实。小型机具施工中,应依次使用振捣棒、振动板、振动梁三种机械配合进行振捣成型,这是保证混凝土路面质量的关键。

(1) 插入式振捣棒振实

① 每车道应配备不少于3根振捣棒,组成横向振捣棒组,按梅花桩位置交错振捣,沿横断面连续振捣密实,并应注意路面板底、内部和边角处不得欠振或漏振。

② 振捣棒移动距离不应大于有效作用半径的1.5倍,并不大于500mm,每处振捣时间不宜少于30s,以混凝土不再冒气泡且不泛出水泥浆并停止下沉为止。边角插入振捣棒离模板的距离不应大于150mm,并应避免碰撞模板、钢筋、传力杆及拉杆。振捣棒插入深度宜离基层3~5cm,振捣棒应轻插慢提,不得在拌和物中平推或拖拉振捣。

③ 振捣时,应辅以人工补料,并随时检查振实效果,及时纠正模板、拉杆、传力杆和钢筋的移位、变形、松动、漏浆等情况。

(2) 振动板振实

① 在振捣棒已完成振实的部位,用振动板纵横交错全面提浆振实(2遍),每车道路面应配备不少于2台振动板。

② 振动板须由两人提拉振捣和移位,不得自由放置或长时间持续振动。振动板在一个位置的持续振捣时间不应少于15s,振动板移位时,应重叠100~200mm。振动板纵横交错进行2遍,不能过振或漏振,移位控制以振动板板底泛浆厚度为(4±1)mm为限。

③ 缺料的部位,应在振动的同时辅以人工补料找平。

(3) 振动梁振实

① 在振动板完成振实后,用振动梁进行振实整平提浆。每车道应配备1根振动梁,振动梁应有足够的额刚度和质量,长度应比路面宽度每侧宽出300~500mm。振动梁底部应焊接或安装深度为4mm的粗集料压入齿,使表面砂浆厚度能达到(4±1)mm。

② 在振动板振实长度达到10m后,在模板顶面往返拖行振动梁2~3遍。振动梁应垂直路面中线沿纵向拖行,拖行过程中,应随时人工找补,振动梁下间隙应及时用混凝土补平,料位高出模板时应人工铲除,直到表面泛浆均匀,路面平整为止。振捣时还应随时检查模板、拉杆、传力杆、钢筋网位置,如果出现问题应及时调整。

③ 采用两层摊铺时,两层摊铺的时间间隔应尽量短,上层振捣必须在下层初凝前完成。

6. 整平饰面

小型机具施工时,先用滚杠整平,再用整平尺或抹面机整平饰面,最后用抹刀精平饰面,直至面层无任何缺陷,平整度符合要求。

(1) 滚杠整平

应在每个作业面配备 2 根滚杠,一根用于施工,另一根浸泡清洗备用。滚杠应使用直径为 100mm 或 125mm 的无缝钢管制成,刚度及顺直度应满足施工质量要求。振动梁振实后,应在模板顶面往返拖动滚杠 2~3 遍提浆整平,第一遍应短距离缓慢拖滚或推滚,然后应较长距离匀速拖滚,并将水泥浆始终赶在滚杠前方。滚杠下有间隙的部位应及时找补,多余水泥浆应铲除。

(2) 整平尺或抹面机整平饰面

整平饰面应待混凝土表面泌水基本完成后进行,采用 3m 刮尺收浆饰面,纵横各 2~3 遍抄平饰面,直到表面平整度符合要求,表面砂浆厚度均匀为止。整平饰面也可采用叶片式或圆盘式抹面机按每车道路面不少于 1 台配备。饰面遍数宜为 1~2 遍。

(3) 抹刀精平饰面

精平饰面包括清边整缝,清除黏浆,修补缺边、掉角等工作。当烈日暴晒或风大时,应加快表面的修整速度,或在防雨篷下进行。精平饰面后的面层表面应致密均匀,无抹面印痕,无露骨,平整度应达到要求,并应立即进行保湿养护。

采用小型机具进行水泥混凝土路面施工,摊铺和整平饰面如图 5-2-31 所示。

a) 人工摊铺

b) 整平

图 5-2-31　摊铺和整平

7. 接缝施工、抗滑构造制作、养护

与滑模摊铺机施工要求相同。

(四) 碾压混凝土路面施工

碾压混凝土路面施工工艺流程为:施工准备→混凝土拌和→混凝土运输→卸料→摊铺机摊铺→拉杆设置→钢轮压路机初压、振动压路机复压、轮胎压路机终压→抗滑构造制作→整修养护→切缝→灌填缝料→验收及开放交通。

1. 基层准备

与滑模机械施工要求相同。

2. 施工放样

与滑模机械施工要求相同。

3. 混凝土拌和及运输

与滑模机械施工要求相同。

4. 混凝土摊铺

碾压式混凝土面层摊铺宜选用具有振动压实功能的沥青混凝土摊铺机,摊铺密实度不得小于85%;采用沥青混凝土摊铺机时,松铺系数宜控制在1.05~1.15;采用基层摊铺机时,松铺系数宜控制在1.15~1.25,应通过试铺确定松铺系数。

采用两台摊铺机前后阶梯摊铺时,两幅摊铺的时间间隔应控制1h之内。摊铺应均匀、连续,摊铺过程中不得随意变换速度或停顿。摊铺后,应立即对已摊铺的混凝土表面进行检查,局部缺料部位,应及时补料。

5. 拉杆设置

拉杆设置应与摊铺同步进行,采用打入法时,应根据设计间距标出醒目的定位标记,准确打入拉杆。

6. 碾压

碾压式混凝土路面碾压应紧随摊铺机碾压,碾压段般控制在30~40m,一般在限定的碾压时间内应尽可能将碾压段安排得长一些。在直线段碾压时,应从两边向中心碾压;在超高路段碾压时,应从低向高碾压。碾压过程中压路机应匀速稳定、连续行进,不得在工作面上掉头、转向、紧急制动或停车振动,应尽量减少振动压路机的停车和起振次数。

碾压式混凝土路面的碾压分为初压、复压和终压三个阶段。

(1)初压宜采用钢轮压路机或振动压路机静压2遍,轮迹重叠1/4~1/3轮宽,其作用主要是提高混凝土路面表面的密实度,以保证在振动碾压时不会产生推移等表面损坏现象。

(2)复压是使混凝土路面全厚密实,达到规定压实度的关键工序。复压宜采用10~15t振动压路机振动碾压,轮迹重叠1/3~1/2轮宽,碾压遍数以实测满足规定压实度为停压标准。

(3)终压宜采用15~25t轮胎压路机进行静压,轮胎压路机碾压时的揉搓作用可以有效地封闭路面细小裂皱,并且碾压时可形成有利于提高路面抗滑性能的表面宏观构造,碾压遍数以消除表面微裂纹和轮迹为停压标准。碾压终了后的混凝土面层不应有可见微裂纹。

7. 养护

由于碾压混凝土水灰比小,水分损失对强度影响较大,所以碾压式混凝土路面养护要求较高。碾压密实后,对混凝土表面应及时喷雾、洒水,并尽早覆盖养护,每间隔4~6h洒水一次,一般养护14d。

8. 抗滑构造

碾压式混凝土路面抗滑构造可以采用表面露石构造和硬刻槽两种方式。采用表面露石构造时,在混凝终凝前,应及时扫除表面的砂浆,使露石面积不宜少于70%。

9. 切缝

碾压式混凝路面纵、横向缩缝应采用硬切缝,硬切缝及填缝要求与水泥混凝土面层相同。

10. 灌缝

与滑模摊铺施工要求相同。

(五)水泥混凝土面层施工质量控制和检查验收

施工质量的控制、管理与检查应贯穿整个施工过程,应对每个施工环节严格把关,对出现的问题及时进行纠正甚至停工整顿。施工过程中的质量控制管理内容包括施工准备阶段、铺筑试验路段和施工过程中的各项技术指标的质量控制。

1. 施工准备阶段的质量控制与管理

施工准备阶段的质量控制与管理详见表5-2-12、表5-2-18。

2. 施工工程中的质量控制与管理

水泥混凝土路面施工过程中,施工单位应对每一道工序严格按照规范规定的项目和频率进行质量检查和控制。具体见表5-2-23。

水泥混凝土路面施工过程中工程质量控制标准　　　表5-2-23

项次	类别	检验项目		质量要求或允许偏差		检验方法
				高速公路、一级公路	其他公路	
1	质量标准	弯拉强度		平均强度在合格标准内		钻芯法
2		板厚(mm)	平均值	≥ -5		尺测
			极值	≥ -15		
3		平整度	σ(mm)	≤1.32	≤2.00	车载平整度检测仪
			IRI(m/km)	≤2.20	≤3.30	
			最大间隙h(mm)	≤3(合格率≥90%)	≤5(合格率≥90%)	3m 直尺
4		抗滑构造深度(mm)	一般路段	0.70~1.10	0.50~0.90	铺砂法
			特殊路段	0.80~1.20	0.60~1.00	
5		摩擦系数SFC	一般路段	≥50	—	横向力系数测定车
			特殊路段	≥55	≥50	
6		钻芯法测定抗冻等级	严寒地区	≥250	≥200	钻芯法
			寒冷地区	≥200	≥150	
7	几何尺寸标准	相邻板高差(mm)		≤2	≤3	尺测
8		连接摊铺纵缝高差(mm)		平均值≤3;极值≤5	平均值≤5;极值≤7	尺测
9		连接顺直度(mm)		≤10		20m 拉线测
10		中线平面偏位(mm)		≤20		全站仪
11		路面宽度(mm)		≤±20		尺测
12		纵断高程(mm)		平均值±5;极值±10	平均值±10;极值±15	水准仪
13		横坡度(%)		±0.15	±0.25	
14		路缘石的顺直度和高度(mm)		≤20	≤20	20m 拉线测
15		灌缝饱满度		≤2	≤3	测针加尺侧
16		最浅切缝深度(mm)	缝中有拉杆传力杆	≥80		尺测
			缝中无拉杆传力杆	≥60		

续上表

项次	类别	检验项目	质量要求或允许偏差		检验方法
			高速公路、一级公路	其他公路	
17	质量缺陷检查标准	断板率(%)	0.2	0.4	数断板
18		断角率(%)	0.1	0.2	数断角
19		破损率(%)	0.2	0.3	尺测面积
20		路表面和接缝缺陷	不应有	不应有	眼睛观察
21		胀缝板连接(mm)	≤20	≤20	安装前检查
22		胀缝板倾斜(mm)	≤20	≤25	垂线加尺测
23		胀缝板弯曲和位移(mm)	≤10	≤15	拉线加尺测
24		传力杆倾斜(mm)	≤10	≤13	钢筋保护层仪

3. 工程质量检查验收

工程施工完成后,施工单位应将全线以 1～3km 作为个评定路段,按规定的检验项目和频率进行自检,准备好施工总结报告、全线自检结果及全部原始记录等完整资料,以《公路工程质量检验评定标准 第一册 土建工程》(JTG F80/1—2017)为依据,申请交工验收。

建设单位、监理和质监站收到施工单位验收申请,确认资料完整后,首先应对照施工中的抽检数据,检查交工报告中数据是否与其吻合,然后再按照《公路工程质量检验评定标准 第一册 土建工程》(JTG F80/1—2017)规定的检查项目和验收频率进行检查和验收。水泥混凝土面层交工验收阶段的检查项目、检查频度、质量要求、允许偏差等见表 5-2-24。

各级公路水泥混凝土路面实测项目 表 5-2-24

项次	检查项目		规定值或允许偏差		检测方法与频率
			高速公路、一级公路	其他公路	
1△	弯拉强度(MPa)		在合格标准内		按质量评定标准要求检查
2△	板厚(mm)	代表值	−5		每200m测2点
		合格值	−10		
		极值	−15		
3	平整度	σ(mm)	≤1.32	≤2.0	平整度仪:全线每车道连续按每100m计算IRI或σ
		IRI(m/km)	≤2.2	≤3.3	
		最大间隙 h (mm)	3	5	3m直尺:每半幅每车道每200m测2处×5尺
4	抗滑构造深度(mm)	一般路段	0.7～1.1	0.5～0.9	铺砂法:每200m测1处
		特殊路段	0.8～1.2	0.6～1.1	
5	横向力系数 SFC	一般路段	≥50	—	按质量评定标准要求检查:每200m测2点
		特殊路段	≥55	≥50	
6	相邻板高差(mm)		≤2	≤3	尺量:每条胀缝测2点,纵、横缝每200m抽查2条、每条测2点
7	纵、横缝顺直度(mm)		≤10		纵缝20m拉线尺量:每200m测4处;横缝沿板宽拉线尺量:每200m测4条

续上表

项次	检查项目	规定值或允许偏差		检测方法与频率
		高速公路、一级公路	其他公路	
8	中线平面偏位(mm)	20		全站仪：每200m测2处
9	路面宽度(mm)	±20		尺量：每200m测4处
10	纵断高程(mm)	±10	±15	水准仪：每200m测2个断面
11	横坡度(%)	±0.15	±0.25	水准仪：每200m测2个断面
12	断板率(%)	≤0.2	≤0.4	目测：全部检查，数断板面板块数占总块数的比例

注：△为关键项目。

学习情境小结

（1）水泥混凝土路面是以水泥与水拌和而成的水泥浆为结合料，以碎（砾）石、砂为集料，掺入适当的外加剂，拌和成水泥混凝土混合料，运输至现场，经摊铺、振捣、养护而达到一定强度的路面。水泥混凝土面层一般采用设接缝的普通混凝土路面，除接缝区和局部范围（边缘和角隅）外不配置钢筋。

（2）水泥混凝土路面的施工方法主要有滑模摊铺机施工、三辊轴机组施工、小型机具施工、碾压混凝土路面施工4种，应根据公路等级的不同，选择适合的施工方式。

（3）水泥混凝土路面施工工艺流程包括基准线设置、混合料的搅拌、混合料的运输、混合料的摊铺、接缝设置、抗滑构造制件、养护等。水泥混凝土路面铺筑质量应满足工程质量的检验和验收标准。

学习效果反馈

一、思考与练习题

1. 简述水泥混凝土路面的特点及路用性能要求。
2. 简述水泥混凝土路面各组成材料的要求。
3. 简述水泥混凝土路面施工方法及如何进行选择。
4. 水泥混凝土路面摊铺前，基层应如何处理？
5. 简述滑模摊铺机施工工序流程及质量控制要点。
6. 简述三辊轴机组施工工序流程及质量控制要点。
7. 简述小型机具施工工序流程及质量控制要点。
8. 简述碾压混凝土路面的特点及施工工艺流程。

9. 简述水泥混凝土路面施工过程中需检测的项目。
10. 简述水泥混凝土路面交工验收阶段需检测的项目。

二、案例分析

【任务描述】

某三级公路，K15+200～K22+700 段，路面结构从上而下分别为 20cm 水泥混凝土、26cm 厚水泥稳定碎石、18cm 厚级配碎石。设计文件上标明，该路混凝土在部分缩缝处设置有拉杆，还在路面边缘处布置了边缘钢筋，胀缝处的混凝土板角布置了角隅钢筋。建设单位提出了工程质量高、施工进度快的要求。施工单位在铺筑前做了大量的准备工作，包括测量放样、导线架设、模板支立、铺设轨道、摊铺机就位的调试等。

【任务实施】

根据场景，回答下列问题：

1. 该路基层材料属于( )。
   A. 粒料类　　　　　B. 稳定类　　　　　C. 沥青类　　　　　D. 工业废渣类
2. 该路面的缺点有( )。
   A. 稳定性差　　　　　　　　　　　　　B. 养护费用高
   C. 不利于夜间行车　　　　　　　　　　D. 修复困难
3. 该路面类型为( )路面。
   A. 预应力混凝土　　　　　　　　　　　B. 连续配筋混凝土
   C. 钢筋混凝土　　　　　　　　　　　　D. 普通混凝土
4. 施工单位采用的施工方法为( )。
   A. 轨道摊铺机铺筑法　　　　　　　　　B. 滑模机械铺筑法
   C. 小型机具铺筑法　　　　　　　　　　D. 三辊轴机组铺筑法

学习情境六　路面工程质量检验与评定

工作任务一　工程质量检验与评定

**学习目标**

(1)熟悉分部工程、分项工程、单位工程。
(2)熟悉分项工程质量评定内容。
(3)熟悉分项工程、分部工程、单位工程质量评定。

**任务描述**

本任务要求学生在掌握建设项目划分的基础上,明确分项工程、质量检验评定内容,掌握分项工程、分部工程、单位工程质量检验评定方法。

相关知识

工程项目完工后,施工单位、监理单位和建设单位应按相同的工程项目划分进行工程质量的检验评定。工程质量检验评定应按分项工程、分部工程、单位工程逐级进行。

一、评定依据

《公路工程质量检验评定标准　第一册　土建工程》(JTG F80/1—2017)适用于四级及四级以上公路新建、改建工程的质量检验评定,环保、机电工程部分按相应具体规定执行。不适用于养护维修、小修、中修、大修等,也不适用于城市道路。

《公路工程质量检验评定标准　第一册　土建工程》(JTG F80/1—2017)适用于公路工程施工单位、工程监理单位、建设单位、质量检测机构和质量监督部门对公路工程质量的管理、监控和检验评定,不适用于设计单位。

二、一般规定

在施工准备阶段,将建设项目划分为单位工程、分部工程和分项工程。其中,分项工程为工程质量检验评定的单元。

工程质量评定的顺序为分项工程、分部工程、单位工程、合同段、建设项目。工程项目采用合格率法进行评定,质量等级划分为合格与不合格。

施工单位应提交真实、完整的自检资料,对工程质量进行自我评定;工程监理单位应按规定要求对工程质量进行独立抽检,对施工单位的检评资料进行签认,对工程质量进行评定;建设单位根据对工程质量的检查及平时掌握的情况,对工程监理单位所做的工程质量等级进行审定;质量监督部门、质量检测机构可依据《公路工程质量检验评定标准　第一册　土建工程》(JTG F80/1—2017)对工程质量进行检测评定。

三、工程质量评定

1. 分项工程质量评定

(1) 分项工程质量检验内容

分项工程应按基本要求、实测项目、外观质量和质量保证资料等检验项目分别检查。分项工程质量应在所使用的原材料、半成品、成品及施工控制要点等符合基本要求的规定，无外观质量限制缺陷且质量保证资料真实齐全时，进行检验评定。

①基本要求。

经检查不符合基本要求规定的，不得进行工程质量的检验和评定。基本要求具有质量否决权。

②实测项目。

分项工程中对结构安全、耐久性和使用功能起决定性作用的检验项目为关键项目（在文中以△标识），其合格率不得低于95%（机电工程为100%）；除关键项目外的为一般项目，其合格率不应低于80%。有规定极值的检查项目，任一单个检测值不应突破规定极值。不符合要求时，该实测项目为不合格。评定为不合格的，应进行返工处理直至合格。

③外观质量。

外观质量应进行全面检查，并满足规定要求，否则该检验项目为不合格。

④质量保证资料。

工程应有真实、准确、齐全、完整的施工原始记录、试验检测数据、质量检验结果等质量保证资料。质量保证资料应包括下列内容：

所用原材料、半成品和成品质量检验结果；材料配合比、拌和加工控制检验和试验数据；地基处理、隐蔽工程施工记录和桥梁、隧道施工监控资料；质量控制指标的试验记录和质量检验汇总图表；施工过程中遇到的非正常情况记录及其对工程质量影响分析评价资料；施工过程中如发生质量事故，经处理补救后达到设计要求的认可证明文件等。

(2) 分项工程质量评定合格应符合下列规定：

①检验记录应完整。

②实测项目应合格。

③外观质量应满足要求。

2. 分部工程质量评定

分部工程质量评定合格应符合下列规定：

(1) 评定资料应完整。

(2) 所含分项工程及实测项目应合格。

(3) 外观质量应满足要求。

3. 单位工程评定

单位工程质量评定合格应符合下列规定：

(1) 评定资料应完整。

(2) 所含分部工程应合格。

(3) 外观质量应满足要求。

评定为不合格的分项工程、分部工程，经返工、加固、补强或调测，满足设计要求后，可重新进行检验评定。

工作任务二　路面工程质量检验与评定

(1)熟悉路面工程各分项工程质量评定内容评定方法。
(2)了解路面单位工程、分部工程质量评定方法。

某高速公路 K5+000~K6+000 路面工程评定资料完整、外观质量满足要求,其分项工程(底基层、基层、面层、路肩、路缘石、路面边缘排水系统)全部合格,试评定该分部工程质量等级。

路面工程每 10km 路段或每合同段作为单位工程,每 1~3km 路段作为分部工程,面层、基层、垫层等属于分项工程,具体见表 2-1-1。《公路工程质量检验评定标准　第一册　土建工程》(JTG F80/1—2017)对所有分项工程的质量保证资料进行了统一规定,而基本要求、实测项目、外观质量则在每个分项工程中一一列出。

一、分项工程质量评定

路面工程分项工程质量评定具体见表 6-2-1。

路面工程分项工程质量评定　　　　　　　　表 6-2-1

分项工程	基本要求	外观质量	实测项目	质量评定
水泥混凝土面层	①基层质量应符合规范规定并满足设计要求,表面清洁、无浮土。②接缝填缝料应符合规范规定并满足设计要求。③接缝的位置、规格、尺寸及传力杆、拉力杆的设置应满足设计要求。④混凝土路面铺筑后按施工规范要求养护。⑤应对干缩、温缩产生的裂缝进行处理	①不应出现标准规定的板的外观限制缺陷。②面板不应有坑穴、鼓包和掉角。③接缝填注不得漏填、松脱,不应污染路面。④路面应无积水	见表 5-2-24	外观质量满足要求;质量保证资料齐全;实测项目中关键项目(弯拉强度、板厚度)合格率不低于 95%,一般项目合格率不低于 80% 时评定为合格
沥青混凝土、沥青碎(砾)石面层	①基层质量应符合规范规定并满足设计要求,表面应干燥、清洁、无浮土。②应严格控制沥青混合料拌和的加热温度。拌和后的沥青混合料应均匀,无花白、粗细料分离和结团成块现象。③应按规定要求控制碾压工艺,严格控制摊铺和碾压温度	①表面裂缝、松散、推挤、碾压轮迹、油汀、泛油、离析的累计长度不得超过 50m。②搭接处烫缝应无枯焦。③路面应无积水	见表 4-4-8	外观质量满足要求;质量保证资料齐全;实测项目中关键项目(压实度、厚度、矿料级配、沥青含量)合格率不低于 95%,一般项目合格率不低于 80% 时评定为合格

211

续上表

分项工程	基本要求	外观质量	实测项目	质量评定
沥青表面处治面层	①下承层表面应坚实、稳定、平整、清洁、干燥。②沥青浇洒应均匀,无露白,不得污染其他构筑物。③集料应趁热撒铺,扫布均匀,不得有重叠现象,压实平整	①表面应无拖痕、松散、推挤、油汀、泛油、离析的累计长度不得超过50m。②路面应无积水	见表4-3-3	外观质量满足要求;质量保证资料齐全;实测项目中关键项目(厚度)合格率不低于95%,一般项目合格率不低于80%时评定为合格
沥青贯入式面层	①上拌沥青混合料每日应做沥青含量、矿料级配和马歇尔稳定度试验。②沥青贯入式面层施工前,应先做好路面结构层与路肩的排水。③碎石层应平整坚实,嵌挤稳定,沥青贯入应深透,浇洒应均匀,不得污染其他构筑物。④嵌缝料应趁热撒铺,扫布均匀,不应有重叠现象。⑤上层采用拌和料时,混合料应均匀,无花白、粗细料分离和结团成块现象;摊铺应平整,接茬平顺,及时碾压	①面层不得松散,不得漏洒,应无波浪、油包。②路面应无积水	见表4-3-6	外观质量满足要求;质量保证资料齐全;实测项目中关键项目(厚度、矿料级配、沥青含量)合格率不低于95%,一般项目合格率不低于80%时评定为合格
稳定土基层(底基层)	①石灰应经充分消解,路拌深度应达到层底。②石灰类材料应处于最佳含水率状态下碾压,水泥类材料碾压终了的时间不应超过水泥的终凝时间。③碾压检查合格后立即覆盖或洒水养护,养护期应符合规范规定	表面应无松散、无坑洼、无碾压轮迹	见表3-2-18	外观质量满足要求;质量保证资料齐全;实测项目中关键项目(压实度、厚度、强度)合格率不低于95%,一般项目合格率不低于80%时评定为合格
稳定粒料类基层(底基层)	①应选择质坚干净的粒料,石灰应充分消解,矿渣应分解稳定,未分解渣块应予剔除。②路拌深度应达到层底。③石灰类材料应处于最佳含水率状态下碾压,水泥类材料碾压终了的时间不应超过水泥的终凝时间。④碾压检查合格后立即覆盖或洒水养护,养护期应符合规范规定	①表面应无松散、无坑洼、无碾压轮迹。②表面连续离析不得超过10m,累计离析不得超过50m	见表3-2-17	
级配碎石、砾石基层(底基层)	①配料应准确。②塑性指数应满足设计要求		见表3-3-7	外观质量满足要求;质量保证资料齐全;实测项目中关键项目(压实度、厚度)合格率不低于95%,一般项目合格率不低于80%时评定为合格

续上表

分项工程	基本要求	外观质量	实测项目	质量评定
填隙碎石基层（底基层）	①所用材料的规格、质量应满足设计要求。②应采用振动压路机碾压至填隙饱满密实	①表面应无松散、无坑洼、无碾压轮迹。②表面连续离析不得超过10m，累计离析不得超过50m	见表3-3-8	外观质量满足要求；质量保证资料齐全；实测项目中关键项目（固体体积率、厚度）合格率不低于95%，一般项目合格率不低于80%时评定为合格
路缘石铺设	①水泥混凝土强度应满足设计要求。②安装应砌筑稳固，顶面平整，缝宽均匀，勾缝密实，线条直顺。③槽底基础和后背填料应夯打密实	①路缘石不应破损。②平缘石不应阻水	见表6-2-2	外观质量满足要求；质量保证资料齐全；实测项目中合格率不低于80%时评定为合格
路肩	①路肩表面应平整密实，无积水。②肩线应直顺，曲线圆滑	路肩无阻水、无杂物	见表6-2-3	

路缘石铺设实测项目　　　　　　　　　　表6-2-2

项次	检查项目		规定值或允许偏差	检查方法和频率
1	直顺度（mm）		15	20m拉线尺量；每200m测4处
2	预制铺设	相邻两块高差（mm）	3	水平尺；每200m测4点
		相邻两块缝宽（mm）	±3	尺量；每200m测4点
	现浇	宽度（mm）	±5	尺量；每200m测4点
3	顶面高程（mm）		±10	水准仪；每200m测4点

路肩实测项目　　　　　　　　　　表6-2-3

项次	检查项目	规定值或允许偏差	检查方法和频率
1	横坡度（%）	±1.0	水准仪；每200m测2个断面
2	宽度（mm）	满足设计要求	尺量；每200m测2点

二、分部工程及单位工程质量评定

路面工程每1～3km路段为分部工程，当评定资料完整，外观质量满足要求，垫层、底基层、基层、面层、路缘石、路肩等分项工程全部合格时评定为合格。

路面工程每10km路段或每合同段为单位工程，当评定资料完善，外观质量满足要求，路面分部工程合格时评定为合格。

学习情境小结

（1）路面工程每10km路段或每合同段作为单位工程，每1～3km路段作为分部工程，面层、基层、垫层等属于分项工程。

（2）工程项目完工后，施工单位、监理单位和建设单位应按相同的工程项目划分进行工程质量的检验评定。工程质量检验评定应按分项工程、分部工程、单位工程逐级进行。

学习效果反馈

一、思考与练习题

1. 简述建设项目的划分。
2. 简述工程项目质量检验评定的依据。
3. 简述分项工程质量检验评定的内容。
4. 简述路面工程中单位工程、分部工程及分项工程质量检验评定的方法。

二、案例分析

【任务描述】

某高速公路 K5+000～K6+000 水泥稳定碎石基层满足基本要求，实测项目合格率见案例表6-1，其中实测项目中压实度单个检测值满足极值规定。该分项工程经检验外观质量满足要求，检验记录资料完整，试对该分项工程进行质量评定。

水泥稳定碎石基层质量评定　　　　　　　　　　案例表6-1

项　次	检查项目	合格率（%）	备　注	实测项目评定结果
《公路工程质量检验评定标准　第一册　土建工程》(JTG F80/1—2017)				
1△	压实度	95	关键项目，按附录B评定	合格率>95%，单个检测值满足极值要求，评定为合格
2	平整度	90	按合格率评定	合格率>80%，评定为合格
3	纵断高程	85	按合格率评定	合格率>80%，评定为合格
4	宽度	80	按合格率评定	合格率>80%，评定为合格
5△	厚度	95	关键项目，按附录H评定	合格率>95%，评定为合格
6	横坡度	85	按合格率评定	合格率>80%，评定为合格
7△	强度	100	关键项目，按附录G评定	合格率>95%，评定为合格

注：△为关键项目。

【任务实施】

水泥稳定碎石基层满足基本要求，检验记录完整，外观质量满足要求，实测项目全部合格，该水泥稳定碎石基层质量等级评定为合格。

参 考 文 献

[1] 中华人民共和国行业标准.公路工程技术标准:JTG B01—2014[S].北京:人民交通出版社股份有限公司,2015.
[2] 中华人民共和国行业标准.公路沥青路面设计规范:JTG D50—2017[S].北京:人民交通出版社股份有限公司,2017.
[3] 中华人民共和国行业标准.公路水泥混凝土路面设计规范:JTG D40—2011[S].北京:人民交通出版社,2011.
[4] 中华人民共和国行业标准.公路路面基层施工技术细则:JTG F20—2015[S].北京:人民交通出版社股份有限公司,2015.
[5] 中华人民共和国行业标准.公路沥青路面施工技术规范:JTG F40—2004[S].北京:人民交通出版社,2004.
[6] 中华人民共和国行业标准.公路水泥混凝土路面施工技术细则:JTG F30—2014[S].北京:人民交通出版社股份有限公司,2014.
[7] 中华人民共和国行业标准.公路工程质量检验评定标准 第一册 土建工程:JTG F80/1—2017[S].北京:人民交通出版社股份有限公司,2017.
[8] 中华人民共和国行业标准.公路工程无机结合料稳定材料试验规程:JTG E51—2009[S].北京:人民交通出版社,2009.
[9] 中华人民共和国行业标准.公路土工试验规程:JTG E40—2007[S].北京:人民交通出版社,2007.
[10] 殷青英.路基路面工程[M].北京:高等教育出版社,2009.
[11] 夏连学.路面施工技术[M].北京:人民交通出版社,2011.
[12] 赵亚兰.道路工程技术[M].北京:人民交通出版社股份有限公司,2018.
[13] 余继风.路面施工技术[M].北京:北京邮电大学出版社,2014.
[14] 王美宽.路基路面施工技术[M].北京:中国劳动社会保障出版社,2013.

参考文献

[1] 中华人民共和国交通运输部. 公路沥青路面设计规范: JTG D50—2017[S]. 北京: 人民交通出版社股份有限公司, 2017.

[2] 中华人民共和国交通运输部. 公路沥青路面施工技术规范: JTG F40—2004[S]. 北京: 人民交通出版社, 2004.

[3] 中华人民共和国交通运输部. 公路工程沥青及沥青混合料试验规程: JTG E20—2011[S]. 北京: 人民交通出版社, 2011.

[4] 中华人民共和国交通运输部. 公路路基设计规范: JTG D30—2015[S]. 北京: 人民交通出版社, 2015.

[5] 中华人民共和国交通运输部. 公路路基施工技术规范: JTG/T 3610—2019[S]. 北京: 人民交通出版社, 2019.

[6] 沈金安. 沥青及沥青混合料路用性能[M]. 北京: 人民交通出版社, 2001.

[7] 张登良. 沥青路面[M]. 北京: 人民交通出版社, 2001.

[8] 邓学钧. 路基路面工程[M]. 北京: 人民交通出版社, 2016.

[9] 沙庆林. 高速公路沥青路面早期破坏现象及预防[M]. 北京: 人民交通出版社, 2001.

[10] 林绣贤. 柔性路面结构设计方法[M]. 北京: 人民交通出版社, 1988.